W0074841

Du bist sowas von raus!
Echte Geschichten aus der Arche

BEATE DÖLLING

Du bist sowas von raus!

Echte Geschichten aus der Arche

Herausgegeben von
Bernd Siggelkow und Wolfgang Büscher

GABRIEL

Inhalt

Liebe Leserin, lieber Leser,

als Profifußballer weiß ich: Ohne Fair Play geht auf dem Platz nichts. Wenn ich möchte, dass der Gegner fair mit mir umgeht, muss ich auch fair spielen. Und wenn eine Mannschaft bei einem Spiel von Anfang an mehr Spieler auf dem Platz hätte, wäre das extrem ungerecht. Aber sollten partnerschaftliches Verhalten und gleiche Ausgangsbedingungen nicht immer und überall gelten, nicht nur auf dem Platz und im Sport?

Das wäre schön. Aber von gleichen Startbedingungen können manche Kinder und Jugendliche nur träumen. Sie wachsen unter problematischen Verhältnissen auf, das Geld fehlt an allen Ecken und Enden. Dass es Armut gibt, weiß ich schon lange. Ich hatte als Kind weder Markenklamotten noch tolle Fußbälle, sondern habe mit einem alten, kaputten Ball angefangen zu spielen.

Vielen Kindern und Jugendlichen fehlt es nicht nur an einem Ball, sondern am Nötigsten: einer eigenen Matratze zum Beispiel, einem Frühstück am Morgen und oft auch an Zuneigung oder Geborgenheit. Könnt ihr euch vorstellen, dass es in eurer unmittelbaren Umgebung Kinder oder Jugendliche gibt, die noch nie Geburtstag gefeiert haben oder von ihren Eltern umarmt wurden?

Aber niemand hat es verdient, wegen seiner Armut ins Aus geschossen zu werden. Zum Glück bin ich nicht der Einzige, der das so sieht und auch was dagegen tut. Bernd Siggelkow hat in Berlin die Arche gegründet. Hier finden Kinder und Jugendliche genau die Zuwendung und Unterstützung, die sie brauchen, um ihre Talente entfalten zu können. Gemeinsam geht vieles leichter!

Das finde ich total wichtig und deshalb unterstütze ich die Arche gern mit der Lukas-Podolski-Stiftung und setze mich als Arche-Botschafter für diese wichtige Arbeit ein.

Denn ohne Unterstützung kämpft man auf verlorenem Posten – im Leben wie im Fußball. Manchmal reicht auch schon ein bisschen Toleranz und Verständnis füreinander. Packen wir's an!

Lukas Podolski,
Arche-Botschafter

Nie zu spät

23:50 Uhr, der Mond scheint. Lilly steht vor der Haustür. Gut, dass sie nicht so eine Mutter hat wie Bille, die kontrolliert, wann man nach Hause kommt. Mama macht da keinen Stress. Lilly kann auch unter der Woche so lange wegbleiben, wie sie will.

Das Klingelschild ist frisch übersprüht, diesmal in Rot. Sie steckt den Schlüssel ins Schloss, die Tür geht auf.

Dauert mal wieder ewig, bis der Fahrstuhl kommt. Im Treppenhaus Fernsehstimmen, sonst ist es still, niemand brüllt herum, niemand knallt eine Tür, kein Kindergeschrei. Die letzten Meter stottert der Fahrstuhl. Das erinnert sie an Thorben, aus ihrer Klasse. Der stottert auch. Wenn sie den nachäfft, wird er ganz rot und kann gar nicht mehr sprechen. Voll witzig.

Im Fahrstuhl riecht es nach Urin und Pommes. Kann auch Pizza sein. Fettig halt. Irgendwas aus dem Ofen. Letztens hat sie auch in den Fahrstuhl gepinkelt. Nicht aus Not, nur so aus Spaß, sie war das einzige Mädchen. Mief und Struzzi und noch zwei Kumpels waren dabei und haben sich schiefgelacht. Sie hat im Stehen gepinkelt, wie die Jungs, einfach ihre kurze Hose und die Unterhose ein bisschen zur Seite geschoben. Sogar einen Bogen hat sie hingekriegt, bis an die Tür. Da staunten die Jungs aber. Der Kumpel von Struzzi wollte dann bei ihr mal anfassen, da wo der Strahl rauskam, aber sie lässt sich doch nicht von dem befummeln! Was denkt der sich denn! Ist der blöd, oder was?

Schade, dass man die Fahrstuhltür nicht zuknallen kann. Das würde jetzt schön durchs Haus hallen. Sollen ruhig alle hören, dass sie kommt.

Mama trifft sie schon im Flur. Nanu?

»Hallo mein Schatz!« Mama ist total gestylt, hat glasige Augen und Besuch. Herrenbesuch, sonst würde sie nicht so strahlen, sondern längst auf dem Sofa liegen und ratzen, mit vollem Aschenbecher vor sich auf dem Boden. Morgens stolpert sie dann drüber und kickt die Kippen bis unters Sofa. Da liegen sie dann bis zum Sankt Nimmerleinstag. Das ganze Sofa riecht nach kalter Asche.

»Dit is meine Große«, ruft Mama ins Wohnzimmer und bläst Rauch knapp an ihrem Gesicht vorbei. »Nu jeh ma hin und sach Hallo«, flüstert Mama ihr zu und fängt an zu husten. Sie muss meistens husten, wenn sie leise spricht. Rumbrüllen reinigt die Lunge.

Meine Große! – Das hat sich ein bisschen stolz angehört, wie Mama das gesagt hat. Lilly rührt sich nicht. Möchte es noch mal hören: »Schatz« oder »Große«.

Mama hat sich voll geschminkt. Blauer Lidschatten, Wimperntusche, roter Lippenstift, jede Menge Make-up, was ihr schon am weißen Kragen klebt. Wo hat sie überhaupt die weiße Bluse her, und dann noch gebügelt? Sie haben nicht mal ein Bügeleisen. Die Haare sehen auch ganz anders aus, hochgesteckt und lockig. Sowas kriegt sie nie allein hin. War sie etwa beim Frisör?

»Nu jeh endlich ins Wohnzimmer und sach Hallo!«

Warum ist sie denn so ungeduldig? Mama wischt ihr mit dem Daumen was von der Wange. Lilly zieht den Kopf weg. Mama checkt kurz, was sie anhat, und sagt, sie könne die Schuhe ruhig anlassen. Sie weiß ja, dass Lilly zwei verschiedene Socken trägt, mit Löchern. Lilly hat überhaupt keine Socken, die zusammenpassen. Stört Mama doch sonst auch nicht.

»Wolfgang, bleib da, sie kommt gleich!«, ruft sie laut ins Wohnzimmer und kichert. Lilly schätzt, dass sie mindestens schon eine Flasche Sekt und vier Feiglinge intus hat. Kann auch noch Bier dazugekommen sein, aber Bier trinkt

Mama meistens nur in der Kneipe, weil der Sekt da zu teuer ist.

Die Asche fällt von der Zigarette. Mama trippelt in die Küche. Sie trägt schwarze High Heels. Die sind auch neu. Ihre Knie scheuern bei jedem Schritt aneinander. Mama hat X-Beine und mit Stöckelschuhen sieht man das erst richtig. Sie versenkt die Kippe in einer halb leeren Kaffeetasse. Es zischt. Dann streicht sie sich den Rock zurecht. Den hat Lilly auch noch nie gesehen.

Lilly geht ins Wohnzimmer, will sich den Spacko doch mal angucken. Er sitzt im Fernsehsessel, breitbeinig, Arme auf den Lehnen, Kopf im Nacken. Kurze, gegelte Haare, strahlend weiße Zähne. Wow, wo hat Mama den denn aufgegabelt? Sieht original aus wie Dieter Bohlen.

»Das ist Lilly, meine Große.« – Ja, da schwingt tatsächlich ein bisschen Stolz mit. Lilly wird warm im Bauch. Am liebsten würde sie die Worte festhalten.

»n'Abend«, sagt sie. So förmlich war sie schon lange nicht mehr. Dieter Bohlen strahlt sie mit hellblauen Augen an. Mann, was für Augen! Wie ein Husky. Sie hätte ja so gern einen Hund, aber Mama sagt, das kommt gar nicht inne Tüte.

»Ick bin der Wolfgang«, sagt er. »Und du bist also die Lilly.« Sie beißt sich auf die Lippen, nickt. Das erste Mal, dass Mama sie offiziell »Lilly« nennt. Sie hatten vor ein paar Wochen ausgemacht, sie nicht mehr Amanda oder Mändi zu nennen, weil Mama diesen Scheiß-Namen einfach nicht mehr über die Lippen kriegte. War voll ausgerastet, von einer Minute auf die andere, hatte sie angeguckt, als sei sie ein Alien. »Ab jetzt heißt du Lilly.« – Lilly ist ihr zweiter Name. Von ihr aus konnte Mama sie nennen, wie sie wollte, Hauptsache, sie beruhigte sich wieder und guckte sie nicht mehr so hasserfüllt an. Bis auf ein paar Versprecher hatte es auch ganz gut geklappt. Mama war viel fröhlicher dabei. Warum sind sie bloß nicht früher auf die Idee gekommen, sie Lilly zu nennen, den Namen, den Mama für sie ausgesucht hatte.

Wolfgang hat einen Bauch, eine ziemliche Kugel sogar, die er geschickt unter der Anzugjacke versteckt. Aber sonst rank und schlank der Mann! Und dann dieser Anzug! Anthrazitfarben nennt man das. Obwohl, wenn man richtig hinguckt, glänzt der Stoff irgendwie speckig und am Jackett fehlt der untere Knopf. Das weiß-blau gestreifte Hemd spannt über seiner Wampe.

Hinter ihr gackert Mama. Macht Scheibenwischerbewegungen vor dem Gesicht. Das sieht Lilly gerade noch, als sie sich umdreht. Der Mann gackert mit. Was soll das denn jetzt? Sind die schon so hacke, oder was? Besser, sie verzieht sich. Aus dem Kinderzimmer kommen keine Geräusche mehr. Die Kleinen schlafen. Gut. Dann kann sie gleich in ihre »Kajüte«.

Die »Kajüte«. Das ist der Wandschrank im Flur. Den hat sie sich letzten Winter mit einem Kumpel ausgebaut, weil sie nicht länger bei ihren Geschwistern im Zimmer schlafen wollte auf einer Matratze, zwischen Stockbett und Gitterbettchen. Mama schläft auf dem Ausziehsofa im Wohnzimmer und hat das Gitterbettchen nur im ersten Jahr bei sich gehabt. »Irjendwann muss ick och ma Feierabend haben, schließlich halt ick hier den Laden am Loofen!«, hatte sie gesagt, und von da an war Lilly nachts für die Zwillinge zuständig. Als sie zwei wurden, hat sie sich den Wandschrank auf dem Flur ausgebaut.

In Lillys Kajüte ist es eng, aber gemütlich, der einzige Platz, den sie ganz allein für sich hat und wo sie die Tür zumachen kann. Sie hat Bindfäden an den Türknauf geknotet und zieht sie von innen zu. Von der Schaumstoffmatratze musste sie ein Stück abschneiden, damit sie reinpasst. Sie liegt auf zurechtgesägten Palettenteilen, genau zwischen den Wänden eingepasst. Okay, sie kann neuerdings die Beine nicht mehr ausstrecken, wenn sie auf dem Rücken liegt, aber das muss sie auch nicht. Entweder stemmt sie die Beine schräg hoch, gegen die Wand oder schläft auf der Seite, mit angewinkelten Knien. Oben in der Schranktür sind Luftschnitze. Hat sie selbst reingesägt. Da fallen jetzt Lichtstreifen durch. Vielleicht wird sie später mal Tischlerin.

Kurz nach halb zwei rummst es. Irgendwas ist im Wohnzimmer umgefallen. Wahrscheinlich die Stehlampe. Die fliegt immer als Erstes, später können Flaschen, Aschenbecher, Gläser folgen, je nach Temperament des Typs, den Mama anschleppt. Einer ihrer letzten Ex', Tom, hatte die Stehlampe noch repariert, bevor er den Abgang gemacht hat. Hat sogar einen neuen Lampenschirm besorgt. Tom war ein richtiger Kontrollfreak. Wenn der einen Krümel entdeckt hat, wo er nicht hingehörte, rastete er gleich aus. Einmal hat er ihrem Bruder Micky eine gedröhnt, weil er seine Schuhe mitten im Flur stehen gelassen hatte und Tom drübergestolpert war. Aber sonst war er relativ friedlich. Nichts gegen den Vater der Zwillinge. Der hat Mama vermöbelt, wenn ihm gerade danach war. Gut, dass sie den endlich los sind, diesen Arsch! Hat ja lange genug gedauert, bis Mama den Absprung geschafft hat.

Worüber Mamas Neuer wohl ausrastet? Im Durchschnitt dauert es zwei bis drei Wochen, bis sich die Männer eingelebt haben und hemmungslos werden.

So, wie sich das anhört, geht drüben im Wohnzimmer gerade was ganz anderes ab. Das Sofa quietscht, Mama kichert, hustet und stöhnt. Lilly hält sich die Ohren zu. Irgendwann schläft sie ein und dann klingelt auch schon ihr Wecker. Aus dem Wohnzimmer ist nichts zu hören, nur aus dem Kinderzimmer der Fernseher. Seitdem Mama den neuen Flachbildschirm hat, haben Micky, Ramona und die Zwillinge den alten gekriegt.

Shaleen und Shirley sind also schon wach. Das ist nichts Neues, sie schlafen immer nur für ein paar Stunden und dann krabbeln sie vor die Glotze. Am liebsten würde Lilly einfach liegen bleiben, aber das gibt nur Ärger. Mama hält ihr dann wieder vor, dass sie zu nichts zu gebrauchen sei, wenn sie nicht mal ihre kleinen Geschwister morgens fertig machen könne.

»In deinem Alter musste ich schon ganz andere Verantwortung übernehmen«, kriegt sie dann zu hören. Mama hatte sieben Geschwister, die sie versorgen musste, sie war die Älteste. Jetzt will sie auch mal was vom Leben haben, sie ist ja noch nicht mal dreißig!

Lilly quält sich aus der Kajüte. Morgens ist sie immer so steif. Sie geht ins Bad, bisschen kaltes Wasser ins Gesicht lassen, dann ins Kinderzimmer. Sie kriegt kaum die Tür auf. Mein Gott, wie sieht es hier schon wieder aus! Auf dem Boden ein Meer von Plüschtieren, Puppen, Klamotten, Kissen, leere Mc Donald's Schachteln, Süßigkeitenpapier und *Happy-Meal*-Spielzeug. Shaleen und Shirley sitzen wie jeden Morgen keinen Meter von der Mattscheibe entfernt. Sie können allein aus ihrem Kinderbett klettern. Es ist eh viel zu klein für zwei dreijährige Kinder und das Gitter hängt an einer Seite auf der Erde.

Shaleen hat die Windel so voll, dass ihr die Kacke aus dem Kragen wieder rausquillt. Hätte sie die Kleinen gestern Abend doch noch frisch gewickelt. Fliegen krabbeln über den eingetrockneten Brei, der auf einem Unterteller auf dem Boden steht. Irgendjemand ist in eine matschige Banane getreten und hat sie auf dem blauen Spannteppich verteilt. Lilly kriegt kaum Luft, macht das Fenster auf. Shaleen haut Shirley gerade mit einer Fernbedienung auf den Kopf. Shirley kreischt los wie eine Sirene. Lilly tut es in den Ohren weh. Und wie kriegt sie nur die Kacke von Shaleen? Um sie zu duschen, reicht die Zeit nicht. Es ist ja schon zwanzig nach sieben. Wenn keiner zur Schule geht, rastet Mama wieder aus und gibt ihr die Schuld.

Dann kriegt Lilly wieder zu hören, was ihre Mutter in ihrem Alter schon alles machen musste.

Mama war 14, keine zwei Jahre älter als Lilly jetzt, als sie mit ihr schwanger wurde, 15, als sie auf die Welt kam. Zuerst hatte Mama versucht, sie abzutreiben, aber das ist ihr leider nicht gelungen.

»Du warst vielleicht ma 'n zähes Stück!«, sagt sie dann und manchmal hört es sich an, als wäre sie ein bisschen stolz darauf, dass Lilly ein »zähes Stück« war.

Gleich nach dem Schwangerschaftstest hatte Mama sich selber ganz doll in den Bauch geboxt. Hat aber nichts genützt, dann eine Überdosis Abführmittel geschluckt, wovon ihr nur tagelang grottenschlecht war und sie nicht vom Klo runterkam. Auch die acht Stockwerke alle Stufen einzeln runterzuspringen, mit geschlossenen Füßen, brachte nicht die gewünschte Wirkung. »Du bist sogar noch drei Wochen länger im Bauch dringeblieben und hast mich damals schon von innen gequält.« Wenn Mama das sagt, lacht sie gleich hinterher; Lilly beißt sich auf die Lippen, hält die Luft an, weil jetzt das Schönste kommt: »Aba ick hab dir trotzdem jeliebt. Mann, warst du süß! So knuddelig. Und so ein ruhijet Baby. Dich konnte man überall mit hinnehmen und ablegen, sogar inne Kneipe. Du hast nie jeschrien. Jott nee, warst du süß ...«

Wenn Mama von ihr als Baby schwärmt, wird ihre Stimme leise, ohne dass sie husten muss, und ihr Blick weit. Lilly spürt genau, dass Mama sie jetzt als Baby vor sich sieht, und sie über alles liebt! Das wärmt Lillys Herz auf. Wie ein Heizstrahler von innen. Und der Herzschlag verteilt die Wärme im ganzen Körper. Wie gern würde Lilly diese Schwärm-Minute ausdehnen, auf drei Minuten oder zehn Minuten oder sogar auf eine halben Stunde. Eine halbe Stunde sich so zu fühlen, wie in diesen seltenen Minuten: warm, rund und glücklich – alles würde sie dafür tun! Am liebsten möchte sie dann gleich in Mamas Arme, aber meistens ist Mama bereits zurück von der Schwärmerei – ein tiefes Seufzen und schon ist alles vorbei, guckt Mama nicht mehr in die Ferne, sondern auf ihre 12-jährige Tochter Amanda, mit Zweitnamen Lilly, von der sie sich schnell abwendet, bevor Ekel und Wut wieder hochkommen, Wut auf Lillys Vater, von dem sie nur den Spitznamen kennt: Keule. Er hatte damals darauf bestanden, sie Amanda zu nennen. Mama bereut heute noch zutiefst, sich darauf eingelassen zu haben. Dieser Dreckskerl! Wenn sie nur an ihn denkt, könnte sie schon kotzen! Dann kriegt sie einen gekräuselten Mund und diesen vernichtenden Blick, mit dem sie Lilly anschaut, und es ist, als würde der Heizstrahler sie von innen verbrennen.

Lilly versteht nicht, warum bei ihrer Mutter Zuneigung so schnell umkippen kann in Ablehnung und dass sie nur als Baby süß und liebenswert war. Micky und Ramona ernten nie solche bösen Blicke. Zu denen ist sie auch nicht so abweisend. Micky und Ramona haben einen anderen Vater als sie. Den kann Mama zwar auch nicht mehr ausstehen, aber er ist längst nicht so ein Abschaum wie ihr Vater, mit dem alles Elend für Mama begann.

Micky und Ramona dürfen ihren Vater jeden zweiten Samstag besuchen, in Lichtenberg. Lilly würde auch gern mal ihren Vater besuchen, aber Mama verrät ihr weder, wo er wohnt, noch seine Telefonnummer. Lilly weiß, dass er harte Drogen genommen hat und vielleicht auch gar nicht mehr am Leben ist. Das würde sie zu gern selbst herausfinden, aber sie hütet sich davor, Mama auf ihn anzusprechen.

Hoffentlich wird es jetzt besser, wo sie nun Lilly heißt.

Micky und Ramona schlafen noch. Ramona oben im Etagenbett, Micky unten. Micky hat wieder ins Bett gepinkelt. Lilly tippt an seinen Arm. »Aufstehen!« Micky dreht sich einfach wieder um und zieht die Decke über den Kopf.

Lilly wickelt die Zwillinge, schmeißt die vollen Windeln in den Mülleimer. Sie stinken bestialisch. Es sind nur noch drei frische Windeln da. Mama muss unbedingt neue einkaufen und größere. Die letzten waren viel zu klein. Hoffentlich hat sie noch Geld dafür oder dieser Wolfgang kann ihr was geben. Er scheint ihr ja auch die neuen Klamotten gekauft zu haben. Die beiden liegen noch im Wohnzimmer und ratzen.

Kurz vor acht. Lilly scheucht Ramona aus dem Bett, zerrt Micky die Bettdecke weg. Dafür kriegt sie von Micky eine Kopfnuss von oben verpasst, sie packt seinen Fuß und zieht ihn aus dem Bett. Er krallt sich am Rahmen fest, an der Matratze, das Laken reißt ab, er plumpst, Hintern zuerst, aus dem Stockbett, knapp neben Shirley, die bei der ganzen *Action* wenigstens aufgehört hat zu schreien. Knallrot vor Wut schlägt Micky um sich. Irgendwann landet ihre Faust auf seiner Nase. Die blutet jetzt. Das hat er nun davon. Was macht er auch so ein Theater!

Jetzt weint er. Och je! Das sollten mal seine Kumpels auf dem Spielplatz sehen, so ein Weichei! Draußen immer eine große Klappe und die Kleinen verhauen, aber hier weint er wie ein Baby und pinkelt sich voll.

»Hühühü«, äfft Lilly ihn nach. Ihr brennt der Kopf, die Hände, und am Oberschenkel, wo Micky sie getreten hat, ist es ganz heiß. Wenn er nicht gleich aufhört, kassiert er noch eine Schelle. Hoffentlich kriegt Mama nicht noch mehr Kinder! Sie nimmt ja die Pille, aber irgendwie wirkt sie bei ihr nicht.

Zum Frühstück gibt es für jeden eine schwarz gepunktete Banane. Brot ist keins mehr da, Aufschnitt auch nicht.

»Hör auf zu meckern«, sagt Lilly zu Micky, der sich aufregt, weil es wieder mal nichts Richtiges zu essen gibt. »Du kannst ja nachher einkaufen gehen.« Ramona summt vor sich hin.

Micky geht aufs Klo. Dort kann er stundenlang sitzen. Lilly versteht echt nicht, warum er dann ins Bett pinkelt.

Die Zwillinge sind ins Wohnzimmer gelaufen, stehen vor der schlafenden Mutter am Sofa und bestaunen den Mann, der halb auf ihr drauf liegt, unter der blauen Wohnzimmerdecke. Er schnarcht. Shaleen – mutiger als Shirley –, schüttelt Mamas Arm, will sie wecken, aber Mama brummt nur und dreht sich zur Seite. Wolfgang rutscht dabei fast vom Sofa. Die Zwillinge finden salzige Erdnüsse auf dem Boden und picken sie auf.

»Aber nicht wieder Kippen essen, klar!?«, sagt Lilly. Shaleen wäre vor einem Jahr beinahe daran gestorben, als sie fast zwei war. Das war eh eine schlimme Zeit! Kurz danach war Shirley auf die Fensterbank geklettert und beinahe aus dem achten Stock gefallen, wenn Tom – Mamas letzter fester Ex nicht zufällig ins Wohnzimmer gekommen wäre. Er hatte Shirley im letzten Moment an den Füßen gepackt und wieder reingezogen. Stand da, mit dem kopfüber hängenden Kleinkind, das sich die Lunge aus dem Hals schrie. Lilly und Mama haben gar nicht so schnell kapiert, was da beinahe passiert wäre.

»Du hast das Fenster aufgelassen. Bist du denn total bescheuert, du alte Schlampe?!«, schrie er Mama an und rastete so aus, wie Lilly es nur beim Vater der Zwillinge erlebt hat. Tom schmiss Shirley aufs Sofa, als wäre sie eine Puppe und beschimpfte Mama mit Wörtern, die Lilly noch nicht mal auf dem Spielplatz gehört hat. Lilly war völlig erstarrt, wollte zu Shirley, die schreiend auf dem Sofa lag, wollte Shaleen an die Hand nehmen, die schreiend zu ihrer Zwillingsschwester gelaufen war, wollte Tom stoppen, damit der endlich seine Schnauze hielt. Mama fing dann auch noch an, rumzukeifen und dann ging alles ganz schnell. Tom holte nur einmal aus und schlug Mama mit der flachen Hand aufs Ohr, mit so einer Wucht, dass sie über die Sessellehne taumelte, voll gegen die Schrankwand knallte und zu Boden rutschte. Lilly hörte nur noch, wie Tom was von »Saustall« brüllte, von dem er endgültig die Schnauze voll hätte. »Schließlich sind das nicht meine Blagen!« Dann schnappte er sich die Stehlampe und verließ die Wohnung. Als Lilly sich vor lauter Schreck wieder bewegen konnte, hat sie zuerst das Fenster zugemacht, dann Mama aufgeholfen.

Mamas Trommelfell war geplatzt. Sie lag damit ein paar Tage im Krankenhaus. Eine Frau vom Jugendamt kam vorbei und sagte, dass sie die Zwillinge mitnehmen wollte. Lilly hatte auf sie eingeredet, dass das nicht ginge. Und dass alles in Ordnung sei. Mama wäre nur über das Kabel der Stehlampe gestolpert und mit dem Ohr auf die Sessellehne geknallt. Es war das erste Mal, dass jemand kam und die Zwillinge holen wollte. Es war auch das erste Mal, dass Lilly den Haushalt übernahm und ihre Geschwister versorgte, weil Mama, als ihr Ohr wieder gesund war, Depressionen bekam. Da wurde Lilly gerade 11. Und sie bemühte sich jedes Mal, dass die Wohnung gut aussah, wenn die Frau vom Jugendamt das nächste Mal zur Kontrolle vorbeischaute.

Depressionen sind klebrige, schwarze Gespenster, die von hinten auf einen zufliegen und einen zudecken, sodass man nichts mehr sieht und keine Luft mehr kriegt. So hatte Lilly es damals Ramona und Micky erklärt, die neue Krankheit von Mama, aber in Wirklichkeit war sie noch viel schlimmer als klebrige, schwarze Gespenster, die über einen herfielen. Es war, als wäre Mama zusätzlich von einem Vampir gebissen worden, der alles Blut ausgesaugt hatte, so schlapp war sie.

Micky sitzt noch auf dem Klo. Er soll sich jetzt echt mal beeilen! Lilly schaut noch mal ins Wohnzimmer. Wolfgangs Hintern ragt halb aus der Decke. Er hat ein Bein über Mamas Beine gelegt. Sieht aus, als wären sie nur untenrum nackt, bis auf seine schwarzen, löcherfreien Socken.

Mama sieht schön aus im Schlaf, wie eine Schauspielerin. Selbst die verschmierte Schminke steht ihr gut. Vielleicht weil sie glücklich ist. Mama ist immer glücklich, wenn sie einen neuen Freund hat. Lilly will dieses Glück nicht zerstören, obwohl es schon zwanzig nach acht ist. Wenn Mama glücklich ist, kriegt sie vielleicht später eine von ihren »guten Minuten« ab. Also lässt sie sie schlafen. Pünktlich zur Arbeit schafft sie es sowieso nicht mehr. Kann sich ja nachher krankschreiben lassen.

Über Wolfgangs Hintern krabbelt eine Fliege, fliegt hoch, setzt sich wieder und fängt an, sich zu putzen. Eine zweite Fliege kommt dazu, schleckt mit ihrem Rüssel über die milchig-gelbe Haut. Lilly wird übel. Sie ruft nach den Zwillingen. Höchste Zeit, dass sie aus dem Haus kommen.

Halb neun. Micky muss Shaleen und Shirley in den Kindergarten bringen. Er mault. Seine Nase ist geschwollen. Das Blut hat er sich aus dem Gesicht gewaschen.

»Wenn du sie nicht bringst, erzähl ich deinen Kumpels, dass ich dich verhauen habe, klar?«

Micky beißt sich auf die Lippe. Sie weiß, dass er nur auf den Tag wartet, bis er sie endlich vermöbeln kann. Zum Glück ist er klein für seine neun Jahre. Da braucht er schon noch ein Weilchen, bis er ihr auf den Kopf spucken kann. Ramona mit ihren acht Jahren ist jetzt schon einen halben Kopf größer als er und lässt sich trotzdem alles von ihm gefallen. Sie hat auch Angst, allein zur Schule zu gehen. Manchmal macht Lilly einen Umweg und bringt sie bis zum Tor, aber heute geht das nicht. Lilly ist gestern und vorgestern schon zu spät gekommen. Sie will wenigstens zur zweiten Stunde pünktlich sein.

»Amanda? Wo warst du in der ersten Stunde?« Frau Flega hat das Klassenbuch vor sich und sieht Amanda über ihre Brille hinweg an. Sie ist groß und schlank und alt.

»Mir war schlecht«, sagt Amanda. In ihren Schläfen sticht es. Struzzi und Mief grinsen. Sie guckt weg.

»Und jetzt geht es dir besser?« Frau Flega hat eine schöne Stimme. Fest aber weich. Eine Stimme, die zwar fragt, aber nicht bohrt. Nur blöd, dass sie sie vor der ganzen Klasse fragt.

»Ja.«

»Hast du was gefrühstückt?« Frau Flega schiebt ihre Brille auf den Kopf und schaut sie eindringlich an.

»Ja.«

Frau Flega ist kürzlich sogar bei ihr zu Hause vorbeigekommen. Seitdem fragt sie Lilly andauernd, wie es ihr gehe, den Geschwistern, der Mama ... Lilly hat Frau Flega gar nicht erst in die Wohnung gelassen, nur an der Tür gesagt, dass alles in Ordnung sei, überzeugend und auch ein bisschen patzig, sodass die Lehrerin nur noch genickt hat und dann zum Glück abmarschiert ist. Wie peinlich, wenn sie gesehen hätte, wie es bei ihnen aussieht. Damals, als Mama noch nicht diese Medikamente gegen Depressionen hatte, sah es noch schlimmer aus. Und damit meint Lilly nicht, dass die Toilettenbrille monatelang neben dem Klo lag und man sie erst auf die Schüssel legen musste, wenn man sich hinsetzen wollte. Das hat Lilly nie gestört, immerhin hat sie so Pinkeln im Stehen gelernt. Aber dass überall schmutzige Sachen, Geschirr, Klamotten und volle Windeln rumlagen, dass es stank wie die Pest, im Kinderzimmer lauter Käfer unterwegs waren und sie fast nur von Toastbrot mit Ketchup gelebt hatten, das muss man nun wirklich keinem unter die Nase reiben, erst recht keiner Lehrerin. Gut, dass Mama sich wieder aufgerappelt hat. Der leere Kühlschrank von heute hat nichts zu bedeuten. Das ist nur, weil Micky, Ramona und sie vergessen haben, einzukaufen.

»Gut. Dann holt mal euer Deutschbuch raus«, sagt Frau Flega. »Wer liest vor, Seite 47?« Lilly meldet sich und wird auch gleich drangenommen. Lesen kann sie gut, besonders schön betonen. Sie liest den Zwillingen manchmal vor. Dann kuscheln sich die beiden an sie und atmen ganz laut, weil Zuhören so anstrengend ist. So mit den Kleinen auf dem Teppich zu liegen, wärmt sie fast so schön von innen wie eine von Mamas guten Minuten und dauert sogar länger. Obwohl, in letzter Zeit werden die Zwillinge schon nach fünf Minuten unruhig, wollen lieber vor den Fernseher oder an die Spielkonsole. Vielleicht sollte sie nach der Schule mal in die Bibliothek gehen und sich nach neuen Bilderbüchern umschauen. Die drei, die sie zu Hause haben, bringen's eh nicht mehr.

Lilly liest, laut und deutlich, aber nicht zu laut. Frau Flega hat ihr gesagt, man muss mit der Stimme sparsam umgehen, sonst geht einem die Puste aus. Ein paar Kinder hören ihr zu. Ein paar haben den Kopf auf den Tisch gelegt und schlafen. Thorben, der Stotterer, lächelt selig. Jemand wirft ihr von hinten ein Radiergummi an den Kopf. Bestimmt Struzzi oder Mief. Sie hört auch jemanden kichern. Lilly zuckt nicht zusammen. Das wollen sie ja nur. Sie konzentriert sich auf die Sätze wie eine Seiltänzerin auf ihr Seil, gleitet Satz für Satz weiter in den Text, kann nach ein paar Sätzen etwas mehr ausatmen, sodass ihre Stimme nicht so gepresst klingt, sondern ganz leicht, wie eine Feder. Sie gleitet über die Seite und Frau Flega lobt sie.

»Danke, Amanda. Das hast du wirklich gut gemacht. Dafür gebe ich dir eine Eins.«

Lilly hat noch die ganze Stunde das Gefühl, sie gleite dahin, weil sie eine Eins gekriegt hat, in Deutsch! In Musik knurrt ihr laut der Magen. In Mathe, als ihr Kopf zur Seite kippt, merkt sie, dass sie eingenickt war. Und ausgerechnet jetzt nimmt Frau Böger sie dran. Sie soll doch bitte mal an die Tafel kommen und die Aufgabe lösen. Frau Böger ist immer gestresst und hat auch nichts Nettes in der Stimme wie Frau Flega.

Sie steht auf und Nico Kraskowski schiebt genau in dem Moment seinen Rucksack in den Weg, als sie vorbeigeht. Sie stolpert und fällt der Länge nach hin. Ohrenbetäubendes Gelächter. Die Knie stechen, vor ihren Augen tanzen grüne Punkte. Im Nu ist sie auf den Beinen und hat Nico am Kragen, reißt ihn vom Sitz und drischt auf ihn ein, immer wieder mit der Faust ins Gesicht. Wie das patscht und knackt. Hände versuchen, sie von Nico wegzuzerren, aber sie hat sich festgebissen; es ist nicht das erste Mal, dass ihr das passiert.

Lilly sitzt im Lehrerzimmer. Sie zittert. Ihr ist kalt. Zum Glück ist Frau Flega da und macht ihr einen Tee. Die anderen Lehrer gucken sie an, als wäre sie eine Nacktschnecke, auf die man schon draufgelatscht ist. Frau Flega legt ein Pausenbrot auf den Tisch, direkt vor sie. »Kannst du gern haben, ich hab noch zwei«, sagt sie.

Lilly starrt auf das Brot. Ihr Herz rast, die Knie und die Fäuste brennen. Noch hat sie sich von dem Kampf nicht erholt. Aber was heißt Kampf? Nico hat sich nicht mal gewehrt. Sein Auge ist dicht und seine Nase blutet. Natürlich hat er die Tasche mit Absicht vor ihre Füße geschoben. Er behauptet, gar nicht. Nico, die alte Schlange!

Lilly starrt auf das Brot. Wasser läuft ihr im Mund zusammen, ihr Magen rumort. Wenn sie es jetzt nimmt, denkt Frau Flega bestimmt, bei ihr ist zu Hause nicht alles in Ordnung, und kommt wieder vorbei oder noch schlimmer: Sie schickt jemanden vom Jugendamt. Lilly hat Angst, dass man ihnen die Zwillinge wegnimmt. Das darf auf keinen Fall passieren!

Das Brot riecht gut. Es ist ein altmodisches Butterbrot, zusammengeklappt, an der Seite lappt ein Stück Käse über, aus den Ritzen quillt Butter. So ein Brot hat sie noch nie in echt gesehen, kennt sie nur aus dem Fernsehen, wenn so eine Oma mit Dutt ihrem blonden, über alles geliebten Enkelkind eine Stulle schmiert, mit »guter Butter«. Plötzlich platzt es aus Lilly heraus. Sie kann die Tränen nicht zurückhalten. Dabei hat sie schon so lange nicht mehr geweint! Wo kommen nur all die Tränen her? Ein Wasserfall sprudelt aus ihr heraus und ihr Körper zuckt und schüttelt all das Wasser aus ihr heraus. Sie schnappt nach Luft. Dann drückt sich jemand an sie. Frau Flega. Lilly schubst sie weg und wischt sich die Tränen ab.

Frau Böger drängt sich vor ihr Gesicht und reicht ihr etwas. »Amanda. Diesen Brief möchte ich morgen von deiner Mutter unterschrieben zurückhaben. Und für die Stunde, die du heute Morgen gefehlt hast, brauche ich auch noch eine Entschuldigung. Hast du das verstanden?«

Lilly will »Ja«, sagen, aber es kommt nur ein Schluchzer aus ihrer Kehle. Frau Böger guckt Frau Flega mit zusammengepressten Lippen an, aber Frau Flega schaut einfach weg, zu Lilly. Es tut Lilly leid, dass sie sie eben weggeschubst hat. Am liebsten möchte sie Frau Flegas Hand nehmen und ihre Wange reinlegen, aber sie traut sich nicht.

»Und nun geh zu Nico und entschuldige dich«, sagt Frau Böger. »Er ist bei der Sekretärin im Krankenzimmer.«

Sich entschuldigen ist ganz einfach. Man geht hin, guckt dem anderen auf die Stirn – bloß nicht in die Augen! –, streckt die Hand aus, sagt seinen Spruch auf, dreht sich um und geht wieder. Schon ist man erlöst. Lilly versteht wirklich nicht, warum die Lehrer so scharf auf Entschuldigungen sind. Man spürt direkt, wie erleichtert sie sind, wenn die Entschuldigung ausgesprochen ist. Dabei ist sie mit Nico längst nicht fertig. Der wird sich noch wundern!

In Englisch kann Lilly an nichts anderes mehr denken als an Frau Flegas Pausenbrot, aus dem die Butter quoll und der

Käse lappte. Ob es noch auf dem Tisch im Lehrerzimmer liegt? Es verschwimmt vor ihren Augen wie eine Fata Morgana, und taucht dann umso deutlicher wieder auf. Ihr ist übel vom vielen Spucke runterschlucken. Der Magen sagt schon nichts mehr. In der Pause hat sie mit ein paar Kumpels auf dem Schulhof Fußball gespielt, um sich vom Magenknurren abzulenken, hat sogar ein Tor geschossen. Anschließend Stotter-Thorben in den Hintern getreten. Das hat sich so ergeben. Was läuft er auch direkt an ihr vorbei? Auf der Toilette hat sie dann Wasser getrunken. Den Magen randvoll angefüllt. Gut gegen Hunger. Sie darf bloß jetzt nicht zwei Stufen auf einmal runterhüpfen, sonst kommt es ihr wieder hoch. Leider verdaut man Wasser so schnell und das Pausenbrot taucht wieder vor ihren Augen auf. Warum hat sie es nicht genommen? Wieso hat sie angefangen zu heulen? Sowas von peinlich! Obwohl es bei Lehrern eigentlich nie schadet, wenn man mal ein bisschen Schwäche zeigt. Scheiß Pausenbrot! Wenn sie nach Hause kommt, backt sie Pfannkuchen. Mehl und Margarine ist ganz sicher noch da. Eier auch. Und heute Morgen war die Milchtüte noch halb voll, nachdem sie Shaleen und Shirley einen Becher voll eingeschenkt hat.

Hmm, ja, Pfannkuchen. Sie wird zwei Eier in eine Schüssel hauen und eine Prise Salz dazugeben, dann ordentlich Zucker und Mehl und schön cremig rühren, bis keine Klumpen mehr da sind. Die Prise Salz ist ganz wichtig. Das hat sie mal im Fernsehen gesehen, in einer dieser Kochsendungen, in dem fünf Leute auf einmal ihr Lieblingsgericht kochen. Lauter komplizierte Sachen, von denen sie noch nie was gehört hat, die aber übelst lecker aussahen. Aber dann hat sie vom Angucken nur Hunger und schlechte Laune gekriegt und umgeschaltet auf eine Talkshow, in der ein fettes, gepierctes Mädchen erzählte, dass sie ihren Freund betrügt, weil er sie auch betrogen hat.

Auf dem Nachhauseweg laufen ihr Struzzi und Mief wieder

hinterher. Schmeicheln sich ein, weil sie Nico Kraskowski eins auf die Fresse gegeben hat. Sollen bloß aufpassen, sonst kriegen sie auch gleich eins aufs Maul. Sie ist gerade richtig in Fahrt. Auch wenn sie das doppelt und dreifach zurückkriegen würde, egal. Hauptsache, sie kann was austeilen. Ihre Wut befreit ungemein und lenkt vom Hunger ab. Sie hebt einen Stein auf und wirft ihn über die Straße. Fast wäre er an ein Auto geknallt. Sie hätte Lust, mal wieder eine Fensterscheibe einzuschlagen, nur um zu hören, wie laut das kracht und scheppert und klirrt.

Im Treppenhaus Gekeife. Wahrscheinlich aus dem dritten Stock. Da ist seit Wochen was los. Mama sagt, die Trajilovic wird ihren Kerl nicht los. Jedenfalls nicht richtig. Erst schmeißt sie ihn raus, dann kommt er wieder angekrochen, zwei Tage ist Ruhe im Karton, dann geht alles von vorne los. Und das seit drei Monaten!

Türen knallen. Das hallt tierisch laut durchs Treppenhaus. Aus dem Fahrstuhl kommen ihr Evelyna und Babette aus dem Fünften entgegen. Sie sehen aus wie Brathähnchen, die in eine Glitzertruhe gefallen sind, riechen nach süßem Aldi-Parfüm. Der ganze Fahrstuhl stinkt danach.

»Na, allet schick?«, fragt Evelyna und drückt sich eine vom Haarspray steif gesprühte Strähne zurecht. Dabei soll man natürlich ihre amerikanisch gestylten Fingernägel bewundern. Wo die jetzt wohl hingehen? Wenn sie eine Arbeit hätten, wüsste Lilly das, von Mama. Die weiß immer, wer im Haus Hartzi ist. Hoffentlich hat Mama heute Morgen die Kurve gekriegt und ist wenigstens noch zum Arzt gegangen. Ohne Krankschreibung fliegt sie. Hatten sie alles schon zur Genüge. Sie arbeitet seit zwei Wochen bei KiK an der Kasse und hätte diese Woche Frühschicht. Dann muss sie um 9 Uhr anfangen. An der Frühschicht sind schon die meisten Jobs gescheitert.

Als Lilly in die Wohnung kommt, riecht sie gleich, dass Mama noch da ist. Es riecht nach ausgedünstetem Alkohol und kaltem Rauch. Im Wohnzimmer ist es stockfinster, weil die Rollos noch nicht hochgezogen sind.

»Mama?«, ruft Lilly und lugt vorsichtig um die Ecke. Mama liegt eingekuschelt auf dem Sofa. Dieter Bohlen ist weg, hat seinen Schlips vergessen, der hängt noch über der Sessellehne. Die Sektflasche auf dem Tisch ist umgefallen und liegt in einer Lache. Mama macht die Augen auf, stöhnt.

»Wie spät ist es?«, fragt sie und muss husten, setzt sich hin und hustet erst mal richtig ab. Lilly gibt ihr ein leeres Glas zum Reinspucken und zieht die Rollos hoch.

»Kurz nach 12. Bei uns ist Sport ausgefallen.«

»Was?« Mama rauft sich die Haare. »Scheiße, dann ha ick voll verpennt.« Sie schlägt die Decke auf und setzt sich hin. Sie ist nackt, ihre Brüste ragen aus der Decke, die Brustwarzen sind gepierct. Lilly würde auch gern ein Piercing haben, aber nicht in den Brustwarzen. Lieber einen Knopf in der Wange. Das haben nicht alle und sieht so geil aus!

»Mann Mann Mann, war dit jestarn lustig«, sagt Mama und zündet sich eine Zigarette an. »Du findest Wolfgang doch ooch jut, oda?«

»Kenn den doch gar nicht.«

»Nun fang ma nich jleich wieda an zu nörjeln!«

»Ich nörgel ja gar nicht.«

»Tuste doch! Und wieso haste mir nich jeweckt, als de zur Schule jejangen bist?«

»Du hast so schön geschlafen.«

»So schön jeschlafen? Ick komm dir jleich. – So schön jeschlafen. Wat is ’n mit die Kleenen. Haste die wenigstens inne Kita jebracht.«

»Hat Micky gemacht.«

»Micky? Wieso denn Micky? Kannste nich eenmal wat selba machen?« Mama kneift die Augen zusammen und holt tief Luft. »Mann, is det hell hier!«

Lilly nimmt die ausgelaufene Sektflasche und noch zwei leere Feigling-Fläschchen mit und geht in die Küche.

»Ich mach uns Pfannkuchen«, ruft sie ins Wohnzimmer. Mama brummelt vor sich hin und schlurft durch den Flur, ins Bad. Lilly nimmt die letzten drei Eier aus dem Kühlschrank und schlägt sie in eine Schüssel, gibt die restliche Milch dazu, Zucker und rührt den Teig mit dem Mixer. Beinahe hätte sie die Prise Salz vergessen. Die Pfanne riecht noch nach Fischstäbchen. Sie wäscht sie schnell aus, der Geruch geht nicht ganz weg. Auch egal. Herdplatte auf sechs, Margarine rein und dann den Teig. Sie beobachtet, wie er am Pfannenrand zuerst fest wird und sich kräuselt. Es brutzelt in der Pfanne, knuspert und knackt, sie dreht den Pfannkuchen um. Goldgelb! Für die andere Seite kann sie nicht mehr so lange warten. Sie schiebt ihn auf einen Teller, kann sich kaum beherrschen, den zweiten zu backen, weil sie am liebsten sofort über den ersten herfallen würde, aber sie kriegt beides hin: den ersten nebenbei zu essen, während der zweite vor sich hin brutzelt. Eigentlich ist es ein Schlingen. Sie schafft es nämlich nicht, mehr als dreimal auf einem Stück herumzukauen. Warm, süß und fettig rutscht es direkt in den Magen und breitet sich wie eine Decke in ihr aus. Als sie den zweiten auf den Teller schiebt, kommt Mama in die Küche.

»Willst du Kaffee?«, fragt Lilly.

»Logisch will ick Kaffee. Was issn dit für 'ne Frage – willste Kaffee? Also echt mal!«

Wenn Mama so spitzfindig drauf ist, muss Lilly aufpassen. Das ist genau das Gegenteil von ihren guten Minuten, dann kräuselt sich der Mund und die Augen sind Schlitze, woraus sie böse Blicke schießt, die Lilly wie spitze Pfeile direkt ins Herz treffen. Da tut es jedenfalls weh und dann fließt der Schmerz durch den ganzen Körper. Schlimmer als Finger einzuklemmen und andauernder als ein blaues Auge.

Den dritten Pfannkuchen reicht sie Mama. »Mach dir doch noch Zucker drauf«, sagt Lilly. Ihr Herz klopft schon, bereit die Pfeile abzuwehren, aber da kann es noch so poltern und pochen, die Pfeile kommen überall durch. Wieso ist Mama so feindselig, nach so einer Nacht?

»Ick nehm mir schon, wenn ick Zucker will.« Mama rührt den Pfannkuchen nicht an. Lillys Finger zittern, als sie Kaffeepulver in den Filter löffelt. Mama zündet sich eine neue Zigarette an und inhaliert tief, gleich noch mal. Ihre Augen weiten sich, die Mundwinkel entspannen, der Blick geht an Lilly vorbei, aus der Küche heraus, wahrscheinlich zu Wolfgang. Lilly weiß, wenn Mama so guckt, träumt sie von einem Mann.

Etwas später sitzen sie zusammen am Küchentisch, Mama trinkt Kaffee schwarz und raucht dazu. Lilly darf die ganzen Pfannkuchen aufessen, auch Mamas noch, sie hätte lieber einen kleinen Schnaps als all das Süße.

Einen Moment ist es so, wie Lilly es sich manchmal vorstellt, wie in der Werbung, wenn sie glückliche Familien zeigen, nur nicht mit diesem dämlichen Grinsen und natürlich nicht mit so bescheuerten Leuten. Aber alle sind fröhlich und tun was, was sie fröhlich macht. Und dann reden sie drüber und lachen viel. So wie Mama jetzt. Sie raucht und guckt dabei an die Decke und schwärmt davon, aufs Land zu ziehen, mit Wolfgang.

»Der ist Lagerleiter, irjendwo in McPomm. Wohnt da bei seine Mutti. Die is steinalt, aba noch fit. Wenn die mal die Löffel abjibt, jehört dit Haus ihm. Mann, ey, stell dir dit ma vor. En eijenet Haus. Wie die Zwillinge da spielen können und Micky wird dann ooch von janz allene jrößer, von die jute Luft da draußen, inne Natur. Ey, und denn pflanz ick Jemüse an und

Ramona kriegt so'n kleenet Kaninchen. Is doch viel robuster als so'n oller Hamster, wat se sich ums Verrecken wünscht.«

Und ich will einen Hund! – Lilly bleibt der Satz im Halse stecken. Mama verstummt, guckt sie so komisch an. Gleich sagt Lilly es ihr, was sie sich wünscht: einen Hund, auf dem Land. Aber Mama guckt durch Lilly hindurch, keine Schießstand-Blicke und doch lässt sie Pfeile ab. Braucht nicht mal zu zielen, sie treffen trotzdem, voll ins Herz. Solche Pfeile aus dem Hinterhalt sind die schlimmsten.

Zum Glück hat Doktor Kraus heute auch nachmittags Sprechstunde. Sie gehen zusammen aus dem Haus. Lilly soll schon mal zu Netto düsen, zwei Tüten nach Hause bringen, und dann treffen sie sich für die zweite Fuhre bei Aldi. Dieser Wolfgang scheint Geld lockergemacht zu haben, hat ihr auch die Bluse gekauft, weil Mama sich für eine Stelle im Büro bewerben soll, in derselben Firma, in der er arbeitet. Nun muss sie erst mal eine Bewerbung schreiben, dann macht Wolfgang ihr einen Vorstellungstermin. »Nu jeht's aufwärts!«, hat Mama gesagt und schon von »ihrem« Büro geschwärmt. Lilly fragt sich, wie Mama in einem Büro klarkommen will. Hat ja nicht mal den Hauptschulabschluss. Sie schreibt »spülen« mit »h« und »spielen« mit »sch«, Lilly hat mit ihr schon öfter Rechtschreibung geübt, aber in letzter Zeit hatte Mama keinen Nerv mehr dazu. Hat sie das letzte Mal angeschrien, dass sie ein Streber sei, das Blatt zusammengeknüllt und ihr an den Kopf geworfen, dann zwei Feiglinge gekippt und sich ins Wohnzimmer vor die Glotze gesetzt, während Lilly die Zwillinge gewickelt und mit Brei gefüttert hat. Mama will unbedingt, dass Lilly Nützliches zu Hause lernt und nicht nur in der Schule verblödet.

»Ich verblöde doch nicht in der Schule!«

»Gloob ja nich, dass du dir ewich uff die Schulbanke vors Leben drücken kannst! Wenn du den Hauptschulabschluss hast, jehste orntlich arbeeten, damit ick mir och mal zurücklehnen kann.«

Dabei möchte Lilly am liebsten aufs Gymnasium. Frau Flega hatte ihr schon in der Sechsten eine Empfehlung geschrieben, die hat Mama aber sofort in den Mülleimer geworfen. Hoffentlich kann sie wenigstens ihren Mittleren Schulabschluss machen. Bestimmt sieht Mama das gechillter, wenn sie erst mal im Büro arbeitet und mit diesem Wolfgang glücklich ist. Dann wird es für alle leichter.

Es dauert ewig, bis Mama zu Aldi kommt. Handy am Ohr, Zigarette im Mund, trippelt sie in ihrer Leoparden-Jeggings und den coolen neuen High Heels quer über den Parkplatz. Klimpert mit dem Schlüssel in der Hand. Das macht sie immer, damit die Leute denken, sie hätte ein Auto.

Mama ist gut drauf, weil sie heute mit zu Wolfgang nach McPomm fährt. Er holt sie ab, gleich nach seiner Arbeit. Sie will sich sein Haus doch mal angucken.

»Einen Abend wirste den Laden ja wohl mal alleene schmeißen, wa?«

Lilly hat »den Laden« schon öfter »geschmissen«, und nicht nur einen Abend. Sie soll eine Pizza in den Ofen schieben und morgen früh selbst die Zwillinge in die Kita bringen. Micky soll zusammen mit Ramona in die Schule gehen. Das wäre ja gelacht, wenn das nicht klappte. In ihrem Alter hätte sie neben der Schule längst mitverdienen müssen. Lilly will nicht wieder hören, dass Mama schon mit acht Autos gewaschen und für alte Omas in Charlottenburg eingekauft hat. »Ey, weeßte übahaupt, wo Charlottenburg is? Da fährste ne jute Stunde, ein Weg!!«

Lilly war noch nie in Charlottenburg. Sie weiß nur, dass es da ein richtiges Schloss gibt, mit goldenen Spiegeln und goldenen Tapeten. Das würde sie ja gern mal sehen.

Sie packt einen Stapel Fertigpizza, zwei Packungen Bockwürstchen, Käse, drei Liter H-Milch, Äpfel, Bananen, eine Kokos-Schokolade und eine Dauersalami in den Einkaufswagen. Mama steht bei den Spirituosen und nimmt zwei Flaschen Wodka aus dem Regal, zögert, greift noch nach einer Flasche Sekt. Dafür packt sie später die Schokolade wieder aus und legt die billigen Bonbons in den Wagen. Ramona ist von den Dingern schon die ganze vordere Zahnreihe abgefault und ihre zweiten Zähne hatten auch schon sieben Löcher. Lilly achtet zwar drauf, dass alle sich abends die Zähne putzen, aber Ramona schmuggelt immer noch ein paar Bonbons mit ins Bett.

An der Kasse fehlen Mama trotzdem noch 1 Euro 96. Sie sucht in allen Taschen, findet aber nur noch 30 Cent. Stößt Lilly an, ob die noch ein bisschen Kleingeld hat. Woher?

Peinlich, wie die Leute gucken, nicht, als hätten sie das noch nie gesehen, sondern irgendwie genüsslich, schadenfroh, als würden sie sagen: Ach guck mal an, bei Belmigas ist das Geld mal wieder knapp, und das schon in der ersten Monatshälfte. Mama lässt sich nicht beirren. Sie tut überfröhlich, lacht, sagt: »Na jut, denn müssen wir wohl zwee Tüten Milch zurückjeben«, und nimmt zwei von den drei Tüten aus dem Wagen. Fehlen aber immer noch 24 Cent. Die Leute hinter ihnen – zwei wohnen im Nachbarblock – verdrehen die Augen, weil es nicht vorwärtsgeht.

»Herrjottnochma!« Mama knallt die Salami auf das Laufband zurück, dass es knallt, bekommt 1 Euro 97 wieder.

»Wollen Sie die Milch dafür wiederhaben?«, fragt die Kassiererin.

»Nee!«, sagt Mama. »Ick lass mir doch nich verarschen!« Sie packt hastig die Sachen ein und geht raus. Die beiden Wodkaflaschen und die Sektflasche stoßen bei jedem Schritt aneinander.

Draußen zündet sie sich erst mal eine Zigarette an, hustet, spuckt aus, schaut Lilly entschlossen in die Augen und hebt die Zigarettenhand. »Eens lass dir gesacht sein. Verlier niemals deinen Stolz! Bei nüscht, vastehste! Bei jar nüscht!«

Sie geht mit erhobenem Haupt an den beiden Frauen aus dem Nachbarblock vorbei, die die Köpfe zusammengesteckt haben und tuscheln.

Am nächsten Tag hat Lilly keine Entschuldigung und auch der Brief ist nicht unterschrieben. Einen Moment lang hatte sie dran gedacht, Mamas Unterschrift nachzumachen. Das wäre nicht schwer gewesen, Mama schreibt wie ein kleines Kind, aber Frau Böger hatte schon bei der letzten Unterschrift gedacht, dass Lilly sie gefälscht hätte, weil sie so groß und krumm war. Das kam aber nur daher, weil Mama beim Schreiben die Zigarette nicht aus der Hand genommen hatte und ihr deshalb Rauch ins Auge gekommen war.

Es tue ihr leid, sagt Lilly zu Frau Böger, sie habe es vergessen. Wenn sie sagt, dass Mama gestern Abend nicht da war und heute Morgen noch nicht wieder zurück von ihrem neuen Freund, dann ruft Frau Böger bestimmt das Jugendamt an. Außerdem hat Lilly es ja wirklich vergessen.

»Letzte Chance«, sagt Frau Böger mit strengem Blick. »Morgen ist beides unterschrieben, sonst komm ich persönlich bei euch vorbei.«

Bloß das nicht! Frau Böger ist genauso nervig wie das Jugendamt.

Lilly verspricht es, hat Mühe, sich auf die Matheaufgaben zu konzentrieren, dabei mag sie Mathe. Zahlen machen sie froh. Sie sind so klar und ehrlich und man kann sich jederzeit auf sie verlassen. Langsam kommt sie doch rein. Sie rechnet und rechnet und ist sogar vor dem Klingeln fertig. Frau Böger lobt sie. Lilly atmet tief durch. Sie darf schon gehen.

Der Schulhof ist leer, durch die Bäume rauscht der Septemberwind. Sie muss jetzt dringend mal rennen und ein paar Luftsprünge machen.

Kurz nach eins, ihr Magen knurrt. Die Sonne scheint. Aber es ist niemand da, mit dem sie ein bisschen rumbolzen könnte. Dann geht sie eben erst mal nach Hause, vielleicht ist Mama schon zurück und hat eine schöne Nacht mit Wolfgang gehabt. Dann ist bestimmt gute Stimmung. Als Lilly die Wohnungstür aufschließt, hört sie Gelächter und Fernsehstimmen aus dem Wohnzimmer. Mama und Reni. Reni ist Mamas beste Freundin. Sie war schon lange nicht mehr da, weil sie sich gestritten hatten, aber jetzt scheint alles wieder in Butter zu sein. Sie sitzen auf dem Sofa, nebeneinander, rauchen, trinken den Aldi-Sekt und gucken hoch, als sie ins Wohnzimmer kommt.

»Hallo!«, sagt Lilly und legt Mama sofort die Briefe hin, zum Unterschreiben. Mama schiebt sie weg. »Jetzt nicht.«

Lilly geht in die Küche und schmiert sich ein Brot mit Streichkäse, trinkt ein Glas Milch. Sie hat seit heute Morgen, sieben Uhr, nichts mehr gegessen. Zum Stullen-Schmieren bleibt nie Zeit. Wenigstens sind sie heute Morgen alle pünktlich gekommen. Die Zwillinge kriegen in der Kita was zu essen und Micky und Ramona entweder im Hort oder sie gehen in die Arche. Da gibt es Essen umsonst. Das hatte Frau Flega ihr mal empfohlen, aber Lilly hatte so getan, als interessiere es sie nicht. Soll bloß nicht denken, dass sie es nötig hätten, da zu essen, besonders jetzt nicht, wo doch alles besser wird mit diesem Wolfgang. Wenn sie Mama bei der Bewerbung hilft, kriegt sie vielleicht wirklich den Bürojob in McPomm. Aufs Land zu ziehen wäre wirklich super. Dann könnte sie auf richtig hohe Bäume klettern, über Wiesen rennen, vielleicht sogar reiten und endlich einen Hund haben!

Ihr Magen zieht sich zusammen. Sie ahnt, dass da ein Haken

ist, dass irgendwas faul ist, aber sie will auf keinen Fall jetzt drüber nachdenken. Sie geht ins Kinderzimmer und macht ihre Hausaufgaben, auf dem Schreib- und Wickeltisch. In ihrer kleinen Kajüte ist nur Platz zum Schlafen und in der Küche stapelt sich schmutziges Geschirr auf dem Tisch. Micky und Ramona sind zum Glück noch bis 16 Uhr im Hort. Mama und Reni kreischen laut los. Mann, haben die einen Spaß! Sieht so aus, als würde Lilly die Zwillinge dann von der Kita abholen.

Am Abend sind Mama und Reni sternhagelblau. Sie haben nicht nur den Sekt, sondern auch eine Flasche Wodka getrunken und wollen noch ein bisschen um die Häuser ziehen. Mama kommt abends nicht nach Hause, ist auch am nächsten Morgen noch nicht wieder da.

Micky hat wieder ins Bett gepullert. Ramona steht von alleine auf. Die Zwillinge haben die neue Tüte Bonbons gefunden und sich darüber hergemacht. Überall liegt Bonbonpapier. Beide haben die Windeln voll.

»Andere Kinder sind schon mit zwei sauber«, sagt Lilly und zeigt ihnen die schmutzigen Windeln. »Dafür gibt es ein Töpfchen!« Aber die Zwillinge sind überhaupt nicht an der vollen Windel interessiert, sie wollen fernsehen.

»Gibt's jetzt nicht«, sagt Lilly streng und wiederholt: »Töpfchen.« Irgendwann müssen sie es doch mal kapieren. Dabei weiß Lilly gar nicht, wo das Töpfchen geblieben ist. Mama hat es irgendwann ins Kinderzimmer gestellt und ihr gesagt, dass sie die Zwillinge da nun draufsetzen soll. Die Zwillinge wollten aber nicht auf einem Töpfchen sitzen. Und jetzt ist es weg. Wahrscheinlich unter dem schmutzigen Berg Klamotten verschüttgegangen, oder unter dem anderen Kram, der überall verstreut auf dem Boden liegt.

Als die Zwillinge in der Kita, Ramona und Micky in der Schule sind und sie auf dem Weg zur Schule ist, wird sie immer langsamer. Dabei könnte sie es heute mal schaffen, pünktlich zu sein. Es ist fünf vor acht. Aber sie hat die Unterschriften nicht. Was, wenn Frau Böger dann mit ihr nach Hause geht und sieht, dass Mama nicht da ist und ins Wohnzimmer guckt. Da stehen und liegen noch all die Pullen herum, die übervollen Aschenbecher der letzten Tage. Oder sie trifft Mama völlig verkatert an. Das darf auf keinen Fall passieren! Mama sieht gespenstisch aus, wenn sie verkatert ist. Am besten, Lilly geht heute gar nicht in die Schule. Muss Mama ihr eben noch eine Entschuldigung zusätzlich mitgeben, wenn sie die Briefe unterschreibt. Sie dreht sich um, schlendert durch den kleinen Park, am Spielplatz vorbei. Es ist frisch, so früh am Morgen und langweilig. Sie geht zurück nach Hause. Am besten, sie schläft noch ein bisschen. Sie geht in ihre Kajüte und kuschelt sich ins Bett.

Sie wird von Stimmen geweckt. Mama und Reni. Sie lallen und lachen, wollen sich jetzt eine Stulle reinpfeifen, wenn Lilly es richtig verstanden hat. Es ist kurz vor zwölf.

»Kann ja nich schaden«, sagt Reni und gackert wieder los. Müssen ja echt eine tolle Nacht gehabt haben, so wie die drauf sind. Lilly hört Besteck klappern, Tüten rascheln, den Kühlschrank auf- und zuklicken. Hoffentlich essen sie nicht das ganze Brot auf. Wenn Mama so drauf ist, lässt sie sicher kein Geld da. Sie schwärmt schon wieder lautstark vom Land und einem eigenen Garten.

»Ey, da kannste richtije Bohnen züchten und Tomaten und solche Dinger, dit gloobste jar nich!«

»Ja, und denn haste diesen scheiß Stadtmief auch nich mehr inne Neese. Mann, ick komm dir dann janz oft besuchen.«

Mama sagt, sie würden schon bald umziehen. Wolfgangs

Mutter würde die zwei Zimmer renovieren und seine Mutter sich auch um die Zwillinge kümmern.

»Und das Jugendamt hab ick ooch schon anjerufen, wejen Amanda.«

Lilly horcht auf. Jugendamt? Wieso denn Jugendamt? Und wieso sagt Mama jetzt plötzlich wieder Amanda? Lilly hält die Luft an, damit sie besser lauschen kann.

»Die kommt nich mit. Die bring ick inne Wohnjruppe. Echt ey, ick kann se nich mehr vor Oojen haben. Sieht Keule jeden Tag mehr und mehr ähnlich, dass ick mir uff die Zunge beeßen muss, um nich ›Keule‹ zu ihr zu sahren.«

Lilly zieht eine Gänsehaut über den Kopf. Ihr ist eiskalt.

»Hab mir schon erkundigt. Jibt jenug Wohnjruppen, die se uffnehmen tun. Und stell dir vor, Wolle will ooch noch 'n Baby, ein eijenet, vastehste? Mann, ey, denn sind wir eine richtije Familie!«

Lilly sitzt im Bett und friert. – Wohngruppe? – Baby? – Eine richtige Familie? Aber ohne sie, weil sie aussieht wie Keule, ihr Vater, an den Mama nicht erinnert werden will? Guckt sie sie deshalb immer so komisch an, in der letzten Zeit?

In ihrer Kajüte wird es plötzlich dunkel, obwohl sie Licht anhat. Sieht Mama das Licht denn nicht, durch den Lüftungsschlitz? Merkt sie nicht, dass Lilly da ist, dass sie gehört hat, was Mama eben gesagt hat? – Hat sie das überhaupt gesagt?

Lilly atmet laut, aber kriegt trotzdem keine Luft. Mit einem Fußtritt kracht die Schranktür auf, springt sie raus, auf den Flur, stolpert in die Küche, so einen Schwung hatte sie, muss sich am Tisch festhalten, spürt ihre Beine nicht mehr. Der Boden eiert, als wäre sie auf dem Mond.

Reni und Mama stehen vor ihr. Reni springt der Mund auf: »Wo kommst du 'n her?«

Mama staunt auch nicht schlecht, braucht einen Augenblick,

 dann spuckt sie ihr Wörter ins Gesicht: »Haste jelauscht, wa? Na jut. Müssen wir ooch jar nich so 'n Drama draus machen. Du bist jroß jenug. Du kannst alleene klarkommen. In deinem Alter hab ick …«

Lilly weiß gar nicht, wie sie aus der Wohnung gekommen ist. Sie rennt die Treppen runter, immer zwei Stufen auf einmal, es geht bergab. Ihre Schritte hallen durchs Treppenhaus. Unten angekommen, rennt sie fast Frau Jakobi um, aus dem Siebten.

»Holla, holla«, sagt Frau Jakobi. »Da hat es aber jemand eilig.«

Lilly rennt unten weiter, verschnauft erst auf dem Spielplatz. Ihre Lunge brennt. Die Schule ist aus. Sie sieht Stotter-Thorben mit seiner kleinen Schwester auf der Wippe. Sie lächeln beide, Bruder und Schwester. Seine Eltern sind auch noch zusammen. Scheiß Familie! Sie geht zur Wippe. Es ist, als wäre sie fremdgesteuert; sie geht schnurstracks auf Thorben zu und knallt ihm ihre Faust ins Gesicht, dass es schmatzt. Thorben fällt rückwärts von der Wippe. Lilly rennt weg, guckt sich nicht mehr um. Sie weiß, dass er blutet und vielleicht wackelt ihm sogar jetzt ein Zahn. Am liebsten würde sie seiner kleinen Schwester auch noch in den Hintern treten.

In ihr brennt es. Ihr Bauch ist ein überheizter Ofen, es brodelt, glüht, Flammen schlagen ihr den Hals hinauf, da können Tränen nicht löschen. Sie geht, weil sie nicht stehen bleiben kann. Geht in die Schule, stampft durch die Gänge mit geballten Fäusten. Scheißegal, wenn Frau Böger sie jetzt sieht. Alles scheißegal. Der Biologieraum steht offen. Da wollte sie immer schon mal rein, sich in Ruhe umschauen, dem Plastikmenschen den Bauch aufklappen und sich die Gedärme angucken. Jetzt würde sie sie am liebsten rausreißen.

Auf der Fensterbank steht der Käfig mit den Mäusen.

Landmäuse. Wie sie ihre kleinen Näschen in die Luft halten und schnuppern. Sie geht auf den Käfig zu, öffnet das Türchen, greift sich eine Maus und nimmt sie heraus. Wie sie strampelt in ihrer Hand! Den Kopf hat sie zwischen Daumen und Zeigefinger, so, dass sie Lilly nicht beißen kann. Lillys Herz klopft. Das Herz der Maus auch. Die Maus guckt ihr in die Augen. Kleine runde Knopfaugen, braun, längliche Schnauze, die spitzen Schneidezähne schauen heraus, ihre Barthaare zittern. Unten hängt der Schwanz aus Lillys Faust. Sie drückt fester zu.

»Na, du kleines Mäuschen, hast du Angst?«, flüstert sie und drückt noch ein bisschen fester zu. Es ist, als würden die Augen der Maus größer. Das Mauseherz rast. Sie hat die Maus in der Hand, im wahrsten Sinne des Wortes und sie kann mit ihr machen, was sie will. Sie drückt noch ein bisschen fester zu. Der Druck, mit dem die Maus sich mit Vorder- und Hinterbeinen gegen ihre Hand stemmt, lässt nach. Die Maus wird schon schwach. Lilly fühlt die kleinen Rippen. Wie zart sie sind und wie leicht es wäre, sie zu zerquetschen. – Eine Maus mehr oder weniger, wen stört das schon? Gibt so viele Mäuse. Und sie ganz allein kann entscheiden, was mit dieser Maus hier passiert.

Lilly will zudrücken, fühlen, wie die Rippen bersten, aber da öffnet sich ihre Faust. Die Maus zuckt kurz zusammen springt im Nu auf die Füße, hockt auf allen vieren in ihrer offenen Hand, geduckt, abwartend, in einer Starre, als säße sie einer Katze Angesicht zu Angesicht gegenüber. Lilly hat das mal beobachtet, wie erstarrt die Maus vor der Katze saß. Blöde Maus, hatte sie gedacht, sitzt da rum, statt wegzulaufen.

Die Maus auf ihrer Hand könnte auch weglaufen, aber sie bleibt, guckt Lilly mit ihren braunen Knopfaugen an. Ihr Herz schlägt immer noch so schnell. Die arme Maus. Lilly kommen die Tränen. Sie weint um die Maus. Hoffentlich erholt sie sich wieder!

Als sie die Maus in den Käfig zurückgesetzt hat, spürt sie eine Hand auf ihrer Schulter. Sie schreckt zusammen und dreht sich um. Frau Flega steht hinter ihr. Auch egal. Ist sowieso alles egal. Lilly schluchzt. Ihr ganzer Körper bebt. Sie weiß, was Frau Flega gleich fragt, ob sie Thorben geschlagen hat. Sie will auch die verdammten Unterschriften haben, für Frau Böger, und wissen, wo sie heute Morgen war, aber Frau Flega sagt nichts und nimmt sie in die Arme. Lilly drückt den Kopf an ihre Brust. Frau Flega riecht gut. Nach frischem Brot und Weichspüler.

Schwimmen gehen

Er steht halb auf dem Bürgersteig, halb im Rinnstein. Wasser tropft von ihm herab, seine Oberfläche hat Furchen. Alle vier Beine sind noch dran.

Vin schaut sich um, niemand zu sehen. Kein Wunder, bei dem Wetter! Es regnet schon seit Tagen. Seine Kapuze ist durchgeweicht, aus den Haaren rinnt ihm das Wasser den Nacken hinab. Langsam geht er auf den Tisch zu, guckt sich noch mal um, wirklich keiner zu sehen, pennen alle noch. An der Schublade auf der Vorderseite ist der Knauf abgebrochen. Den könnte man ersetzen. Auch die Oberfläche würde er abschleifen. Ein richtiger Tisch, dunkel gebeizt, stabil, wahrscheinlich Vollholz. Genau das, was er braucht.

Das letzte Mal, als er seinen Vater zu Gesicht bekommen hatte – im wahrsten Sinne des Wortes –, hat sein Alter ihm eine Ohrfeige verpasst. Vin ist dann durchs Fenster gesprungen und weggelaufen, über den Grünstreifen vor dem Haus gehechtet, über den Parkplatz gerannt, an den Mülltonnen vorbei, den Trampelpfad entlang Richtung Ententeich. Hat sich da auf einer Bank erst mal eine Zigarette angezündet, sich auf die Lehne gehockt, Füße auf der Sitzfläche, Ellenbogen auf den Knien, Gesicht auf den Handballen und verstand nichts. Wieso war sein Alter überhaupt gekommen? Er wollte ihn abholen. Sie wollten verreisen, in seinem neuen, geilen Auto, einem echten Oldtimer, Mercedes E 200, Cabrio, Hubraum: 1998, mit Automatik und 18-Zoll Felgen. Sie wollten übers Wochenende los, scheißegal, wohin. Bei der Karre kommt es nur drauf an, dass sie läuft, und natürlich aufs Wetter. Wenn schon Cabrio, dann auch offen. Vin hat den ganzen Vormittag gewartet –

tigert in der Wohnung auf und ab – kommt er oder kommt er nicht oder ist er nur wieder um Stunden zu spät? Da klingelt es. Vin schnappt sich seinen fertig gepackten Rucksack und will gleich los. Sein Alter muss gar nicht groß reinkommen, gibt ja doch nur Stress, wenn er auf Mama trifft. Es geht selten gut, wenn die beiden aufeinandertreffen. Aber dann klingelt das Handy, nicht seins, sondern das von seinem Vater, er ist neuerdings Geschäftsmann und muss immer erreichbar sein. Telefonierend kommt er in die Wohnung, geht Richtung Küche, muss sich was notieren, in der Küche gibt es nichts zum Notieren, weder Zettel, Stift noch Tisch. Im Wohnzimmer sieht er die neue Sofalandschaft mit zwei Sesseln, Rauchglas-Tischchen und dem neuen 3D-LED-Fernseher, 40 Zoll. Der Vater staunt, trotz Telefonat, lässt sich in einen Sessel plumpsen. Vin hat schnell einen Stift von seiner kleinen Schwester Angelina geholt, Papier, reicht es dem Vater, schaut zu, wie er das Blatt auf sein Bein legt und viel zu doll mit dem Stift aufdrückt. Es ist ein Glimmerstift, was anderes hat er so schnell nicht gefunden. Jetzt hat der Vater Glimmer-Rosa auf seiner hellen Hose. Er flucht stumm, ist ja noch am Telefonieren, wirft den Stift auf den Boden, sagt ins Telefon, er komme sofort.

»Wie jetzt?«, fragt Vin.

»Ich muss los«, sagt sein Vater. »Klappt heute nicht. Sorry. Nächste Woche!« Er macht sich schon wieder auf den Weg. Da kommt Mama ins Wohnzimmer. Hat sich tierisch aufgebrezelt, das macht sie immer, wenn sie die Chance wittert, seinen Vater zu sehen, damit der bloß nicht vergisst, wie schön sie ist und endlich bereut, dass er sie verlassen hat. Nicht, dass sie wieder zu ihm zurückkehren würde. Niemals!

Vater und Sohn gucken sich an.

»Scheiße, ich muss echt los«, sagt der Vater. »Bei uns ist einer ausgefallen und es geht um eine große Anlage, da muss ich selber hin.«

Es ging letztes Mal auch um eine große Anlage, als Vin schon mit gepacktem Koffer stundenlang auf ihn gewartet hat, vergebens. Da wollten sie übers Wochenende nach London fliegen.

Vin fühlt die Hitze, die in ihm aufsteigt. Er will was sagen, sich diesmal nicht gefallen lassen, wieder abserviert zu werden. Das hat ihm Mama letztes Mal eingebläut: Lass dich nicht noch mal von ihm so abservieren! Das haben wir nicht nötig!« Aber sein Vater zeigt auf den neuen Fernseher mit den riesigen, angeschlossenen Boxen und meckert gleich los, dass Mama sein Unterhaltsgeld in Luxusgüter steckt, statt was Sinnvolles für die Kinder zu kaufen.

»Ich muss mir von dir nicht vorschreiben lassen, was sinnvoll für meine Kinder ist«, sagt Mama. Ihre schwarz geschminkten Augen funkeln. Schon gibt ein Wort das andere und sie streiten sich über das Unterhaltsgeld, das, laut Mamas Ansicht, zu unregelmäßig kommt, was überhaupt nicht stimmt, behauptet der Vater. Vin würde sich am liebsten die Ohren abreißen, er kann es nicht mehr hören, es ist immer dasselbe. Erst streiten sie über die Finanzen, dann geht es in die zweite Runde, mit persönlichen Beleidigungen.

»Wie siehst du eigentlich aus?«, fragt der Vater. »Es ist Mittag und du läufst rum, als kämst du gerade aus'm Puff. Hast du's so nötig, ja?«

»Nötig? Ich? Dass ich nicht lache! Guck dich doch mal an«, keift Mama. »Du meinst, wenn du wie ein Computerfreak rumläufst, bist du auch einer.«

Vin beobachtet einen Spatz, wie er sich auf die Fensterbank setzt, durch die Glasscheibe ins Zimmer schaut, den Kopf hin- und herbewegt und wieder wegfliegt. Könnte Vin doch nur mit ihm tauschen. Aber er kann nicht fliegen. Er kann auch keine schalldichte Glasscheibe zwischen seine Eltern stellen. Am besten Panzerglas. Er steht im Wohnzimmer und kann sich nicht rühren.

»... Computerfreak?«, brüllt der Vater. »Du hast sie ja wohl nicht mehr alle!« Er schüttelt den Kopf, dreht sich um, geht. Mama gibt ihm noch ein paar deftige Flüche mit auf den Weg: Ihr Repertoire ist immer das gleiche, nur die Reihenfolge der Schimpfwörter ändert sich manchmal. Heute kommt der Schlappschwanz vor dem Prollo, danach folgt der Versager. Mama teilt kräftig aus, ohne laut zu werden. Das ist ihre Spezialität, einem im Weggehen noch so richtig was mitzugeben. Vin rauft sich die Haare. Er weiß, dass das letzte Wort zu viel war. Sein Alter ist auf hundertachtzig, schreit, dass er sich das nicht gefallen lassen muss und dass das Konsequenzen haben wird. »Ich lass mich hier nicht mehr blicken!« Er guckt Vin in die Augen, sagt, er will hier sofort raus, weg von dieser keifenden Ziege, aber Vin hält ihn an der Schulter zurück.

Er fasst seinen Vater an!

Der Vater guckt auf seine Hand, in Vins Gesicht. Kann nicht glauben, dass sein Sohn sich ihm in den Weg stellt.

Vin sagt: »Wenn du jetzt abrauschst, brauchst du nicht wiederzukommen! Wird ja sowieso nie was aus deinen Versprechungen.«

»Doch«, sagt der Vater. »Nächstes Mal.«

»Das glaubst du ja wohl selber nicht.« Vin grinst, so verächtlich wie Vin Diesel. Schließlich hat sein Vater ihn nach Vin Diesel benannt. Das hat er nun davon. Jetzt kann er schon so grinsen, und wenn er weiter so viel trainiert, hat er bald auch solche Muskeln wie V.D. Er ist V.D., Vin Dettmann, V.D. eben und er lässt sich von seinem Alten nicht mehr abservieren. Er nicht!

»Es tut mir ja auch leid, geht aber nicht anders. Ich melde mich«, sagt der Vater und schubst Vins Hand weg. Wieso schubst er Vins Hand weg?

»Lügner«, sagt Vin. »Scheiß Lügner!«

Und da klatscht es in seinem Gesicht, hat er eine Schelle

kassiert. Beinahe hätte V.D. zurückgeschlagen, aber die Beine sind schneller, reagieren ohne seinen Kopf. Er rennt in sein Zimmer, reißt das Fenster auf und hechtet mit einem Satz nach draußen.

Und rennt!

Bis zum Ententeich. Da haut er sich erst mal auf die Bank und zündet sich eine Zigarette an. Heulen wollte er eigentlich nicht, nie wieder. Nicht wegen seinem Vater! Er spuckt auf den Boden. Scheiße noch mal! So geht es nicht weiter!

Vin steht auf dem Bürgersteig mit dem Tisch. Es gießt immer noch. Er muss sehen, dass er das Teil ins Trockene kriegt. Wo der wohl mal gestanden hat? Bestimmt in einer Küche, oder in einem Wohnzimmer. Obwohl, die Wohnzimmer, die er kennt, haben alle diese kniehohen Tische, auf denen man bequem Flaschen abstellen kann, sowas, wie sie auch haben, oder selbst gebastelte Tischchen aus Brettern auf Backsteinen. Sein Kumpel Eric und er haben neulich zwei von diesen coolen Bierkisten mit Sitzkissen aus einer Kneipe in der Nordstadt mitgehen lassen. Sind den ganzen Weg damit nach Hause gefahren, in der U-Bahn, haben sich gleich draufgesetzt und ein bisschen rumgegrölt. Dann gucken die Leute eh weg. Nun stehen die Dinger bei Eric im Zimmer und nehmen nur Platz weg. Der Tisch wird auch Platz wegnehmen, aber ein Tisch ist auch eine Chance.

Vin schaut unter den Tisch. Keine Spinnenweben, keine Risse, kein Schimmel. Der stand garantiert nicht in irgendeinem Keller rum. Vielleicht haben heute Morgen noch Kinder mit ihren Eltern daran gefrühstückt. Soll es ja geben, solche Familien, mit richtigem Tisch und richtigem Frühstück. Vin zieht sich morgens ein Bounty rein, kippt Kaffee im Stehen und raucht eine dazu. Mittags gibt's irgendwo Brötchen und abends essen sie vor dem Fernseher – Döner oder so Fertigmenüs, die man nur in den Ofen schieben muss. Seitdem sie den 3D-Fernseher haben, essen sie nur noch vor der Glotze, er, Angelina und Mama. Gequatscht wird nur bei der Werbung!

Vin schaut die Hauswand hoch. Vor ihm drei achtstöckige Wohnblöcke nebeneinander, daneben die *Twin Towers* – so wird die Platte mit den 14 Stockwerken genannt, und dahinter die sieben Reihenhäuser, wo er mit seiner Mutter und Schwester im Parterre wohnt – vor fünf Jahren noch mit seinem Vater, ein paar Straßen weiter in einer Doppelhaushälfte. Da war Vin gerade acht und Angelina fünf. Das Haus hatte einen Garten und eine große Küche mit einem Tisch, an dem er und Angie gemalt und gespielt haben und eben auch gegessen. An einem Tisch kann man auch sitzen und reden. Selbst verfeindete Politiker setzen sich an einen Tisch und reden miteinander. Ein Tisch bietet Abstand zwischen Streitenden und man kann seine Wut auf die Tischplatte trommeln oder mit den Zehen so lange gegen die Tischbeine drücken, bis sie einem wehtun und man keine Lust mehr auf Streit hat.

Wo der Tisch wohl herkommt? Sicher nicht aus irgendeinem Fenster geflogen, obwohl hier ja so manches aus dem Fenster fliegt. Aber dann wären die Beine gebrochen, mindestens. Vielleicht ist irgendwo ein Vater abgehauen und die Mutter musste mit ihren Kindern umziehen, in eine kleinere Wohnung, wo der Tisch nicht mehr reinpasst? Sie wohnen ja jetzt auch in einer kleineren Wohnung, in die kein Tisch mehr reinpasst. Mama mag keine Tische, nur Küchentheken, Schmink- und Beistelltischchen. Aber er wird diesen Tisch mit nach Hause nehmen. Dagegen kann sie nichts tun.

Er streicht mit den Fingern über die Tischplatte. Tiefe Furchen, als wäre er 100 Jahre alt. Vielleicht ist er das ja auch? Die Platte kriegt er schon wieder schön glatt. Werkzeug und Farbe haben sie noch im Keller. Die ist noch von seinem Alten. Plötzlich tauchte er mit Farbe auf, nachdem er sich monatelang nicht gezeigt hatte. Will die Familie ja nicht im Stich lassen, hat er gesagt, als er plötzlich vor der Tür stand. Mama wollte mithelfen. Ein paar Stunden lang dachte selbst Vin, seine Eltern kommen wieder zusammen. Turteln da auf der Leiter rum, dass sich die Balken biegen, schaffen gerade mal eine Wand. Abends kauft sein Alter eine Flasche Wein, und dann treiben sie es im Schlafzimmer bis zum Morgengrauen. Am nächsten Tag noch mehr Geturtel. Aber kaum ist die zweite Wand fertig, fängt die Streiterei wieder an. Das Ende vom Lied: Sein Alter verschwand, knallte die Wohnungstür hinter sich zu, dass die Fenster wackelten, und bei Vin im Zimmer blieb es bei zwei gestrichenen Wänden. Die beiden anderen Wände hat Vin dann selbst fertig gemalert.

Sein Alter hatte immer schon was mit anderen Weibern am Laufen, sagt Mama, und jedes Mal, wenn er den Abgang gemacht hat: »Lass den mal, der kommt schon wieder.« Was auch stimmte, denn länger als ein paar Monate haben die beiden es noch nie ohneeinander ausgehalten. Nach der Streichaktion kam er aber nicht mehr. Hat sich auch nicht bei Vin gemeldet. War einfach weg, unerreichbar. Ob er jetzt auch wieder so lange wegbleibt?

Regen rinnt Vin den Rücken hinab. Er packt den Tisch, hievt ihn hoch, trägt ihn wie ein Schutzschild vor sich her und geht die Straße entlang. Von vorn kann ihn keiner erkennen. Gut so, sonst denkt noch jemand, er hätte ihn irgendwo geklaut.

Das Letzte, was er abgegriffen hat, waren die Bierkisten mit den coolen Sitzkissen gewesen. Obwohl, »abgreifen« konnte man das wirklich nicht nennen. Stand ja groß »Becks« drauf, war also Werbung. Und Werbung gibt's immer umsonst.

Ob Eric schon auf ist? Hat ja gestern ganz schön gebechert, der Gute. Vin dröhnt auch noch die Birne. Sie hatten sich abends noch auf dem Spielplatz getroffen und Sergej hatte eine Pulle Wodka mitgebracht und russische Kippen. Und dann haben sie eine Menge Spaß gehabt. Eric ist vom Klettergerüst gefallen und hat sich tot gestellt und Sergej hat's erst geglaubt und schon Panik gekriegt, aber dann ist Eric plötzlich aufgesprungen und hat sich totgelacht, was Sergej total wütend gemacht hat.

»Willst du mich verarschen, Alter?«, hat er gebrüllt und Eric gegen die Schulter geboxt. »Ich lass mich nicht verarschen!« Vin hat Sergej dann beruhigen können: dass Eric nur einen Scherz gemacht hat und Sergej nicht immer gleich denken soll, alle wollten ihn verarschen. Dann haben sie noch versucht, ein paar Mädels ranzuholen, aber es war wie verhext. Es war kein einziges unterwegs, wo man sich sonst vor lauter Geschnatter nicht retten kann. Wahrscheinlich lief gestern *Germany's Next Topmodel.* Dann sind die Straßen weiberfrei. Egal. Haben auch so gut gefeiert. Sergej hat sogar noch russische Volkslieder gesungen, gar nicht mal schlecht. Eric meinte, er solle noch ein bisschen üben und sich dann bei DSDS bewerben. »Echt, Alter, du hast Chancen! Solche Schnulzen gehen ans Herz. Damit kriegst du jede Chica rum.«

Jetzt übt Sergej für DSDS. Er ist schon 16 und hat schon jede Menge Weiber klargemacht. Behauptet er jedenfalls. Vin glaubt schon, dass da was dran ist. Sergej hat was, worauf die Mädels abfahren. Dem könnte man seine Geschichten echt glauben, im Gegensatz zu Eric. Der ist zwar auch schon 16, aber die Mädels bleiben auf Abstand. Vielleicht, weil er so eine große Klappe hat und rüpelig ist, aber Vin weiß, er hat nur eine harte Schale mit weichem Kern. Eric und Sergej sind seine besten Kumpels. Wenn Eric und Sergej nicht wären, wüsste er gar nicht, was er machen würde. Die beiden haben auch keine Väter und schwärmen trotzdem von ihnen, machen sie zu

Helden, Kämpfern und Befreiern. Sie sind stolz auf ihre Väter! Sowas geht wohl nur, wenn sie überhaupt nicht da sind. Sein Alter ist auch nie da, nur wenn Vin ihn schon fast vergessen hat, taucht er wieder auf, mit einem neuen Auto und einem neuen Job und verspricht ihm was Tolles.

Was hätte er darum gegeben, wenn das mit dem Wochenendtrip geklappt hätte, wenn er mit offenem Verdeck in einem Mercedes E 200 an Eric und Sergej und all den anderen, die hier so rumhingen, vorbeigerauscht wäre.

Seine Finger sind eiskalt. Der Regen peitscht ihm voll ins Gesicht. Er legt einen Schritt zu. Vor der Haustür muss er den Tisch abstellen, Schlüssel aus der Jeans friemeln, Tür aufschließen. So. Nun hat er das gute Stück im Trockenen. Lässt den Tisch erst mal im Flur stehen.

Angelina sitzt im Schlafanzug vor der Glotze und isst Schokomüsli. Ihre blonden Haare sind verwuschelt. Sie guckt ihn kurz an, lächelt und fragt: »Regnet's?«

Sie hat vom letzten Knall nichts mitgekriegt, auch nichts von der Ohrfeige. Das ist gut so. Peinlich genug, wenn sie seinen Alten so in Rage sieht. Sie hat einen anderen Vater als er, einer, der nicht so austickt.

Mama ist im Bad. Er müsste mal. Wahrscheinlich muss er nach draußen, hinter die Müllcontainer pinkeln. Samstagmorgens pflegt sie sich immer extra lange. Aber er hat Glück. Sie kommt gleich raus, ihre Haarkur muss eh einwirken, dann darf er kurz aufs Klo.

»Wo kommt denn der Tisch her?« Sie steht im weißen Bademantel mit einer Plastikhaube vor ihm.

»Hab ich gefunden«, sagt Vin und huscht ins Bad.

»Was willste denn damit?«, hört er Mama durch die Tür rufen.

Vin spült, kommt aus dem Bad. Mama tropft die Haarkur aus der Plastikhaube.

»Ich dachte, wir könnten einen Tisch gebrauchen.«

»Wir?« Mama guckt ihn entgeistert an. »Ich nicht!«

»Reg dich doch nicht so auf. Ist doch nur ein Tisch.«

»Ja, eben. Was sollen wir damit? Wir haben doch alles.«

Vin weiß nicht, was er sagen soll, wie er es sagen soll, was er sich dabei gedacht hat, als er den Tisch heute Morgen auf der Straße hat stehen sehen. Jetzt kommt ihm alles so lächerlich vor, der Wunsch, alle an einen Tisch zu kriegen. Vorhin war er doch hundertprozentig überzeugt von seinem Handeln gewesen, jetzt kommen ihm seine zurechtgelegten Argumente bereits dünn vor: An einem Tisch kann man miteinander reden. Und wenn sein Vater das nächste Mal wiederkommt, könnte er ihn vielleicht gleich an den Tisch bitten, und wenn sein Telefon klingelt und er was aufschreiben muss, kann er das bequem am Tisch tun und nicht auf seiner hellen Hose. Vielleicht könnte er auch Mama dazu bringen, sich zu ihnen zu setzen, dann hätten sie schon mal den Tisch zwischen sich. Man kann die Arme auf einen Tisch legen und darunter die Füße ausstrecken, das entspannt. Das Gegenüber ist auf gleicher Augenhöhe und dann schlägt man den anderen nicht ins Gesicht. Wenn man sich in die Augen guckt, kann man auch nicht so gemein zueinander sein. Mama flucht ja nur hinter Papa her, nie wenn er ihr direkt gegenübersteht. Man kann an einem Tisch gerade sitzen und wie ein Chef aussehen, damit geht es seinem Vater bestimmt besser, weil er dann Respekt ausstrahlt. Dasselbe gilt für Mama. Man kann an einem Tisch gemeinsam essen, den Kopf aufstützen und auf die Tischplatte trommeln, wenn man ein bisschen Überdruck ablassen muss. Und wenn doch alles wieder eskaliert, kann man sich unter dem Tisch verkriechen. Obwohl, aus dem Alter ist er raus, aber für Angelina wäre das was.

Mama steht vor ihm und versteht ihn nicht, kein Wunder, er hat ja auch nichts gesagt.

»Den kannste ja in dein Zimmer stellen«, sagt sie und wischt sich ein paar Tropfen Haarkur von der Schläfe.

»Da macht er aber keinen Sinn. Ich habe schon einen Schreibtisch.«

»Ja, eben«, sagt Mama. »Das mein ich doch. Und ich will die Wohnung auch nicht so zugestellt haben. In der Küche ist sowieso kein Platz.«

»Aber im Wohnzimmer.«

»Im Wohnzimmer? Doch nicht so ein oller Holztisch. Wo wir jetzt die neue Garnitur haben. Passt doch gar nicht. Echt, was du manchmal für verpeilte Ideen hast!«

Mama geht zurück ins Bad, Haarkur auswaschen. Sie muss heute arbeiten. Sie ist Nageldesignerin in einem Nagelstudio in der Südstadt. Er soll den Tisch schleunigst wieder auf die Straße stellen, »dahin, wo du ihn herhast!«, ruft sie ihm durch die Tür zu.

Wenn keiner den Tisch haben will, behält er ihn eben. Vin stellt ihn tatsächlich in sein Zimmer. Eigentlich hat er kein eigenes Zimmer, nur ein geteiltes. In der Mitte hängt eine Schiebejalousie von der Decke, undurchsichtig, dünn, aber besser als Vorhänge. Seitdem sie in diese Wohnung ziehen mussten, teilt er sich ein Zimmer mit Angelina. Nun haben beide eine Raumhälfte. Er die ohne Tür. Tür ist nicht so wichtig. Lieber ein Fenster. Angelina braucht kein Fenster, sie hat LED-Licht, das ist so hell wie der Tag, und wenn sie in ihrem Zimmer spielt, spielt sie an der Wii. Vin guckt immer aus dem Fenster. Er kann zwar kaum Himmel sehen, weil die anderen Reihenhäuser zu dicht dran stehen, aber er kann sich auch durch die Hecken träumen – Hauptsache, ein Fenster. Er würde verrückt werden, wenn er nicht rausgucken könnte! Neben dem Fenster hat er eine Platte mit angeschraubten Beinen. Darauf steht sein Computer, daneben die Spielkonsole. Hinter ihm, vor der Wand, seine Matratze. Wenn er den Tisch in die Mitte stellt, bleibt kaum noch Platz im Raum. Er zieht seinen Computerstuhl zum Tisch heran. Kein Chefsessel mit Rollen, den ihm sein Vater letztes Jahr eigentlich schenken wollte, nur ein einfacher Küchenstuhl. Egal. Die Höhe stimmt. Die Lehne hat er mit Stickern überklebt: kotzender Frankenstein, kiffender Geier, Gun-Bunny, ein heißes Pin-up-Girl mit Zapfschlauch an der Tankstelle und ein FUCK YOU-Schild.

Er setzt sich an den Tisch und legt Arme und Kopf auf die Platte, fläzt sich da hin, wie er es in der Schule nie darf. Das Holz ist kühl an seiner Stirn und riecht nach Wald.

Sein Vater meldet sich nicht. Vin kennt das. Unter drei Wochen läuft gar nichts, dann kann es sein, dass er eine SMS schreibt: »Alles klar?« Sowas in der Art. Vin löscht die SMS gleich wieder. Er hat auch schon versucht, sie erst gar nicht zu lesen, aber das kriegt er nicht hin. Seine Augen sind schneller als der Daumen auf der Löschtaste. So eine Löschtaste hätte er auch gern im Gehirn. Dann müsste er nicht ständig an seinen Vater denken.

Er isst jetzt immer am Tisch, in seinem Zimmer, jedenfalls wenn Mama mit Angelina im Wohnzimmer vor der Glotze sitzt. Er kann diesen Schrott nicht ertragen. Andauernd Talkshows oder Animationsfilme oder irgendwelche Model-Scheiße. Angie steht manchmal an ihrem Zimmerrand und lugt durch die heruntergelassenen Jalousien auf den Tisch.

»Kann ich mich auch mal dransetzen?«

Er sagt, sie soll rüberkommen, schiebt ihr den Stuhl zurecht. Sie sitzt da, streicht mit den Händen über die Platte, klatscht darauf, rutscht auf dem Stuhl herum und fragt, ob sie ihr Malbuch holen darf. Das ist schon völlig zerfleddert und verbogen, weil sie es sonst immer vor dem Fernseher auf den Knien hat.

Ihr Schreibtisch ist aus Plastik und Pink, mit dicken, grünen Beinen. Eher eine Abstellhalde. Schmuckkästchen, Schminkzeug, Schulbücher, Spielzeug und Klamotten türmen sich darauf. Mama sagt, sie sei jetzt alt genug, um selber aufzuräumen. Das findet Angelina auch, aber sie kommt nie dazu, schiebt nur immer was an den Rand, und wenn es runterfällt, bleibt es unten liegen und sie steigt dann drüber. Da soll noch mal einer sagen, Mädchen wären ordentlicher als Jungs! Bei Vin sieht es anders aus: Schulsachen auf einer Seite, Computerzeitschriften, Comics, DVDs und Deos auf der anderen. Okay, man könnte das alles noch verfeinern, aber man muss es auch nicht übertreiben.

Mittlerweile kommt seine kleine Schwester jeden Tag an seinen Tisch. Er hat sich noch einen Stuhl besorgt. Jetzt können sie zu zweit dort sitzen. Angie guckt sich dann um, als wäre sie in einem Geheimversteck und schaukelt mit den Beinen. Zum Kippeln ist kein Platz. Das Bild, das sie letztens gemalt hat, hat sie ihm geschenkt: eine Familie mit zwei Kindern auf einer Wiese, im Sonnenschein. Weiß der Geier, wo sie das herhat. Wahrscheinlich aus dem Fernsehen. Ihr Papa heißt Pascal, ist Lkw-Fahrer und in ganz Europa unterwegs.

»Wo ist Europa?«, hat sie Mama mal gefragt.

»Überall«, hat Mama gesagt. »Hier und um uns herum und noch ein bisschen weiter weg. Das alles ist Europa.«

Manchmal kommt Pascal vorbei und bringt Süßigkeiten aus Polen mit für seine Süße. Zu ihm ist Mama genauso wie zu Vins Vater. Wenn sie weiß, er kommt, rüscht sie sich auf, als würde sie zu einer VIP-Party gehen. Frische Nägel, falsche Wimpern, hohe Schuhe – das volle Programm. Bei Pascal landet sie, im Gegensatz zu seinem Vater, fast immer einen Volltreffer. Dann bleibt er übers Wochenende und die beiden kommen aus dem Schlafzimmer nicht mehr raus. Angelina darf ihnen dann morgens das Frühstück ans Bett bringen und mit ihnen im Bett frühstücken – wie in einer richtigen Familie, für ein, zwei Tage, dann muss Pascal wieder auf Tour. Manchmal meldet er sich monatelang nicht, dann tröstet sich Mama mit anderen Männern aus der Kneipe. Wenn sie fremde Männer im Schlafzimmer hat, darf Angelina nicht mit ins Bett. Dann kommt Angie manchmal zu Vin und kuschelt sich an ihn.

»Heute koche ich Spaghetti«, sagt Vin und hat schon das Wasser aufgesetzt. Mama und Angelina lieben seine Spaghetti, nur müssen sie eine feste Unterlage auf den Knien haben und aufpassen, dass keine Tomatensoße von den Nudeln aufs Sofa tropft. Mama und Angie sitzen vor dem Fernseher. Vin schaut zu, wie das Wasser anfängt zu kochen, schüttelt die Spaghetti in den Topf und die Bolognesesoße in einen anderen Topf. Die ist aus der Flasche, fix und fertig. Wenn man will, kann man noch Sahne reintun, aber das ist Mama zu fett. Sie muss gut aussehen, sonst bleiben die Kundinnen weg. Besonders ihre Hände. Deshalb kann sie auch nicht kochen, sonst brechen ihre Nägel ab oder verfärben sich. Abends cremt sie sich die Hände ein und zieht Putzhandschuhe über, damit die Creme über Nacht gut einweichen kann und ihre Hände morgens zart aussehen und die Nägel glänzen. Alle Kundinnen bewundern ihre schönen Hände und kommen immer wieder, weil sie auch solche Hände haben wollen. Mama bekommt einen Bonus pro Kundin. Das Geld spart sie, weil sie mit ihren Kindern mal einen richtig schönen Ausflug machen will, in den Zoo oder ins Musical *König der Löwen*. Angelina würde am liebsten nach Paris, ins Disneyland. Mama auch, weil sie Micky Maus so toll findet, und dann schwärmen die beiden von Disneyland, aber Vin weiß, bis da hin schaffen sie es nie. Mama ist nicht gut im Sparen und über einen Ausflug über McDonald's hinaus kamen sie noch nie.

Die Spaghetti sind »al dente«. So heißt das, wenn sie richtig gar sind. Man muss eine Nudel an die Wand klatschen. Wenn sie kleben bleibt, ist es gut. Vin klatscht drei an die Wand. Zwei bleiben kleben, eine fällt runter. – Auch gut. Er gießt das Wasser ab und verteilt drei Portionen auf drei Teller. Die Bolognesesoße ist auch schon warm. Weiß – rot – und obendrauf noch Parmesanpulver aus der Tüte. Nicht für Angelina, die mag das nicht.

»Essen ist fertig!«, ruft er ins Wohnzimmer und geht mit einem Tablett vorbei in sein Zimmer, deckt dort den Tisch. Eigentlich will Vin ja nach der Schule zur See fahren, die ganze Welt bereisen, vielleicht wird er auch Koch.

Es dauert eine Weile, bis Mama und Angelina merken, dass es Essen heute woanders gibt, es nicht zu ihnen aufs Sofa kommt, sondern sie zu Vin an den Tisch kommen müssen. Mama und Angie nörgeln, wollen eben noch sehen, ob die Tussi aus der Talkshow ein weiteres Mal ausflippt. Immerhin hat sie gerade erfahren, dass ihre besten Freundinnen sie bei Jappy voll gemobbt haben.

»Wenn ihr jetzt nicht kommt, gibt's nichts mehr!«, ruft Vin. Mama meckert, weil Vin alles so kompliziert machen muss und so ungemütlich!

»Was soll denn der Scheiß?« Sie wird erst sauer, dann trotzig. »Ich will hier nicht essen!«

Vin fängt einfach an.

»Was ist los mit dir, schlechte Laune?« Das fragt Mama immer, wenn ihr was nicht passt. Angelina fängt auch an zu essen. Maulend setzt Mama sich an den Tisch. Die Spaghetti dampfen, es riecht nach leckerer Bolognese.

»Du hast ja wohl nicht wieder Knoblauch reingetan, oder?« Mama vermischt ihre Nudeln mit der Soße.

»Doch, klar. Ein ganzes Pfund.« Vin grinst. Mama stößt ihn mit dem Ellenbogen an. Angie lässt eine Nudel flutschen.

»LÄCKER!«, sagt sie und leckt sich den Mund ab, aber ihre Zunge kommt nicht an alle Tomatenspritzer.

Knoblauch ist für Mamas Beruf tödlich. Nicht, dass die Kundinnen reihenweise tot umfallen, sind ja keine Vampire, aber wenn Mama nach Knoblauch stinkt, kommen sie nicht wieder.

Mama hat Hunger, man sieht es ihr an. »Mist«, sagt sie und rollt sich Spaghetti auf die Gabel.

»Mist gibt es nicht«, sagt Angelina und kichert.

»Genau«, sagt Vin und kichert mit. »Mist gibt es auf dem Misthaufen.« Angie kriegt vor lauter Kichern keine Nudeln auf die Gabel.

»Sau hier nicht so rum«, sagt Mama und fängt nun doch an zu essen.

»Kein Problem«, sagt Vin. »Den Tisch kann man abwischen.«

Mama, Angie und Vin essen nun jeden Tag am Tisch. Nicht, dass Vin jeden Tag kocht, aber auch Pizza sieht schöner aus, wenn man sie auf einen Teller legt. Und wenn man kleckert, ist nicht gleich das neue Sofa versaut. Mama hat sogar Servietten bei Netto gekauft und eine Kerze, überlegt nun, ob sie noch eine Tischdecke besorgen soll.

»Nun übertreib mal nicht«, sagt Vin. Er findet Tischdecken spießig. Aber Mamas Idee, den Tisch ins Wohnzimmer zu stellen, findet er gut. Dann hat er wieder mehr Platz in seiner Zimmerhälfte. Also rücken sie die neue Garnitur so weit, wie es geht, an die Seite. Der Tisch steht jetzt, wenn man reinkommt, links neben der Tür und mehr Stühle haben sie auch. Einen hat Vin von Eric abgestaubt und einen von Sergej aus dem Keller. Seine Kumpels finden den Tisch auch geil. Sie haben schon Karten daran gespielt, Russen-Skat, mit 50 Cent Einsatz pro Spiel. Vin hat gleich 12 Euro gewonnen. Damit sind sie zum

Backshop rüber und haben sich 24 Pfannkuchen mit Pflaumenmarmelade und Zuckerguss gekauft, weil vier Stück im Angebot für 1,99 waren. Sergej hat im Nu seine acht Pfannkuchen verdrückt und damit die Wette gewonnen, wer am meisten essen kann. Nun schuldeten ihm Vin und Eric jeder fünf Euro. Vin und Eric hatten aber keine fünf Euro mehr, was Sergej dann auch nicht weiter kratzte, weil ihm von den vielen Pfannkuchen sowas von kotzübel war, dass er bis zum Abend auf Vins Bett liegen musste und sich stöhnend von einer Seite auf die andere drehte.

Vier Wochen später meldet sich sein Vater. Vin fährt es wie ein Stromschlag durch den Körper, als sein Handy klingelt. – Nehm ich ab oder nicht, denkt er, aber seine Hand ist schneller als die Antwort, und schon hat er das Telefon am Ohr.

»Du«, sagt sein Vater. »Ich hatte so einen Stress in der letzten Zeit, aber jetzt hab ich das ganze Wochenende Zeit. Ich dachte, wir zwei könnten ein bisschen durch die Gegend gurken. Ich hab einen anderen Schlitten, den Mercedes hab ich für gutes Geld verkauft. Lass dich überraschen ...«

Vin hört gar nicht richtig zu. Sein Herzschlag wummert gegen die Rippen.

»... also gut«, fährt sein Vater fort. »Es ist ein BMW 323i mit 170 PS und 2,5 l Hubraum.« Er macht eine kleine Pause, damit Vin seine Begeisterung zum Ausdruck bringen kann. Aber Vin sagt nichts.

»Ja, und dann habe ich den oberen Teil der Karosse mit einer schwarzen Folie im Krokodilmuster beklebt. Das sieht sowas von geil aus!«

Am liebsten würde Vin sagen: »Verpiss dich.« Das hat er schon oft zu seinem Vater gesagt, aber nur, wenn der nicht da war.

»Okay. Wann kommst du denn?«, fragt Vin.

»Kann in einer Stunde da sein. Ich ruf dich an und dann kommst du raus.«

»Ne, komm du rein.« Vin geht aufs Ganze.

»Ist Nicole da?«

»Weiß nicht.«

»Ich hab keinen Bock, dass Nicole wieder rumstresst.«

»Vielleicht stresst sie ja gar nicht.«

»Ha, kennst du deine Mutter schlecht.«

»Du kannst dich ja auch mal bemühen.«

»Ich mich bemühen? Was meinst du, wie ich mich andauernd abrackere! Ohne mich würdet ihr längst an der Quecke wohnen.« – An der Quecke stehen die übelsten Plattenbauten im ganzen Bezirk.

»Was meinst du, was ich Nicole monatlich rüberschiebe, dabei könnte dieser Softi ja auch mal was abdrücken. Ich bin ja schließlich kein Wohltäter …«

Da ist er wieder mittendrin, in seinem Redefluss … Vin hat keinen Bock mehr, zuzuhören. Kennt er alles, ist ja immer das Gleiche. Mit »Softi« meint er Angelinas Vater. Den kann er nicht ausstehen und mit Angie will er auch nichts zu tun haben, und vor allem die Göre nicht auch noch mit durchfüttern. Zum Glück hat Angie noch nicht mitgekriegt, wenn er sowas sagt. Angie findet Vins Vater eigentlich ganz cool, weil er immer eine dunkle Sonnenbrille und einen hellen Anzug trägt, wenn er kommt.

»Klingel mich doch einfach an, wenn du da bist.« Vin will sich nicht länger volllabern lassen, hat schon keinen Bock mehr auf ihn. Warten will er auch nicht. Wenn sein Alter sagt, er kommt gleich, kann es durchaus sein, dass er erst am Abend auftaucht – oder nächste Woche oder eben gar nicht.

Er taucht am Nachmittag auf. So pünktlich war er noch nie. Zur Begrüßung haut er Vin zweimal auf die Schulter. »Na, alles klar?«

Vin fragt, ob er einen Kaffee haben möchte. Sein Vater schaut sich um, Vin weiß, dass er checkt, ob seine Mutter auch da ist.

»Wir sind alleine.«

»Okay, dann ein Käffchen.« Sein Vater grinst. So sieht man seinen Goldzahn rechts oben. Früher war Vin stolz auf ihn, weil sein Vater Gold im Mund hat. Das haben sonst nur Könige, dachte Vin als Kind.

Sie gehen in die Küche. Der Vater schwingt sich auf einen Küchenhocker, hängt da an der Theke wie ein Cowboy. Sein Handy klingelt. Vin füllt Wasser in die Kaffeemaschine, gibt Kaffeepulver in den Filter, nimmt zwei Tassen und lässt sie über die Theke schlittern wie ein Barkeeper die Whiskyflasche im Saloon. Das hat er oft genug mit Angelina geübt. Die beiden Tassen bleiben genau vor dem Vater stehen, dicht nebeneinander, ohne sich zu berühren.

Wow! – macht sein Vater, ohne es auszusprechen, denn er ist ja noch am Telefon.

»Zucker?«, quatscht Vin ihm dazwischen. Der Vater nickt.

»Milch?« Der Vater schüttelt den Kopf, jetzt mit leicht zusammengekniffenen Augenbrauen, weil sein Sohn doch wissen sollte, dass er nie Milch trinkt, schon gar nicht im Kaffee.

»Wir gehen rüber, ins Wohnzimmer«, sagt Vin ohne Rücksicht auf das Telefongespräch, macht das kleine Küchenradio an und stellt es so laut, dass es einem in den Ohren wehtut. Der Vater macht hektische Handbewegungen – Vin soll das Radio leiser stellen –, aber Vin reagiert nicht. Sein Vater steht auf, geht auf den Flur und beendet dort sein Telefonat. Als er zurückkommt, will er gleich losmeckern. Bevor er was sagen kann, drückt Vin ihm zwei Tassen in die Hand, Löffel, Zucker und drängt ihn ins Wohnzimmer, nimmt ihm die Sachen wieder ab und deckt den Tisch. »Setz dich.«

Der Vater ist baff, setzt sich. So kommandiert man ihn

eigentlich nicht herum. Er starrt auf den Tisch, guckt sich um. Vin sieht ihm an, dass er nicht weiß, was er von dem Tisch halten soll. Er irritiert ihn, passt nicht zur Sofalandschaft und schon gar nicht zum riesigen Flachbildfernseher mit den hüfthohen Boxen. Er kann aber nicht über ihn schimpfen, weil er nicht teuer aussieht. Damit haben sie nicht sein Geld vergeudet. Sein Vater hat einen Blick dafür, was aus dem Sperrmüll kommt oder von Mediamarkt. Er ist ja nicht blöd!

Vin holt den Kaffee, gießt ein, setzt sich dem Vater gegenüber.

»Wo wollen wir denn hin?«, fragt er.

»Erst mal eine kleine Spritztour, dachte ich, raus aus der Stadt, auf die Autobahn und dann mal richtig auf die Tube drücken, was hältst du davon?« Der Vater strahlt, allein schon bei dem Gedanken, ordentlich auf die Tube drücken zu können, sagt, dass der BMW es locker auf 240 bringt, der Mercedes hätte schon bei 220 schlappgemacht. Dann klingelt sein Telefon. Wenn das so weitergeht, kommen sie nicht mal zusammen aus dem Haus, geschweige denn auf die Autobahn. Sein Vater legt seine Geschäftsmiene auf und fängt an zu motzen, weil irgendwas schiefgegangen ist. »Da ist man mal für ein paar Stunden nicht vor Ort und schon ist die Kacke am Dampfen. Ich muss mal eben Olli anrufen, damit der …« Den Rest vernuschelt er und hat schon Olli am Handy. Vin rührt seinen Kaffee um. Der Vater steht auf, geht redend hin und her, weil Olli nicht gleich kapiert, was er meint. Nach dem Telefonat setzt er sich wieder an den Tisch und schüttelt den Kopf, weil es so viel Dummheit nicht zweimal gibt.

»Können wir nicht an einen See fahren?«, fragt Vin. Der Vater guckt ihn an, als hätte Vin auf ihn geschossen. Seine Augen werden groß. See anstatt Autobahn? Hat er richtig gehört? Sein Sohn will lieber an einen See, statt mal ordentlich auf die Tube zu drücken? Dieses Weichei! – Das alles steht in seinem Blick. Vin guckt genau hin, es ist ein langer Augenblick, im wahrsten Sinne des Wortes – Vater und Sohn am Tisch, einander gegenüber und Vin hält diesem vorwurfsvollen Blick stand. Der Vater öffnet den Mund, wie ein Fisch, aber es kommt nichts heraus.

»Ich möchte schwimmen gehen«, sagt Vin. »An einen See fahren.« Sein Herz wummert wieder gegen die Rippen. Er weiß, wenn sein Alter jetzt anfängt zu lachen und aufsteht, war's das. Vin legt die Arme auf den Tisch, drückt die Handflächen aufs Holz. Kühl und glatt ist die Oberfläche, hat er gut hingekriegt, alles abgeschliffen und hinterher mit so 'nem Ökozeugs behandelt. Irgendwas mit Leinöl und Bienenwachs.

»Schwimmen gehen?«, sagt der Vater und schluckt. Mehr kriegt er nicht raus. Vin nickt.

Früher sind sie öfter zum Schwimmen gefahren, sein Vater und er. Auch mit Mama. Aber die ist nie ins Wasser gegangen. Sein Vater hat ihm das Schwimmen beigebracht, im See. Hat ihm erklärt, wie er sich bewegen muss und ihn dann einfach da losgelassen, wo Vin nicht mehr stehen konnte. Da blieb ihm ja nichts anderes übrig, als ans Ufer zu schwimmen. Keine zwei Wochen später haben sie den ganzen See durchquert. Kurz nach der Mitte ist Vin dann die Puste ausgegangen. Es wurde kritisch, er konnte sich einfach nicht mehr über Wasser halten. Sein Vater, weit voraus, hat ihm zugerufen, er solle sich auf den Rücken legen und kurz verschnaufen, aber Vin wusste nicht, wie man sich im Wasser auf den Rücken legt, ohne unterzugehen. Er zappelte wild herum und bekam Panik. Plötzlich war sein Vater bei ihm, hielt ihn an den Schultern, sagte, er solle lockerlassen, den Kopf zurücklegen, sich auf dem Wasser ausbreiten.

»Ich halte dich!«, rief er. »Ich halte dich!«

Zuerst hatte sich Vin gegen seinen Vater und das Wasser gewehrt, aber dann lag er tatsächlich auf dem Rücken und wurde immer lockerer, leichter, fühlte nur noch Papas Hand im Nacken. Es war, als schwebte er, lag da, blinzelte in den Himmel und merkte gar nicht, wie Papa seine Hand wegzog und sich neben ihn aufs Wasser legte.

»Immer mit der Ruhe«, sagte er. »Nie panisch werden, hörst du! Du musst dich ergeben. Das Wasser trägt dich.«

Nach einer Weile konnten sie weiter, ans Ufer schwimmen.

»Weißt du noch, wie du beinahe mal abgegluckert bist?« Sein Vater grinst ihn an. Sein Goldzahn glitzert wieder. Vin nickt. Spürt seine Hand im Nacken, wo er ihn gehalten hat. Er war wie in eine Starre verfallen, wie Kätzchen, die von ihrer Mutter weggetragen werden. Vin hatte es bei Sergej im Keller gesehen, dort hatte sich eine Katze eingenistet und Junge bekommen. Sergej hat der Katze jeden Tag Futter gebracht und sie haben mit den Kleinen gespielt. Manchmal hat die Katze die Jungen zurückgetragen, ihnen in den Nacken gebissen und dann hingen sie ganz still und bewegungslos in ihrem Maul.

Das Handy auf dem Tisch klingelt. Sein Vater schaut auf das Display, runzelt die Stirn, nimmt das Handy in die Hand und will gerade auf die grüne Taste drücken, da ruft Vin: »Nicht!«

Sein Vater zuckt zusammen, zögert.

»Wenn du jetzt abnimmst, komme ich nicht mit.« Vin hört seine Stimme, als käme sie aus einem Lautsprecher über ihm. Hat er das wirklich gerade gesagt? »Wenn du jetzt telefonierst, mach ich was anderes.« – Ja, er hat es gesagt.

Das Telefon klingelt und der Vater geht nicht ran. »Wenn du dein Handy nicht endlich ausmachst, kannst du gehen. Und dann brauchst du überhaupt nicht mehr wiederzukommen. Ich habe es satt, immer auf dich zu warten und nach deiner Pfeife zu tanzen und deine blöden Telefongespräche mit anzuhören!«

Vin ist ganz ruhig, nur seine Hände kribbeln. Er presst die Handflächen auf den Tisch, sieht, wie sein Vater anfängt unterzugehen, vor seinen Augen. Sein Blick zappelt, sein Mund ringt nach Luft. Er soll sich auf den Rücken legen, aber er weiß nicht, wie man sich auf dem Trockenen ergibt.

Das Handy klingelt. Eine Mailbox springt nicht an, denn sein Vater ist immer erreichbar. Das weiß auch der Anrufer und lässt es klingeln und klingeln und klingeln, bis Vin sich das Handy schnappt und das Gespräch wegdrückt.

»Wie kannst du es wagen …«, platzt es aus seinem Vater heraus; seine Stimme kommt von tief unten, wie von einem Walross.

»Immer mit der Ruhe«, sagt Vin. »Keine Panik!« Das Herzklopfen ist weg. Alles ist weg. Es ist, als liege er rücklings auf dem Wasser. Völlig relaxed. Da machen auch die heftigen Wellen, die sein Vater schlägt, nichts aus.

»Bist du bescheuert?«, dröhnt es noch aus seinem Gegenüber, dann ebbt es ab. Wird ruhig. Die Panik ertrinkt. Der Vater greift nach seinem Kaffee und hat jetzt was zu tun: schlucken, Tasse abstellen, Mund abwischen, sich räuspern. Da hören sie die Wohnungstür. Mama und Angelina kommen ins Wohnzimmer. Der Vater bleibt sitzen, hat die Hände auf dem Tisch, wie sein Sohn.

»Ach, welch seltener Besuch?«, sagt Mama und zupft gleich an ihren Haaren rum. Angie bleibt in der Tür stehen und guckt. Der Vater sagt nichts.

»Komm«, sagt Vin. »Setz dich mit an den Tisch.«

Angelina sitzt neben ihm. »Hallo«, sagt sie zu dem Vater.

»Hallo«, sagt er und lächelt gequält.

»Ich geh mir mal die Hände waschen«, ruft Mama vom Flur. Vin weiß, dass sie sich die Haare richtet, Make-up nachlegt und mindestens die Lippen anmalt, bevor sie sich dem Vater nähert, damit er bloß nicht vergisst, was ihm entgeht.

Der Vater sagt: »Also, dann.« Und rührt sich nicht. Völlig relaxed.

Vin nickt. Angelina schaut ihren großen Bruder an.

»Also, dann ...«, sagt der Vater noch einmal.

Vin zwinkert seiner kleinen Schwester zu, lächelt. Sie lächelt zurück, zieht die Schultern bis an die Ohren – eine typische Bewegung, wenn sie sich freut. Noch nie hat sie mit Vins Vater an einem Tisch gesessen. Vin auch nicht. Jedenfalls nicht so.

Der Vater steht auf, steckt sein Handy ein. Vin schaut zu ihm auf.

»Und?«, fragt der Vater. »Was ist jetzt?«

Vin zuckt mit einer Schulter. »Entscheidest du.«

»Geht ihr etwa wohin?«, fragt Angie.

Sie hören die Badezimmertür. Mama erscheint. Sie sieht frischer aus als eben, bunter. Außerdem riecht sie nach Haarspray und Parfüm. Der Vater nickt. »Wir wollten gerade gehen.«

»Ach, ja? Ihr zwei?« Mama verdreht die Augen. »Wohin denn?«

»Wir fahren raus.«

Vin schaut seinen Vater an.

»An einen See.«

»An einen See?«, wiederholt Mama in einem Ton, als hätte sie noch nie das Wort »See« gehört.

»Oh, darf ich mit?«, fragt Angelina. »Bitte!« Sie guckt Vins Vater flehend an. Sein Vater wird rot. Räuspert sich.

»Klar«, sagt Vin. »Hol mal deinen Badeanzug und die Schwimmflügel. Ich hol die Handtücher.«

Jetzt heißt es, keine Zeit zu verlieren, bevor Mama anfängt zu giften, und die beiden wieder anfangen sich zu streiten. Er trabt ins Bad, reißt ein paar Handtücher von der Stange, geht ins Kinderzimmer und holt seine Shorts. Angie hat auch schon ihre Sachen gefunden. Auch sie weiß, dass man bei solchen

Gelegenheiten nicht trödeln darf, sonst überlegen es sich die Erwachsenen wieder anders.

Sie sitzen im Auto und Mama hat diesmal nicht hinterhergekeift. Hat ihnen sogar eine gute Fahrt gewünscht und zu seinem Vater gesagt: »Komm doch mal wieder auf einen Kaffee vorbei.«

Vin sieht schon vor sich, wie die beiden zusammen am Tisch sitzen. Friedlich, entspannt, einander gegenüber, mit dem Tisch zwischen ihnen. Das Holz leitet ihre Spannungen nicht. Deswegen setzen sich auch verfeindete Politiker an einen Tisch.

Vielleicht kann er ja mal was Schönes für die beiden kochen?

Der BMW schnurrt fast lautlos über die Straße. Vin dreht sich nach hinten um, Angelina sitzt im Fond und schaut in die Bäume. Sie flitzen vorbei. Die Wolken am Himmel auch.

»Soll ich mal ein bisschen auf die Tube drücken?«, fragt sein Vater, als sie auf der Autobahn sind.

»Ja«, sagt Vin. »Aber nur ein bisschen. Ich möchte nicht, dass meine Schwester Angst kriegt.« Er sieht, wie sein Vater über den Rückspiegel nach hinten schaut, zu Angelina. Er zwinkert ihr zu und drückt auf die Tube. Sie werden in die Lehne gedrückt. Angie kreischt auf und ruft: »Schneller! Kannst du nicht noch ein bisschen schneller fahren?«

Milchstraße im Nacken

Freitag, 6.3.

Liebe Bella, du bist nun schon mein zweites Tagebuch. Ich habe dich zum 13. Geburtstag von Tante Birgit bekommen. Wer hätte gedacht, dass ich so ein Tagebuchfreak werde? :-)

Konnte in der letzten Zeit leider nichts schreiben, weil so irre viel passiert ist, ich weiß gar nicht, wo ich anfangen soll. Also. Azzul ist mit dieser Kathleen zusammen. Das schmerzt mich ungemein, nach alldem, was zwischen uns war! Dafür ist Ri jetzt meine beste Freundin. Die kennst du noch nicht. Ein Mädchen aus den Blocks, wo ich ja eigentlich nicht hinsoll. Aber scheiß drauf! Mum und Paps müssen ja nicht erfahren, wo ich mich rumtreibe. Kriegen sie sowieso nicht mit, weil sie Tag und Nacht mit ihrem neuen Laden beschäftigt sind. Rihanna ist ein megacooles Mädchen. Sie ist schon 14 und heißt eigentlich Cindy Kleemann, aber sie hat den gleichen Totenkopf mit der rosa Schleife am Knöchel und »Shhhh« an der Innenseite ihres Zeigefingers tätowiert wie die echte Rihanna und kann sich auch unheimlich gut bewegen. Außerdem ist Ri ziemlich braun. Sie geht nämlich fast jeden Tag auf die Sonnenbank. Ihre Haare sind kurz und pechschwarz gefärbt, und als Nächstes will sie sich einen kleinen Stern in die linke Ohrmuschel stechen lassen, dann kommt sie ihrem Star wieder ein bisschen näher. Sie geht auf die Realschule, gleich neben meiner Schule. Die Rückseite der Schulhöfe ist durch einen Zaun getrennt. Da, am Zaun, haben wir uns beim Rauchen wiedergetroffen. Ging eigentlich ganz schnell, dass wir warm geworden sind. Stell dir vor, sie kennt die ganzen coolen Typen aus den Blocks. Als ich mit Azzul am 2. Februar (mein Glückstag!) auf dem Sportplatz rumgeknutscht habe, war sie auch dabei. Das habe ich ja noch ins erste Tagebuch geschrieben, aber da haben wir noch nicht miteinander geredet. Ich dachte ja, sie wäre furchtbar arrogant und eingebildet. Ist sie aber gar nicht. Auf jeden Fall glaubt sie nicht, dass Azzul und Kathleen zusammen sind.

»Doch«, habe ich ihr heute Morgen in der großen Pause gesagt. Wir treffen uns jetzt immer hinter den Mülltonnen, da, wo der Zaun zwischen Realschule und Gymi ein Loch hat. Mal schlüpft sie auf meine Seite, mal ich auf ihre.

»Ich hab's genau gesehen. Er hat sie sogar geküsst!«

»Wo denn?«

»Vor Lidl, auf dem Parkplatz.«

»Und Sven?«

»War nicht dabei.«

Ri atmete auf. Sven ist der beste Kumpel von Azzul und Rihannas Freund, aber er macht zwischendurch immer mit Eve rum, so einer Blonden, beste Freundin von Kathleen. Die beiden wohnen nicht hier, im Wedding, aber kommen in letzter Zeit öfter vorbei. Ri ist mit Eve total verfeindet und will ihr eine klatschen, wenn die sich nicht von Sven fernhält. Braucht sie aber gar nicht mehr, denn Sven hat Eve schon selber eine verpasst, voll mit der Faust auf die Nase. Echt krass. Ich war nicht dabei. Rihanna auch nicht, aber Twix, Schädel und Denise haben es gesehen. Denise hat gesagt, dass Eve jetzt nichts mehr mit Sven zu tun haben will – nach der »Bombe«.

Liebe Bella, jemanden »eine Bombe geben«, heißt übrigens, einem eine voll in die Fresse haun.

Bombe hin, Bombe her, Rihanna traut Eve aber nicht. Sie meint, dass sie das nur sagt, weil Sven sie abserviert hat. Bestimmt versucht sie sich bei der nächsten Gelegenheit wieder an ihn ranzumachen.

»Aber dann lernt sie mich kennen!«

Wenn es um Sven geht, versteht Ri echt keinen Spaß. Sven

ist ihre große Liebe, so wie Azzul meine große Liebe ist. Die beiden sind die Anführer der Clique und echte Rapper. Yeah! Sie haben sogar ein Musikvideo auf YouTube, in dem Rihanna total geil tanzt, in mörderisch metallicroten High Heels, vor einer weißen Hummer-Limousine, in die sie dann zum Schluss einsteigt und mit Sven wegfährt. Echt coole Choreografie. Ri sagt, Eve wäre total scharf darauf, in seinem nächsten Video zu tanzen. Aber das würde Ri nicht zulassen!

Sven hat Ri auch schon mal eine geklatscht, aber das hat sie ihm verziehen, weil er voll breit war und nicht wusste, was er tat. Sie hat ihn dann erst mal ein Weilchen auf Abstand gehalten, bis er es nicht mehr ausgehalten hat und angekrochen kam. Hat sich auch bei ihr entschuldigt und alles. Ihr sogar eine weiße Langstielrose gekauft! Voll süß. Wird halt manchmal ein bisschen aggressiv, wenn er zu viel trinkt.

Die richtige Rihanna ist ja auch mal von Chris Brown geschlagen worden, sogar krankenhausreif, aber jetzt, nach ein paar Jahren, sind sie wieder zusammen. Ehrlich gesagt wüsste ich nicht, ob ich mich dann noch mal auf so einen Typen einlassen würde, aber Ri meint, sie wären voll das süße Paar.

Jedenfalls ist Azzul genau das Gegenteil von Sven. Der pennt ein, wenn er blau ist.

Ri war heute Morgen am Zaun noch eine Weile verstimmt, allein, weil der Name »Eve« gefallen war. Ich habe ihr dann klargemacht, wie scheiße das erst mal für mich war, Azzul mit Kathleen knutschen zu sehen.

»Das würde ich mir nicht gefallen lassen«, sagte Ri und trat ihre Kippe aus. Es klingelte. Die Kleinen stürmten schon die Treppen hoch, ins Haus. Ri wollte noch mal schnell an meiner Fluppe ziehen. Hastig nahm sie ein paar Züge. Der Schulhof leerte sich langsam.

»Woll'n wir heute Nachmittag mal wieder richtig einen

draufmachen?«, fragte ich und wusste, dass ich sie damit wirklich auf andere Gedanken bringen konnte – und mich auch. Sie pustete den Rauch aus, machte große Augen und grinste.

»Drei Uhr auf dem Spielplatz?«

Ich nickte.

»Und du bringst was mit?«

»Klar«, sagte ich.

Jetzt habe ich noch irre viel Zeit, weil Englisch mal wieder ausgefallen ist und ich hier schon seit 12 Uhr in meinem Zimmer hocke und nicht weiß, was ich machen soll. Mum hat mir wie immer ein Fertiggericht rausgelegt. Spinatlasagne. Hab ich vorhin in die Mikrowelle geschoben und zugeguckt, wie sich der Glasteller dreht. Dann plingte es und meine Lasagne war fertig. Normalerweise liebe ich Spinat und meistens trinke ich ein Glas kalte Milch dazu, aber heute kriegte ich keine Milch runter, auch keine Lasagne. Irgendwie riecht es jeden Tag gleich, dieses Fertigessen. Gemischt mit dem Duft der Mango-Scheuermilch, mit der Mum hier wie wild rumschrubbt, ist das wirklich keine appetitliche Kombination. Wir haben nämlich überall weiße Fliesen: im Flur, im Bad und in der Küche. Die wischt Mum jeden Morgen mit dieser komischen Scheuermilch. Voll ätzend!

Als wir noch bei Oma gewohnt haben, hat es immer nach leckerem Essen gerochen, weil Oma für mich jeden Tag gekocht hat: Apfelpfannkuchen oder Kohlrabi mit Frikadellen oder Nudeln mit Tomatensoße. Und zum Nachtisch gab es eingemachtes Obst mit Eis oder Pudding. Hmmh! Und alles schmeckte doppelt so gut, weil Oma mit mir gegessen hat. Ich ess nämlich nicht so gern allein. Sie hat jeden Mittag auf mich gewartet, bis ich aus der Schule kam. Ach Oma! Nun ist sie tot und ich kann es immer noch nicht richtig glauben. Es tut so weh. Ich frage mich nur, wie lange noch?

Später, 13:15 Uhr

Liebe Bella, jetzt habe ich schon zwei volle Seiten geschrieben und muss dir auch noch schnell was vom Spielplatz erzählen. Du kennst ihn ja noch gar nicht. Also: Der Spielplatz ist ein alter Abenteuerspielplatz, mit einer halb zerfallenen Bretterbude mit Holzturm und einer Brücke zu einem anderen Holzturm. Es hätte längst alles abgerissen werden sollen. Eine Schaukel mit Eisenkette steht auch noch da und ein Holzgerüst, das eher wie ein Galgen aussieht. Drumherum eine Reihe Garagen mit besprayten, verbeulten Toren. Ein schmaler Heckengang führt zum ehemaligen Spielplatz. Kinder sind da eigentlich nie, nur Jugendliche aus den anliegenden Blocks. Es ist genau der Ort, wo ich nicht hingehen darf. Mum und Paps haben mir den Umgang mit den Jugendlichen da verboten. Ich soll nicht mal durch die Blocks zum Bus gehen – das sei zu gefährlich –, sondern schön durch die Neubausiedlung. Dabei ist viel mehr los in den Blocks. Immer ist irgendwer draußen. Und so schlimm ist es da auch gar nicht. Okay, es gibt eine Menge Kinder und alles ist da etwas lauter, Musik und Gebrüll, und man kriegt auch mit, wenn sich Paare streiten, wobei auch schon mal was aus dem Fenster fliegen kann – Teller, Taschen oder letztens ein Schuh. Aber es wird auch viel gelacht und gute Mucke gehört. Die Autos da haben alle Infrasound oder wie das heißt, bei dem einem die Bässe bis in den Magen wummern. Und dann volle Pulle *Farid Bang* oder *Haftbefehl* – was ich zu Hause nicht hören darf. Als wenn man dann gleich jemand abstechen würde! Echt, Mum und Paps haben sowas von keine Ahnung! Manchmal frage ich mich, warum wir überhaupt nach Berlin gezogen sind, wenn sie es hier so gefährlich finden. Mich haben sie gar nicht gefragt, es ging nur um ihr Elektrogeschäft, das sie aufbauen wollen. Okay. Das verstehe ich ja. Damit können sie eine Menge Geld verdienen und Geld brauchen wir dringend, weil wir das neue Haus abbezahlen müssen, Omas Erbe hat nicht gereicht und überhaupt – man will sich ja endlich auch mal was leisten können, sagt Mum immer. Aber zurück zum Spielplatz:

Gleich hinter den Garagen fangen die Schrebergärten an. Da ist alles total grün. Oder vielmehr: verwildert. Wie eine kleine, vergessene Insel, sogar mit Brennnesseln – wie in Omas Garten.

Mann, was haben wir da in den letzten Wochen Spaß gehabt, Ri, ihre Kumpels und ich. Ich gehör jetzt voll dazu. Dank Rihanna. So, jetzt aber »genug gelabert«, wie Ri sagen würde, jetzt muss ich in unseren Weinkeller, mal gucken, was ich unauffällig einstecken kann.

Abends, kurz vor Mitternacht

Liebe Bella, da bin ich wieder. Boah, noch völlig benebelt! Gut, dass Mum und Paps nicht zu Hause waren, als ich gegen 21 Uhr wiederkam. Habe echt gewankt und dann noch voll auf den Klodeckel gekotzt, weil ich ihn nicht so schnell hochheben konnte. – Echt krass. (Hab die Sauerei natürlich sofort weggeputzt, mit Mango-Scheuermilch. Urrrrgggh! Da wär's mir beinahe gleich wieder hochgekommen.)

Aber jetzt mal schön der Reihe nach!

Haben wir geil abgefeiert! Und rate mal, wer da war?

Na?????

Da kommst du nie drauf, Bella!

Ich gebe dir einen Tipp: Fängt mit A an.

Genau. AZZUL! :-) :-)

Und es war sooooo schön! Ich bin ja so glücklich!!!!! Bella, du ahnst es nicht!

Also, kurz vor drei habe ich mich mit vollem Rucksack auf den Weg zum Spielplatz gemacht. Ri hat mir gesimst, sie hätte schon Twix, Schädel, Pulle und Denise Bescheid gesagt. Denise ist zwar erst elf, aber man kann mega mit ihr abfeiern. Sie ist ganz dünn und klein und sieht aus wie ein Junge. Kein Make-up, nur ein vollgepiercttes Ohr, immer in Hosen und Hoody und schwarze Keil-Sneaker von Aldi. Aber sie ist echt in Ordnung.

Als ich kam, war noch keiner da. Die Flaschen in meinem Rucksack klimperten bei jedem Schritt: Zwei Pullen Weißwein, vier Flaschen Bier mit Wild-Lemon-Geschmack. Da steht Mum gerade drauf. Mir wäre ja Grapefruit lieber gewesen. Aber was soll's.

Die Sonne schien, aber es war noch ziemlich frisch. An manchen Stellen liegt ja immer noch Schnee. Den erkennt man vor lauter Dreck und schwarzen Steinchen kaum. Na ja, ich kann ja nicht auf die große Schmelze warten und zog meine lila Sneakers an. Geiles Gefühl. Schon wie Frühling an den Füßen. Bin dann gleich locker losgetrabt, zum Spielplatz und ab in den Holzturm. Unten verläuft eine Bretterbank an der Wand, einmal durch die ganze Bude. An den meisten Stellen fehlen Bohlen, deswegen kann man nur noch an einigen Ecken sitzen. Es riecht nach feuchtem Sand und versickertem Bier, richtig schön siffig und manchmal auch nach angekokeltem Holz.

Ich lugte durch die Ritzen zwischen den Brettern und kam mir vor wie in einem Indianerreservat. :-) Aber es waren weder Büffel noch Indianer in Sicht, dabei war es schon nach drei. Ich stellte den Rucksack ab, stopfte mein Top ein bisschen weiter in die Hose, damit der Ausschnitt auch schön zur Geltung kam – det Dekolltee, Bella, det Dekolltee – ;-)))

Glaub es oder glaub es nicht, insgeheim habe ich geahnt, dass Azzul kommt – und mir schon vorgestellt, wie er auf meinen Ausschnitt abfährt. Ich weiß doch, wie gern er sein Gesicht in meine Brüste versenkt, echt, da fährt er voll drauf ab. Und ist ja tierisch rangegangen, an meinem Glückstag, hinter dem Sportplatz. Allerdings habe ich ihn seitdem nur einmal wiedergetroffen. Da war er so breit, dass er auf einer Bank, unten an der Panke, eingepennt ist. Und danach nur mit dieser blöden Kathleen. Dabei liebt er mich! Das hat er mir schon zweimal gesimst:

- einmal am 29. Januar (Hey Süße, Ily)
- und einmal am 3. Februar (Hey Püppi, wir müssen unbedingt da weitermachen, wo wir gestern aufgehört haben. :-) Ily)

Und trotzdem hat er sich auf diese Bitch eingelassen und das schon fast einen Monat! Ich versteh das einfach nicht.

Kathleen kommt aus Rudow, das liegt am Arsch der Welt. Dass die überhaupt bis in den Wedding darf! In letzter Zeit hängen Azzul und Sven selber viel in Rudow ab. Das weiß ich von Schädel. Echt, Rihanna soll mal nicht so jammern, eigentlich hat sie's doch gut, dass Sven Eve eine Bombe verpasst hat. Jetzt kann Ri sich ihn wieder zurückerobern.

»Dazu muss ich ihn ja erst mal wiedersehen«, sagt sie, weil er sich schon wochenlang nicht mehr hat blicken lassen.

Echt, ey. Ich saß da jedenfalls in der Bude und fragte mich: Wieso kommt denn keiner? Es war inzwischen schon viertel nach drei. Ätzend, allein da rumzuhängen. Musste ich mir eben schon mal ein Bierchen aufmachen. Ich suchte nach meinem verdammten Flaschenöffner. Azzul kriegt jede Pulle mit den Zähnen auf. Geil! Ich schaff das nicht mal mit dem Hausschlüssel. Hab mir letztens dabei voll die Spitze vom Kronkorken in den Fingerknöchel gerammt. Zum Glück war ich da mit Ri allein. Muss ja keiner sehen, wie blöd man sich anstellen kann. Außerdem muss auch keiner meine vielen Hausschlüssel sehen (einen für das Tor zur Einfahrt, einen für die vordere Haustür, zwei für die Sicherheitsschlösser der hinteren Haustür und einen für die Sonderverriegelung an der Terrassentür), sonst fängt wieder einer an, doof rumzulabern, weil ich in einem der schicken, neuen Häuser wohne, und nicht in den Blocks wie die anderen, wo man nur einen Generalschlüssel am Band hat. Ri macht nie blöde Bemerkungen, sie ist auch total gern bei uns zu Hause. Sie findet alles cool, sogar die weißen Fliesen und den Mango-Scheuermilchgeruch. Sie wusste gar nicht, dass es so geile Putzmittel gibt. Ich habe ihr dann noch das Grüne-Tee-Raumduft-Spray im Gästeklo vorgeführt. Alter, hat die abgefeiert! So ein Gästeklo fand sie auch megakrass. Bei ihr zu Hause teilen sich sechs Personen ein einziges Bad. Manchmal auch sieben, je nachdem, ob ihre Mutter gerade einen Lebensgefährten hat oder nicht. Wahnsinn, oder? Obwohl, ich finde es bei Ri auch cool. So ein Hochhaus hat schon was. Okay, sie wohnt nur im zweiten Stock, die Wohnung ist auch ziemlich klein, aber allein das riesige Treppenhaus, irgendwie spacig. Außerdem hat sie drei total knuddelige Schwestern. Ri sagt, es seien eigentlich Halbgeschwister, und sie hätte noch vier Halbgeschwister bei ihrem Vater, aber die sähe sie selten. Auf jeden Fall liebt sie ihre Geschwister echt über alles. Trotzdem hätte sie nichts gegen ein eigenes Zimmer. Sie wohnt mit der kleinsten Schwester zusammen in einem ziemlich schmalen Raum. (Wenigstens kann sie in dem Stockbett oben schlafen!) Ihre Mutter kriegt Hartz IV. Da können sie sich keine größere Wohnung leisten und ihr jetziger Lebensgefährte sei der größte Arsch überhaupt. Mit dem würde Ri gar nicht reden. Sie behandelt ihn einfach wie Luft.

Liebe Bella, wäre das geil, wenn Ri bei uns einziehen könnte! Platz haben wir ja genug, aber das würden meine Eltern nie erlauben. Mum meckert ja so schon andauernd, findet, dass Rihanna »nuttig« aussieht und sagt: »Die nutzt dich doch nur aus, merkst du das gar nicht?« Nur, weil ich ihr mal ein paar Ketten geschenkt habe.

Wenn Mum sowas sagt, könnte ich echt ausflippen. Wie

kommt sie dazu, so über meine Freunde zu reden? Sie kennt sie doch gar nicht, hat sie nur ein paar Mal gesehen. Ich läster ja auch nicht über ihre Bekannten ab. Aber für sie sind die Leute aus den Blocks sowieso alle Assis. Schlimm genug, dass diese Kästen vor ihrer Nase stehen. Da will sie mit dem »Pack« nicht auch noch was zu tun haben. – Liebe Bella, es ist mir echt peinlich, sowas über meine Mutter zu schreiben, aber so führt sie sich manchmal auf. Echt ätzend! Bleibt mir nichts anderes übrig, als mich heimlich mit Ri zu treffen. Okay. Das ist ja nicht sooo schwierig, Mum und Paps sind ja eh den ganzen Tag im Geschäft, auch samstags. Da kriegen sie zum Glück nicht mit, wenn Ri bei mir im Zimmer chillt. Ri ist auch total gern in unserer Küche, sie kann megageil Eierstichsuppe kochen oder Marmorkuchen backen. Ich sage dann zu Mum, ich hätte das gemacht, nach Rezepten aus dem Kochbuch von Oma. Aber das mag Mum auch nicht, weil dann die Küche schmutzig wird.

»Und ich möchte auch nicht jeden Tag diese teuren Bio-Fertiggerichte kaufen und dann isst du sie nicht. Wir können es uns nicht leisten, Geld zum Fenster rauszuschmeißen.«

Blablabla – wie ich so ein »Bio-Gelaber« satthab! – Ich hol mir mal eben was zu trinken.

So. Da bin ich wieder. Apropos trinken …

Der Flaschenöffner lag kühl in meiner Hand, die Flasche zischte, Schaum schäumte über den Rand, ich schlürfte ihn schnell ab. Das kalte Bier rann mir die Kehle hinunter. Aaaaah!! Keine zehn Minuten und die Pulle war leer. Echt, ich kann mich mittlerweile wirklich sehen lassen. :-)

Es war inzwischen kurz vor halb vier. Okay, keiner ist so pünktlich wie ich, schon gar nicht Rihanna. Aber halb vier ist halb vier und langsam könnte sie wirklich kommen!

Dann kam Denise, die Elfjährige. Sie hat neue pinke Strähnchen und hat sich alle sieben Ohrlöcher auf der rechten Seite selber gestochen. Ihre Mutter hätte ihr niemals Geld dafür gegeben. Zwei der Löcher sind auch wieder zugewachsen. War das ein Akt! Das ganze Ohr war dick und vereitert, aber sie hat es täglich mit Wodka desinfiziert und dann war alles wieder gut, bis auf die zwei Löcher, die jetzt dicht sind. Twix soll ihr nun die Löcher neu stechen. Der kennt sich aus, auch mit Tätowieren. Rihanna will sich von ihm ja das Sternchen in die Ohrmuschel stechen lassen und dann gleich noch ein paar Sternchen in den Nacken. Wenn's gut läuft, sogar die ganze Milchstraße. Hat die echte Rihanna auch.

»Mann, ey, sag bloß, ihr habt schon alles ausgesoffen?« Ri stand im Eingang. Na endlich!

»Quatsch«, sagte ich und rückte ein Stück von Denise ab, um Ri Platz zu machen.

»Hab ich 'n Brand! Was haste denn dabei?«

Ich zeigte ihr den Inhalt meines Rucksacks.

»Oh geil. Wieder der leckere Wein?«

Ich nickte. Ri ist durch mich schon zur richtigen Weinkennerin geworden. Sie hat denselben Weingeschmack wie meine Mutter: lieblich. Das bedeutet schön süß.

»Aber vielleicht nehme ich doch erst ein Bierchen für den Durst.« Ri grinste. Denise ploppte ihr die Flasche mit dem Feuerzeug auf. Total cool. Ri trank die halbe Flasche ex. Rülpste und grinste und steckte sich eine Fluppe an.

»Kiek ma, ich konnte mir heute fünf Minuten leisten.« Sie hielt mir das Gesicht hin. Total dunkelbraun. Fehlte nicht mehr viel, dann hat sie die gleiche Hautfarbe wie die echte Rihanna.

»Krass«, sagte Denise. Ri machte ein paar Moves und kreiste mit den Hüften, sagte, Denises neue pinke Strähnchen seien auch total cool. Echt, dass Denise das darf, sich andauernd die Haare färben und sich sogar schon piercen. Ich wäre ja schon froh, wenn ich endlich mal mein Naturbraun loswerden könnte. So eine langweilige Haarfarbe! Aber Mum sagt, das kommt nicht in die Tüte. Und piercen schon gar nicht. Dabei hätte ich so gern einen Augenbrauenring, so einen wie ihn Azzul hat.

Ri hat schon gesagt, ich soll es einfach tun, wenigstens die Haare färben. Blonde Strähnchen würden bestimmt gut kommen. Schließlich sei ich ja schon 13. Da müsse man selber bestimmen, wie man rumläuft.

Denise hatte ihre Flasche schon leer getrunken, wollte auch kein Bier mehr mit Wild-Lemon-Geschmack. Lieber ein richtiges. Sie mag es lieber bitter. Aber Pils hatten wir nicht.

»Dann hol mal den Wein raus«, schlug Ri vor.

»Wow, ein *Chablis*«, sagte Denise und schraubte die Flasche auf. Sie sprach das »ch« wie »ch« aus und das »s« am Ende. Ich wollte ihr nicht sagen, dass es französisch ist und »Schabli« ausgesprochen wird. Bin ja nicht so ein Streber wie die andern aus meiner Klasse. Echt, da kannste jeden Einzelnen vergessen, außer Miriam Rössler, die ist ganz nett, aber die ritzt sich. Das ist auf Dauer auch nicht zu ertragen.

Die Flasche haben meine Eltern geschenkt gekriegt. Sie kaufen ihren Wein sonst nur bei Rossmann. Denise kippte ordentlich was von dem *Chabli* weg. Ri kippte nach. Den Rest killte ich. Man muss ganz schnell trinken, möglichst über die Zunge hinweg schlucken. Dann kriegt man schon den Hit, wenn man die Flasche absetzt, was bei mir auch echt der Fall war. Mir war schon richtig schön schummerig. Ri fing dann an zu singen und zeigte uns ihren neuen Hüftschwung. Mega sexy! Und dann standen auch schon die ersten Jungs im Eingang: Schädel, Twix und Pulle.

Schädel quetschte sich in die Bude. Er hat so einen breiten Kopf mit bürstenkurzen Haaren. Deshalb heißt er ja Schädel,

aber er ist voll nett. Der kann eine Flasche Wein ex trinken.
Musste sich aber zurückhalten, wir hatten ja nur zwei. Twix – er heißt so, weil er so gern Schokoriegel isst – war die ganze Zeit am Pupsen. Hatte wohl zu viel Schokolade eingeworfen. ;-))

Mann, war das lustig!

Die letzte Flasche ging reihum. Ri hat dann ihr Handy angestellt und wir haben bei *Diamonds* total laut mitgesungen:

Shine bright like a diamond
Shine bright like a diamond
Shine bright like a diamond
We're beautiful like diamonds in the sky.

Und dann stand plötzlich Azzul vor mir!!! Schwarze Lederjacke, schwarzes Shirt mit V-Ausschnitt, Jeans und nagelneue goldene *adidas wings* – Tada!!!

»Ey, ihr seid ja schon voll breit«, sagte er und guckte mich dabei meganiedlich an. Ich wär fast weggeschmolzen, ehrlich, liebe Bella. Und stell dir vor, er war allein, keine Kathleen weit und breit. Meine geheimes Sehnen nach ihm hatte sich also gelohnt!

Er hat mir gleich ein Begrüßungsküsschen gegeben, als wäre der 2. Februar erst gestern gewesen. :-) Dann hat er sich neben mich gesetzt. Ich konnte sein Rasierwasser riechen. Er rasiert sich ja den Flaum auf der Oberlippe zu einem dünnen Strich. Seitlich am Kinn hat er auch zwei Striche, aber das ist noch kein richtiger Bart, sondern Kajal. Sieht aber echt cool aus, auch, dass er sich eine Lücke in die linke Augenbraue rasiert. Boah – und dann hat er mich angelächelt, mit seinen schneeweißen Zähnen. Irgendwas macht er damit, dass sie so weiß sind, aber das hat er mir noch nicht verraten. Soll bloß aufpassen, dass ihm nicht mal ein Stückchen abbricht, wenn er eine Bierflasche aufmacht.

Die Sonne schien, der Himmel war blau, ich hatte zwar kalte Füße, aber das machte nichts. Azzul und ich haben rumgeschäkert, Twix war am Furzen wie ein altes Pferd und Pulle pfefferte gerade eine leere Bierflasche aus der Bude.

»Mann, ey, da ist Pfand drauf!«, rutschte es mir raus und alle grinsten.

»Ja, Alter, kauf dir ein Buch«, lallte Pulle und grinste. Der war schon dicht, als er ankam. Azzul hat dann meine Hand genommen und wir sind aus der Pups-Bude raus, hinter die Garagen. Da hat er mich ganz sanft an die Wand gedrängt und richtig geküsst. Es war sooo schön! Ich lag die ganze Zeit in seinen Armen. Ich wusste gar nicht, was ich sagen sollte, wegen Kathleen, habe dann aber nichts gesagt. Ging auch schlecht, wir waren ja dauernd am Knutschen :-)

Als wir mal Luft holen mussten, hat er meinen Ausschnitt bewundert und gesagt, dass er mir ja echt mal gern das Top ausziehen würde. Yeah! Sowas sagt mir der coolste Typ aus den ganzen Blocks! Ich war echt nicht mehr zu gebrauchen, Bella. Natürlich würde ich nicht gleich mein Top ausziehen – es war ja auch viel zu kalt, aber allein zu wissen, dass er das scharf fände, fand ich schon geil!

Twix und Schädel haben dann noch Nachschub geholt. Bier und Fluppen vom Kiosk und noch einen Schokoriegel für Twix. Dann gings richtig rund. Aber das schreibe ich morgen. Heute kann ich nicht mehr. Ich glaube, ich muss auch noch mal kurz kotzen. Gute Nacht.

Samstag, 7.3., nachmittags

Liebe Bella, du glaubst es nicht. Azzul hat mir gesimst. – Und halt dich fest. Er hat mich zu seiner Spontanparty eingeladen, heute Abend! Er hat nämlich morgen Geburtstag und er will mit ein paar Kumpels reinfeiern, auf dem Spielplatz. Von den Mädchen sind nur ich und Rihanna eingeladen. Ri hofft natürlich, dass sie Sven wiedersieht, ich soll Azzul mal fragen, wo Sven sich gerade rumtreibt. Hab ich schon, in einer SMS, aber er hat noch nicht geantwortet.

Und das Geilste ist, dass Mum und Paps heute selber auf einer Geburtstagsparty sind, in Brandenburg. Sie bleiben über Nacht bei Tante Birgit. Dann kann ich so lange wegbleiben, wie ich will.

Kann man mehr Glück haben????!!! :-)

Liebe Bella,

ich bin ja soooo froh, dass ich nicht mit nach Brandenburg muss, obwohl ich sonst echt gern bei Tante Birgit bin und Blini auch gern mal wiedersehen würde! Du weißt ja, die Katze von Oma, die jetzt bei Tante Birgit ist, meine kleine Schmusi. :-) Wenn ich bei Oma auf dem Sofa lag, ist sie immer zu mir gekommen und hat sich auf meinen Bauch gelegt und wie verrückt geschnurrt. Ach, Blini!

Aber Blini und Tante Birgit kann ich immer noch besuchen. Ich hab zu Mum gesagt, mir ginge es nicht so gut, ich hätte meine Tage. Sie sagte, ich sähe auch ganz blass aus. (Das kam bestimmt noch vom Saufen gestern). Sie hat mir dann ein Schlemmerfilet »Helgoländer Art« aus der Kühltruhe geholt, was ich so gern esse, und gesagt, ich soll von dem frisch gepressten Orangensaft trinken, den sie mir in den Kühlschrank gestellt hat, wegen der Vitamine, und dass sie morgen Mittag schon wieder da seien, und ich sollte alle Türen abschließen und nicht vergessen, die Rollläden runterzulassen.

»Ja. Ja«, habe ich gesagt. »Klar.« Ich bemühte mich, locker und höflich zu wirken, denn das lieben meine Eltern. »Viel Spaß und schöne Grüße«, rief ich ihnen noch hinterher, damit sie bloß keinen Verdacht schöpften. Höflichkeit ist für meine Eltern das halbe Leben. »Ausdrücke« gibt es bei uns nicht. Mum flippt ja schon aus, wenn ich »geil« oder »krass« sage. Sie sagt dann, das sei typische Block-Sprache, die auf mich abfärben würde, dabei reden bei uns auf dem Gymi auch alle so, nur arroganter.

Genug gelabert! Muss mir jetzt scharf überlegen, was ich anziehe. Gestern war es etwas zu kalt mit meinen Sneakers und dem ausgeschnittenen Top, obwohl Azzul mich ja gewärmt hat. Echt, er hat mir immer so liebevoll über den Rücken gestreichelt, da wurde mir ganz heiß, besonders beim Knutschen. Er hat mir lauter kleine Küsschen rund um das Schlüsselbein bis in den Nacken getupft. Das fühlt sich jetzt noch an wie die Milchstraße persönlich.

Ich habe ihn dann doch gefragt, warum er mich eigentlich küsst, wo er doch mit Kathleen zusammen ist. Er hat gesagt, er sei gar nicht mehr mit Kathleen zusammen.

Bella! Ich hätte vor Freude laut schreien können!!!

»Sind wir denn jetzt zusammen?« Mein Herz hat echt wie wild gehämmert, als ich ihn das gefragt habe.

Er hat mich ganz süß angeguckt und gesagt: »Sag ich dir morgen.« Und ich hab gesagt: »Dann kriegst du den nächsten Kuss auch erst morgen.« Er hat dann versucht, mir ins Ohrläppchen zu beißen. Das war echt witzig. Hoffentlich fragt er mich heute, ob ich seine Freundin sein will. Gestern sind wir vor lauter Rumalberei gar nicht weiter auf das Thema eingegangen. Ich habe ihm auch noch einen Knutschfleck gemacht, aber auf seiner schönen, dunklen Haut sieht man das gar nicht so doll.

Hab ich dir schon gesagt, dass seine Großeltern aus Persien kommen?

Er wollte auch wieder seine Nase in meinen Ausschnitt stecken, aber ich hab ihn nicht reingelassen. Echt, Bella, auch wenn wir offiziell noch kein Paar sind, spüre ich, dass Azzul der Richtige für mich ist. Ich könnte mir auch vorstellen, dass er der Erste ist, mit dem ich Sex habe. Nicht sofort, aber bald. Er ist bestimmt voll zärtlich. Er hat ja auch immer Kondome dabei. Gestern auch. Ich weiß gar nicht mehr, wie wir darauf gekommen sind, aber Twix hat ihm dann eins abgeluchst und aufgepustet. Und dann haben sie damit Fußball gespielt. Nicht lange, weil es natürlich geplatzt ist. Voll witzig, Mann, Bella, ich kann es noch gar nicht glauben. Azzul ist solo und lädt mich zu seinem Geburtstag ein! Bestimmt fragt er mich heute offiziell, ob ich mit ihm gehen will. So einen reifen Freund hatte ich noch nie! Er wird ja schon 16. Boah, ich fass es nicht, er ist so süüüß! :-)

Abends, 20:20 Uhr

Mum hat gerade angerufen, sie sind gut angekommen, und schöne Grüße von Tante Birgit. Ich habe gesagt, schöne Grüße zurück, ich würde auf dem Sofa liegen und *Wetten, dass* gucken. Dabei ist Ri bei mir (zurzeit unter der Dusche). Gleich stylen wir uns und glühen schon mal vor. Hab noch eine Flasche Wein aus dem Keller stibitzt. Mehr geht aber echt nicht, sonst merken Mum und Paps was. Nicht auszudenken, wenn sie wüssten, dass ich Alkohol trinke. Für heute Abend müssen wir was kaufen. Ich steuer zehn Euro von meinem Taschengeld bei. Dafür kriegen wir schon allein zwei Flaschen Wodka, bei Lidl (Putinov, halben Liter für 4,99). Bei Lidl arbeitet ein Cousin von Ri. Dann gibt's keinen Stress an der Kasse.

Wodka hab ich noch nie getrunken. Ri sagt, den können wir uns mit dem frischen O-Saft mischen, den Mum mir ausgepresst hat. Gemischt kann man den easy runtertrinken und schmeckt den ekligen Alkohol nicht. So kriege ich also doch noch meine Vitamine :-)

Mist. Jetzt fängt es an zu regnen. Hoffentlich nur ein Schauer!

Donnerstag, 12.3., abends

Bella! Es ist was FURCHTBARES passiert. Ich konnte noch nicht darüber schreiben, ich mag auch jetzt nicht daran denken. Oh Gott! Aber ich muss dir alles erzählen.

Stell dir vor, ich hatte eine Alkoholvergiftung! (1,8 Promille) Und Denise … sie liegt im Krankenhaus, im Koma!

Die Polizei war bei uns. Alles ist so schrecklich – und wie es bei uns aussah! Paps hat mir Fotos unter die Nase gehalten, damit ich sehe, was ich angerichtet habe, und was sie alles aufräumen mussten. Bis vorgestern war ich ja selbst noch im Krankenhaus.

Ich könnte im Boden versinken vor Wut, vor Scham und vor Schuldgefühlen. Ja, du liest richtig. Ich bin an allem schuld! Hoffentlich kommt Denise durch!!!!!!

Freitag, der 13.3., morgens

Liebe Bella, ich weiß immer noch nicht, wo ich anfangen soll. Heute ist Freitag, der 13. Hoffentlich wird alles nicht noch schlimmer!

Es ist nicht einfach, aufzuschreiben, was passiert ist, das kannst du mir glauben, aber ich muss es tun, ich explodiere sonst innerlich. Es fühlt sich so an, als hätte ich einen Molotow-Cocktail verschluckt.

Denise ist immer noch nicht aufgewacht. Sie hat einen Schädelbasisbruch. Wenn sie stirbt, bringe ich mich um!

Später

Mum und Paps haben mich total zur Sau gemacht und mich angeschrien. Mir tut alles so leid! Aber das nützt jetzt auch nichts mehr. Es steht sogar in der Zeitung! Alle wissen, was bei uns passiert ist.

»Du hast alles kaputt gemacht, was wir uns so mühsam aufgebaut haben«, hat Mum gesagt und wieder geschluchzt. Sie heult seit Tagen.

»Unser Laden ist gelaufen«, hat Papa gesagt. »Hier können wir uns keinen Kundenstamm mehr aufbauen. Und das Haus ist auch noch nicht abbezahlt.«

»Alle reden über uns«, hat Mum geflüstert wie ein Geist. So sieht sie auch aus: Leichenblass, als hätte man ihr den Magen ausgepumpt. »Wie konntest du uns das nur antun!«

Oh Bella. Bitte, hilf mir doch! Ich wollte ihnen doch gar nichts »antun«. Und erst recht nicht Denise. Ich würde alles dafür geben, wenn sie nur aus dem Koma aufwacht!

Bitte, bitte, liebe Bella, mach, dass Denise aus dem Koma aufwacht!

Kurz nach Mitternacht, 14.3.

Ich kann nicht schlafen. Von der Schule war ich die ganze Woche befreit. Wenigstens das. Ich hätte auch keinen aus meiner blöden Klasse ertragen können, erst recht keine Lehrer. Mir graut es jetzt schon vor nächster Woche.

Ich hatte einen totalen Filmriss. Bis Montag wusste ich nur, dass mich irgendjemand hochgehoben und auf eine Bahre gelegt hat und mir so übel war wie noch nie in meinem Leben. Es stank furchtbar nach Erbrochenem. Überall um mich herum Blut und Scherben und die schwere Stehlampe im Wohnzimmer war Pulle auf den Kopf gefallen. Ich wusste zu der Zeit ja noch nicht, dass Sven da rumrandaliert hat, in unserem Wohnzimmer, und was er mit Ri gemacht hat! Die Erinnerung ist stückchenweise zurückgekommen. Einige Stückchen fehlen immer noch.

Ich war nur noch am Würgen und dachte, mein Magen kommt mir gleich aus dem Mund heraus. Alles tat weh, mein Busen hing aus meinem Top, ich hatte mir in die Hose gemacht und in meinen Haaren klebte die Kotze mit Teilen vom Schlemmerfilet. Wie ich ausgesehen haben muss! Ich mag gar nicht dran denken, sowas von peinlich!

Zwischendurch war ich wohl wieder ohnmächtig. Ich dachte, ich läge in unserer Küche, weil alles so weiß und hell war. Dann hörte ich fremde Stimmen. Leute redeten mit mir, jemand stieß mich an und steckte mir was in den Mund. Ich versuchte es auszuspucken, aber es war ein Schlauch, den sie mir total brutal in den Hals stopften. Ich dachte, ich müsste ersticken. Es war so widerlich! Sie hielten meine Arme fest und schnauzten mich an, dass ich schlucken sollte, dabei hatte ich so einen Brechreiz, dass ich gar nicht schlucken konnte.

Ich war nicht in unserer Küche, ich war im Krankenhaus, auf der Intensivstation!

Als ich aufwachte, piepste es überall. Das waren die Geräte, die mein Herz und meine Atmung überwachten. Ich hing an einem Tropf. Eine Nadel steckte in meinem Handrücken. Liebe Bella, du kannst mir glauben, ich habe mich noch nie so beschissen gefühlt in meinem Leben.

Mein Mund war wund und trocken, jeder Blick tat höllisch weh und in meinem Kopf dröhnte es wie in einer Infrasoundbox. Mir war immer noch kotzübel. Mum und Paps standen an meinem Bett. Mum weinte. Das war am Sonntagmorgen. Man hatte sie um drei Uhr nachts benachrichtigt, aber da waren sie selber noch zu blau, um Auto zu fahren. Irgendeine Freundin von Tante Birgit hat sie dann im Morgengrauen nach Berlin gebracht.

Dienstag durften sie mich mit nach Hause nehmen. Sie hatten mir frische Klamotten mitgebracht, meine alten steckten vollgekotzt und vollgepisst in einer weißen Plastiktüte. Über den Zustand meiner Kleider wurden meine Eltern detailliert informiert, wahrscheinlich, damit mir alles noch peinlicher wurde, zur Abschreckung. Dabei bin ich abgeschreckt genug.

Mum hat die Tüte mit spitzen Fingern entgegengenommen und gleich vor dem Krankenhaus in den nächsten Mülleimer gestopft.

Die ganze Fahrt über im Auto hat keiner einen Ton gesagt. Ich hätte im Boden versinken können. Als wir ankamen, sah ich schon, dass eine Scheibe im Wohnzimmer eingeschlagen war. Es war eine dicke Folie über die Löcher in den Fenstern geklebt. In der Terrassentür steckte eine Spanholzplatte. Alles war provisorisch geflickt. Der Glaser kam erst am Mittwoch.

Mum und Paps hatten gleich Sonntag Anzeige erstattet, gegen unbekannt. Da wussten sie ja noch nicht, dass es Sven war. Das hat die Polizei erst am Montag erfahren.

Dienstagmorgen kam die Polizei zu mir ins Krankenhaus und wollte alles haarklein von mir wissen. Da waren die Erinnerungen plötzlich wieder da, ganz deutlich, wie ein schlechter Film, der vor meinen Augen ablief. Dabei hatte doch alles so gut angefangen!

Ri und ich hatten uns echt cool gestylt und dabei schon mal eine Flasche Wein getrunken. Sie hatte zwei Paar High Heels von ihrer Mutter mitgebracht, so mörderisch geile Dinger mit 13 cm Absatz. Wir haben uns beide schwarze Netzstrumpfhosen angezogen. Ich meinen schwarzen, hautengen Rock mit weißem Top. (Den Rock habe ich schon länger im Kleiderschrank versteckt, weil Mum den auf keinen Fall sehen durfte, auch nicht den neuen knallroten Push-up-BH mit Spitze – ich bin echt froh, dass sie nicht in die Krankenhaustüte geguckt hat, bevor sie sie weggeschmissen hat).

Ri trug über der Netzstrumpfhose eine Art Turnhose, eng und kurz, die bis über den Bauchnabel reichte – genau wie bei dem einen Matrosenoutfit von der echten Rihanna. Wir haben uns dann noch mit einer Glitzer-Bodylotion eingerieben und ich hatte so ein rattenscharfes Dekolleté, dass Ri echt neidisch wurde. Sie hätte auch gern so eine Oberweite wie ich. Na ja, man kann nicht alles haben. Dafür glitzerte die Bodylotion auf ihrer solargebräunten Haut schöner als bei mir. Ich sah voll käsig aus neben ihr. Aber mit Make-up und Bronze-Puder habe ich das dann ein bisschen ausgeglichen.

Wir haben im Flur Laufen geübt. Die High Heels haben schwarze Streifen auf den weißen Fliesen hinterlassen. Da mussten wir dann noch mit der Mango-Scheuermilch ran. War das lustig! Wir wollten uns nicht mit der Netzstrumpfhose hinknien, aber mit unseren megahohen Stöckelschuhen kamen wir in der Hocke mit dem Lappen kaum auf den Boden. Ri ist dann umgekippt und hat halb im Liegen geputzt. Mann, wir haben uns vor Lachen kaum eingekriegt! Rihanna sagte, sie hätte noch nie so gern sauber gemacht. Ich habe dann gesagt, sie könne gern öfter zum Putzen kommen. Sie hat noch ewig an der Mango-Scheuermilch geschnuppert und geschwärmt. Wirklich, ich kam mir vor wie in der Werbung.

Der Wein hat ordentlich reingeknallt. Wir mussten sogar die Wimperntusche noch mal neu auftragen, bevor wir das Haus verließen. Ging dann auch gleich auf dem Spielplatz weiter. Da war schon eine Bombenstimmung, als wir ankamen. Alle waren da, auch die, die ich nur vom Sehen her kannte, alles Typen aus den Blocks. Azzul wären fast die Augen aus dem Kopf gefallen, wie ich da mit den High Heels ankam. Musste mich tierisch konzentrieren, nicht umzuknicken. Er küsste mich gleich stürmisch zur Begrüßung.

Und tatsächlich, außer Ri und mir waren keine Chicas da – nur Denise, aber Denise zählt ja nicht. Die ist zwar von allen gut angesehen, aber eher, weil sie immer zu gebrauchen ist. Sie bietet einem Fluppen an, kriegt jede Bierflasche mit dem Feuerzeug auf und wenn es nichts mehr zu Saufen gibt, kann man sie mal eben losschicken. Ich habe mich schon öfter gefragt, wo die das ganze Zeug immer herkriegt. Kostet ja schließlich.

Samstag hab ich dann erfahren, dass sie immer irgendwas zu Geld macht und die Flaschen auch manchmal abgreift. Ich wusste erst gar nicht, was »abgreifen« heißt, aber es wurde mir schnell klar. Sie hatte nämlich gerade »voll den Erfolg« gehabt, sogar bei Aldi, wo man eigentlich gar nichts »abgreifen« kann. Dort hatte sie eine Flasche Weinbrand und einen Doppelkorn mitgehen lassen. Deshalb wurde sie gefeiert wie eine Heldin. Ist da einfach mit ein paar kleineren Kindern rein, hat jedem Kaugummi gekauft und ganz lässig wieder raus spaziert. Die Frau an der Kasse hätte sie zwar komisch angeguckt, sich aber nicht getraut, was zu sagen. Die Flaschen steckten in ihrem Hosenbund. Ich hätte ja Angst, dass sie mir durchrutschen und unten aus den Hosenbeinen wieder rauskommen. Denise nicht. Sie hat überhaupt keine Angst.

»Die können mir gar nichts«, hat sie gesagt. »Anfassen dürfen sie mich nicht und ich zieh ganz sicher nicht freiwillig meine Jacke aus. Man darf sich nur nicht von den Sicherheitskameras filmen lassen, dann ist alles chic.«

Sie selber trinkt eigentlich keine harten Sachen, nur Wein, Sekt und Bier. Wodka, Whisky und Weinbrand verschenkt sie lieber, wie am Samstag. Dafür darf sie überall mit den Großen mit. Ri sagt, sie hätte große Brüder, mit denen sie losgezogen ist und alles Mögliche an die »Fidschis« vertickt hat. (Fidschis nennt man die Vietnamesen, bei denen man alles loswird). Sogar geklaute Fahrräder. Das reicht dann erst mal für ein paar Flaschen und Kippen. Aber jetzt sitzt der eine Bruder im Knast und der jüngere ist in einer Pflegefamilie in Rostock.

Auf dem Spielplatz ging's dann echt heiß her. Die Flasche Weinbrand ist einmal reihum gegangen, die haben wir mit Cola getrunken, den Korn auch. (Wenn ich jetzt nur dran denke, wird mir gleich wieder schlecht).

Twix ist irgendwann auf die Garagendächer geklettert und hat von oben runtergepinkelt. So eine Sau! Die anderen Jungs sind dann auch auf die Garagendächer geklettert und haben runtergepinkelt. Das hat vielleicht mal geplätschert. Gut, dass Azzul nicht mitgemacht hat. Schädel auch nicht. Der hat mit Ri rumgeschäkert und wollte sie die ganze Zeit küssen. Sie ihn aber nicht. Da war Ri eigentlich schon so breit, dass ich ihr die Zigarette wegnehmen musste, weil sie sie am Filter angezündet hat. Zu der Zeit hätte sie sich noch über Sven gefreut.

Wir waren in der Bude, Ri hatte ihr Handy an, wir haben getanzt und die Jungs draußen rumgrölen gehört. Ich habe mit Azzul rumgeknutscht, bis mir dann leider schlecht wurde und ich rausgegangen bin, zum Kotzen. Das war aber wirklich alles noch kein Problem, weil es mir hinterher besser ging und ich weitersaufen konnte. Die ganze Scheiße ging erst los, als es wieder anfing zu regnen. Alle quetschten sich in die Bude, aber da tropfte das Wasser auch bald durch. Irgendjemand kam dann auf die Idee, zu uns zu gehen. Ich hatte wohl erwähnt, dass meine Eltern nicht da waren.

Die Idee, zu mir zu gehen, fand ich nicht so prickelnd.

»Nee«, habe ich noch gesagt. »Nicht zu mir.« Aber Azzul hat dann gesagt: »Warum nicht? Kriegen deine Alten doch gar nichts von mit. Ich wollte immer schon mal wissen, wo du wohnst.« Er hat mich so niedlich dabei angelächelt und ich dachte, ja, warum eigentlich nicht. Dann kann ich mich mit Azzul in mein Zimmer verdrücken und endlich klären, ob wir nun offiziell zusammen sind. Er hatte mir nämlich diesbezüglich immer noch keine Auskunft gegeben. Okay, bislang war auch keine Gelegenheit dazu, denn immer, wenn ich was sagen wollte, küsste er mir die Worte einfach weg.

Ri hatte auch gerade ein bisschen abgekotzt. Inzwischen war sie ganz schön sauer, weil Sven nicht auftauchte, und Azzul angeblich keinen Plan hatte, wo er war.

»Glaubst du doch wohl selber nicht«, sagte Ri.

»Jetzt chill mal!« Azzul war schon leicht genervt von Ri. »Und lass mich doch mit Sven in Ruhe!«

Da habe ich schon gemerkt, irgendwas stimmt nicht, aber ich habe nicht weiter nachgefragt.

Ri ging es wieder besser und sie tanzte ein bisschen um Schädel herum. Dann fing sie an, Reklame für unser Haus zu machen, wie cool es sei, mit all den Fliesen und Gäste-WC und so viel Platz. Echt, wie die unser Haus anpries. Ich wurde richtig stolz, dass ich da wohnte.

Nun waren alle neugierig geworden. Twix sagte zu Denise, sie könne aber nicht mit. Sie müsse hierbleiben.

»Warum nicht?«, fragte Denise. Ich konnte ihre Panik in der Stimme hören. Da greift sie Flaschen für uns ab und dann sowas!

»Nee echt mal«, sagte Pulle. »Da kannst du nicht mit. Die machen Gesichtskontrolle.« Und dann lachte er wie bescheuert über seine dämliche Verarsche. Denise wurde richtig wütend, schubste ihn und versuchte, ihm die Mütze vom Kopf zu reißen. Twix hielt sie sich mit einer Hand vom Leib und kriegte sich gar nicht wieder ein, weil Denise so tobte. Sie ist ganz schön stark für ihr Alter, sie hat ihm mehrere Tritte verpasst.

Ich war total aufgeregt, als wir zu uns gingen. Hoffentlich fanden sie unser Haus wirklich cool – das war zu der Zeit meine einzige Sorge.

Liebe Bella, es ist gleich vier Uhr, morgens. Im Haus ist alles still. Ich bin müde, schlapp. Kann den Stift kaum noch halten, aber ich will unbedingt noch alles berichten. Nur über den Wodka kann ich nichts schreiben, sonst wird mir wieder schlecht, wo doch heute der erste Tag ist, an dem ich mich wieder einigermaßen wohlfühle – nach einer ganzen Woche!

Eins weiß ich genau. Ich rühr keinen Alk mehr an. Komme, was wolle!

Sonntag, 15.3.

Habe bis 14 Uhr gepennt. Habe tierische Angst um Denise. Die liegt immer noch im Koma. Mum sagt, sie haben ihr ein Stück Schädel rausgesägt und in den Kühlschrank gelegt. Das macht man, wenn das Gehirn anschwillt, damit es noch Platz hat im Kopf. Wenn es abschwillt, setzen sie ihr das Stück Schädeldecke wieder ein.

Ich fühle mich so elend! Ich hätte doch merken müssen, dass sie plötzlich weg war!

Wir waren ungefähr zehn Leute. Twix, Schädel, Pulle, noch ein paar Typen, Azzul, Denise, Ri und ich. Die Namen der anderen habe ich vergessen, es war so ein großer Langer dabei mit weißem *Snapback* und ein jüngerer, schätze mal 13. Die haben auch noch gekifft, mit Denise. Da meine ich, Denise das letzte Mal im Wohnzimmer gesehen zu haben. Wahrscheinlich ist sie gleich danach aufs Dach geklettert.

Pulle und noch zwei Kumpels von ihm waren am Kühlschrank zugange und Twix wollte was Süßes. Ich fand es stressig, andauernd zu sagen: »Lass mal den Kühlschrank zu« oder: »Bitte nicht alle Schränke durchwühlen.« Ich hatte vorher schon erwähnt, dass sie ihre Schuhe ausziehen sollten, hätte mir am liebsten auf die Zunge gebissen, kam mir vor, wie meine Mutter. Bis auf Schädel haben sie alle ihre Schuhe angelassen. Ehrlich gesagt habe ich auch nichts anderes erwartet. Azzul hat mich dann beruhigt.

»Chill mal, Schatz. Wir machen das nachher alles schön sauber«, hat er gesagt. Voll süß! (Ich liebe es, wenn er »Süße« oder »Schatz« zu mir sagt :-)) Und dann hat er mir einen Kuss gegeben und wir sind ins Sofa gesunken. Da hat er mir dann ganz ernst in die Augen geguckt und gesagt, dass, von ihm aus, wir jetzt offiziell zusammen wären.

»Okay. Von mir aus auch«, habe ich gesagt. Und dann haben wir es mit Küssen besiegelt. Als die anderen dann mitkriegten, dass wir nun ein Paar sind, mussten wir darauf erst mal anstoßen.

Ri war die ganze Zeit am Tanzen und Twix und Pulle kamen dann mit dem Wodka an. Ri und ich haben ihn mit dem frisch gepressten O-Saft getrunken, und er ging auch runter wie nichts. Twix hat sich braunen Zucker in seinen Wodka getan. (Den meine Eltern für ihre Caipis verwenden, das sind Cocktails mit brasilianischem Schnaps, Rohrzucker, Limettensaft und Eis. Schmeckt gut, aber viel zu aufwendig zu machen.)

Unser Wodka-O war auch lecker, weil man fast nur den O-Saft schmeckte. Ri fing dann an, mit Schädel rumzuknutschen, auch auf dem Sofa. Irgendwie waren die beiden ganz süß. Bei mir drehte sich alles, ob von Azzuls Küssen oder vom Wodka – keine Ahnung. Ich hatte manchmal das Gefühl, als wäre ich ganz weit weg, hörte die anderen aus der Ferne lachen. Handys klingelten – *Gangnam Style*, dann klingelte es an der Haustür.

Ich weiß gar nicht, wer aufgemacht hat, auf jeden Fall kam Sven rein, in grünem Parka mit weißem Fell, weißen Sneakers, und Goldkette bis zur Brust. Er hatte bestimmt fünf Typen im Schlepptau, echte Gangsta. So sahen sie jedenfalls aus. Kathleen und Eve waren auch dabei – aufgedonnert bis zum Gehtnicht-mehr.

Mittwoch, 18.3.

Liebe Bella, ich halte das nicht mehr aus!

Frau Dehling, Denises Mutter, war gestern bei uns. Sie hat geweint und gesagt, Denise wäre so ein zartes Mädchen, im wahrsten Sinne zerbrechlich.

Häh?, habe ich gedacht. Denise, der alte Haudegen, zart und zerbrechlich? Mum hat Frau Dehling Tee angeboten, aber sie wollte keinen Tee. Ich war wie in Trance. »Es tut mir so leid«, habe ich gesagt, immer wieder, und: »Es ist alles meine Schuld.« Da hat Denises Mutter mich in den Arm genommen und hat gesagt, ich soll sowas nicht sagen, das würde die ganze Sache nur noch schlimmer machen. Wenn jemand Schuld hätte, wäre sie es, weil sie sich nicht genug um Denise gekümmert hat. Und dann fing sie an zu schluchzen, in meinen Armen. Bis Mum kam und sie mir abgenommen hat. Sie ist da echt in unserer Küche zusammengebrochen, hat gesagt, sie hätte doch schon so viele Probleme mit Denises Brüdern gehabt und jetzt passiere sowas mit ihrer Kleinen. Ob Mum einen Schnaps für sie hätte. Mum hat ihr dann zwei *Grappa* eingeschenkt. Übles Zeug, was nach Benzin riecht, aber edel und teuer ist. Allein vom Anblick bekam ich fast einen Würgereiz. Nach dem dritten Grappa beruhigte sich Frau Dehling ein bisschen.

Bitte, liebe Bella, mach, dass Denise ihren Sturz überlebt. Ich mag gar nicht dran denken, wenn nicht!

Mittwoch, 25.3.

Denise wird nicht sterben! – Ich bin ja so froh!!!

Es ist schon wieder eine Woche vergangen. Ich war krank, hatte Fieber und mein Magen hat gesponnen. Wahrscheinlich hat der Alkohol die Schleimhaut angegriffen. Ich muss jetzt so ein Zeug nehmen, sonst kann ich gar nichts essen.

Ich konnte die ganze Woche auch nicht schlafen, hatte solche Angst um Denise. Jetzt geht es ihr besser. Gott sei Dank. Das Stück Schädeldecke hat man wieder in ihren Kopf eingesetzt und das Gehirn ist nicht mehr geschwollen. Sie liegt zwar noch auf der Intensivstation, im Koma, aber in einem, das die Ärzte kontrollieren können, um ihren Körper zu schonen. Damit in Ruhe alles heilen kann. Sie hat ja auch noch vier Rippen, das Becken und ein Bein gebrochen. Es wird zwar sehr lange dauern, aber die Ärzte haben große Hoffnung, dass sie wieder gesund wird. Zum Glück ist sie nicht querschnittsgelähmt!!!

Ich kann dir gar nicht sagen, wie mich das gefreut hat zu hören, ich musste so weinen!

Später

Liebe Bella,

bevor ich jetzt endlich den Rest schreibe, was an dem Samstag passiert ist, muss ich dir unbedingt sagen, was mich unendlich erleichtert:

1. Denise ist nicht mehr in Lebensgefahr
2. Azzul hat mich fast jeden Tag angerufen und gefragt, wie es mir geht
3. Mum und Dad reden mit mir über MICH und nicht nur über ihren Laden
4. Mum findet Frau Dehling total nett – hätte sie nie gedacht, weil sie ja aus den Blocks kommt. Mum will ihr helfen, weil Frau Dehling alleinerziehend mit vier Kindern ist (wusste gar nicht, dass Denise noch kleine Brüder hat) und Denise demnächst zu Hause pflegen muss.
5. Sven eine Strafe bekommt, und zwar nicht nur wegen Sachbeschädigung, sondern auch wegen schwerer Körperverletzung.

Sven ist da also aufmarschiert mit seinen Kumpels, im Schlepptau Kathleen und Eve. Was für ein Schock, die zu sehen! Sie kamen nur kurz rein, aber als sie mich und Ri sahen, verschwanden sie wieder. Wahrscheinlich wussten sie gar nicht, dass ich hier wohne. Im Krankenhaus dachte ich, die beiden wären nur eine Erscheinung gewesen, so wie man als Alkoholiker weiße Mäuse sieht. Aber ich bin ja kein Alkoholiker! Und Ri und die anderen haben sie auch gesehen. Ri sagte, Eve hätte hundertpro vor ihr Schiss gehabt.

Es stellte sich dann raus, dass Sven und Azzul sich total verkracht hatten, schon länger, wegen eines neuen Musikvideos, das Sven jetzt mit seinen neuen Typen machen will und nicht mehr mit Azzul, wenn ich das richtig verstanden habe. Mit anderen Worten: sie waren keine besten Kumpels mehr. Azzul war auch nicht gerade froh, ihn hier mit seiner neuen Gang anzutreffen – von mir ganz zu schweigen … Ich hab dann noch mitgekriegt, dass Sven rumgebrüllt hat, weil er mega angepisst war, weil Eve weg war und Ri vor seinen Augen mit Schädel auf dem Sofa zugange war. Er hat dann Flaschen vom Tisch gefegt und sich auf Schädel gestürzt. Azzul ist dazwischengegangen und dann gab es eine große Keilerei. Ich weiß noch, dass ich aufgestanden bin – aber nicht mehr, was ich machen wollte – alles drehte sich vor mir, dann sackten mir die Beine weg. Gute Nacht, Bella. – Im wahrsten Sinne des Wortes.

Auf jeden Fall ist Sven da richtig ausgetickt. Hat Schädel zwei Zähne ausgeschlagen und mit Flaschen nach Ri geworfen. Ich meine sogar noch gehört zu haben, wie das Wohnzimmerfenster kaputtging – oder war es die Terrassentür? Als die Polizei kam, fanden sie als Erstes Denise, auf dem Gartenweg. Sie war vom Dach gestürzt und mit dem Kopf genau auf den riesigen Blumentopf mit dem Trompetenbaum gefallen.

Liebe Bella, heute ist der 1. April. Wenn ich meinen Bericht doch nur als Aprilscherz abtun könnte …

Es ist Sonntag. Die Sonne scheint. Der Frühling kommt endlich und ich bin sehr traurig, muss an Oma denken. Gut, dass sie das wenigstens nicht mehr miterleben musste. Ich hätte ihr nicht mehr unter die Augen treten können.

Letzten Frühling wohnten wir noch zusammen in Brandenburg. Ich vermisse sie so. Auch ihren Garten. Hier im Park sehen die Narzissen nicht so schön aus. Irgendwie ist das Gelb blasser.

Mum und Paps reden viel mit mir. Sie machen mir auch keine Vorwürfe mehr. Haben mich sogar gefragt, ob ich mit einer Psychologin sprechen möchte. »Nein«, habe ich gesagt, und dass sie echt keine Angst mehr haben müssten, dass ich noch mal Alkohol anfasse. Ich habe echt die Schnauze voll. So ein Dreckszeug! Scheiß Gefühl, wenn man völlig die Kontrolle verliert, kann ich jetzt nur dazu sagen.

Mum und Paps machen nun doch mit dem Laden weiter. Die Leute haben gar nicht so schlecht über uns geredet, wie sie erst gedacht haben. Hauspartys kommen hier wohl öfter vor. Worüber Mum sich aber echt einen Kopf macht, ist, dass Rihannas Mutter nicht mit ihr reden will. Frau Kleemann sagt, sie will mit solchen Assis wie uns nichts zu tun haben. Mum ist echt vom Hocker gekippt, als sie das von Frau Dehling erfuhr. – Wir, ASSIS????

Ri und mir ist egal, was gelabert wird. Wir sind und bleiben beste Freundinnen, auch wenn wir uns weiterhin heimlich treffen müssen. Auf dem Spielplatz waren wir noch nicht wieder, da wollen wir auch nicht mehr hin. Ri versteht immer noch nicht, warum Sven so ausgetickt ist. Er hat Schädel nicht nur zwei Zähne ausgeschlagen, sondern auch noch die Nase gebrochen und Ri, nachdem er sie mit den Flaschen verfehlt hatte, voll durchs Wohnzimmer geschleudert, gegen die Stehlampe, die dann noch auf Pulle draufgeknallt ist. Ris Schulter tut immer noch weh und sie hat sich die Hand an einer Scherbe aufgeschnitten, ganz schön tief. Außerdem hat er sie mit den übelsten Wörtern beschimpft, die ich hier echt nicht wiedergeben möchte.

»Warum nur?«, fragt sich Ri immer wieder. »Ich habe ihn doch geliebt.«

»Ach«, sage ich. »Vergiss ihn. Er war einfach nur besoffen.«

Sonntag, 22.4.

Der Frühling ist da! Alles blüht und duftet. Endlich! Leider gibt es hier keine Kirschbäume wie in Omas Garten. Dafür gibt es Tulpen in den Grünstreifen – und 'ne Menge Hundekacke.

Ri und ich besuchen Denise jeden Tag im Krankenhaus. Manchmal streichle ich ihre linke Hand, manchmal Rihanna. Denises ganze rechte Seite ist verbunden, auch der Kopf. Zuerst haben wir einen Schock gekriegt, als wir sie so gesehen haben, mit Schläuchen in der Nase, ohne rosa Strähnchen (sie haben ihr die Haare abrasiert), blau-blass, mit tief eingefallenen Augen. Das sollte Denise sein? Ich musste allein von ihrem Anblick weinen. Ri auch. Wir trauten uns gar nicht, näher ans Bett zu gehen. Eine Schwester ging dann mit uns mit. Wir sollten auch nicht lange bleiben, lieber öfter wiederkommen.

Inzwischen haben wir uns schon an ihren Anblick gewöhnt. Sie kann auch schon ein bisschen sprechen.

»Wieso bist du aufs Dach gegangen?«, habe ich sie gestern gefragt. Sie schaute mich an, dann Ri.

»Ach«, sagte sie leise. »Ich dachte, von da könnte ich endlich mal die Milchstraße sehen.« Sie lächelte. Sie sah wirklich zart und zerbrechlich aus.

»Und, hast du sie gesehen?«, fragte ich und cremte ihr die spröden Lippen ein. Da konnte man noch so viel Labello draufschmieren, am nächsten Tag waren sie wieder rau.

Prinz 007

Sie hat schon am Morgen gehört, dass die Autos wieder fahren. Die Straße ist fertig, der Gehsteig neu gepflastert, zwischen den Ritzen der Platten leuchtet heller Sand. War ja abzusehen, dass es in den nächsten Tagen so weit sein würde, irgendwann ist jede Baustelle fertig. Immerhin steht sein Bagger noch da!

Ela kann auf keinen Fall jetzt zur Schule gehen, sonst holt er den Bagger ab und sie ist nicht da. Wenigstens noch ein Mal sehen muss sie ihn, ihn grüßen und er wird zurückgrüßen, denn nun kennt er sie ja.

»Mama?« Sie tapst über den Flur. Aus dem Schlafzimmer dringen Fernsehstimmen und Zigarettenrauch. »Mama!« Die Tür ist nur angelehnt. Ela drückt sie auf. Rauchschwaden hängen wie Regenwolken über dem Bett. Es ist dämmerig im Raum, die Vorhänge zugezogen. Wenn Ela sie nicht aufmacht, bleiben sie den ganzen Tag geschlossen. Nur ein schmaler Streifen Tageslicht fällt auf den grauen Spannteppich. Ihre Mutter liegt in der Mitte des runden, blauen Kingsize-Betts und raucht. Auf der gepolsterten Kopflehne ist der Sternenhimmel mit den zwölf Tierkreiszeichen abgebildet, aber die kann man vor lauter Rauch nicht mehr sehen. Allein in dem riesigen Bett sieht Mama klein und schmal aus. Ist sie ja auch, nur ihr Bauch ist dick. Das kommt daher, weil sie drei Jahre hintereinander Kinder gekriegt hat. So sieht sie immer ein bisschen schwanger aus. Mit Mama kann man gut einen Sitzplatz in der Straßenbahn ergattern. Sie braucht nur mit einer Hand über ihren Bauch zu streichen und dabei das Gesicht zu verziehen und schon stehen sogar alte Frauen für sie auf. Blass, als würde sie jeden Moment in Ohnmacht fallen, ist sie immer, mit tiefen Ringen und dunklen Schatten um die Augen.

»Wo brennt's denn?«, fragt Mama und drückt die Zigarette im Aschenbecher aus. Der steht neben ihr, im Bett, voll bis obenhin. Ela muss husten, es ist nur ein Reiz, ganz hinten im Hals, den sie jedes Mal kriegt, wenn sie in Mamas Schlafzimmer kommt, obwohl sie selber raucht.

Ela hustet weiter, beugt sich dabei nach vorn, krümmt sich und keucht, bis es ihr fast hochkommt.

»Mannomann«, sagt Mama, »sag nich, du bist schon wieder erkältet.«

Ela nickt und kann kaum sprechen, zeigt auf ihren Hals. »Tut weh. Kann ich zu Hause bleiben?«

Mama zündet sich eine neue Zigarette an. Ihr Gesicht leuchtet kurz auf im Feuerzeugschein. »Dann aber marsch ins Bett«, sagt Mama und inhaliert tief. Am liebsten würde Ela zu ihr ins große Bett kriechen, ein bisschen kuscheln, aber Mama würde ihr eh nur den Rücken tätscheln und sagen: »Du bist doch schon groß genug«, und sie wegschieben. Nur ihre Geschwister durften zu ihr unter die Decke schlüpfen, als sie noch ganz klein waren. Ela hatte gehofft, dass sich das ändern würde, wenn sie bei Mama bleibt, als einziges Kind, nachdem die anderen weg waren.

»Du musst die Schule anrufen«, krächzt Ela.

Mama nickt, pustet Rauch aus. Ela holt das Telefon von der Station und bringt es ihr ans Bett. »Du musst auch dringend mal frische Luft reinlassen.«

»Mach ich doch!« In Mamas Ton schwingt noch ein anderer Ton mit, der sagt: Lass mich in Ruhe! Sie legt das Telefon neben den Aschenbecher. So nah darf sie der Mutter sonst nur kommen, wenn sie Zustände kriegt.

Ein Zustand ist ein Moment, der Minuten, Stunden, auch Tage dauern kann. Dann liegt die Mutter nur da, wie weggegossen, döst und weint, egal, was man sagt oder macht. »Das kommt von meiner Bindungsstörung«, sagt sie dann und schluchzt. Diese scheiß Bindungsstörung ist auch schuld daran, dass Taylor, Eileen und Michelle in die Kindernotaufnahme gebracht wurden. Wenn Mama schluchzt, darf Ela sich wenigstens zu ihr aufs Bett setzen und sie trösten. Ganz vorsichtig natürlich, damit der Aschenbecher nicht umkippt. Ela streicht ihr dann die Haare aus dem Gesicht und macht: »Pscht!«, wie Mama es mit den Babys gemacht hat, wenn sie geschrien haben, aber küssen traut sie sich nicht. Mama küsst nur Babys und Männer.

Ela wählt die Nummer ihrer Schule und gibt Mama das Telefon. »Guck mich nicht so an!«, faucht sie und hustet. Letztes Mal hat Ela ihr gesagt, sie solle ein bisschen freundlicher mit der Sekretärin reden. Da hat Mama sie angeschnauzt, was sie wohl denke, wer sie sei, ihre Anstandsdame? Es wäre ja noch schöner, wenn sie sich jetzt von ihrer Tochter auch noch sagen lassen müsse, wie sie zu reden habe. Als ob sie nicht freundlich genug wäre! Sie kriegte sich gar nicht wieder ein.

»Wie kannst du mich nur so blamieren?«

»Ich hab dich doch gar nicht blamiert.«

»Natürlich hast du das. Deine eigene Mutter!«

»Vor wem denn?«

»Wie, vor wem denn?«

»Man kann einen nur vor jemand anderem blamieren. Aber es war ja keiner da, außer uns.«

Mama schrie sie an, wie immer, wenn sie etwas nicht verstand: »Auch noch frech werden, oder was?«

Jetzt verdreht sie die Augen, weil niemand ans Telefon geht. Sie will gerade auflegen, da meldet sich die Sekretärin.

»Schnittler hier. Guten Morgen«, brummt Mama in den Hörer und räuspert sich. »Emanuela kann nicht kommen. Ist krank. – Was sie hat? – Na, Erkältung. Wie? Obse morgen kommt? – Bin ich Madame Tussaud, oder was?« Mama versucht zu lachen. Das Lachen löst ihren Raucherhusten und nun muss sie erst mal abhusten. Sie hält den Hörer von sich, bemüht, es kurz zu machen, schließlich ist die Sekretärin noch am Apparat. Ela holt tief Luft. Total peinlich, das Gespräch!

»Madame Tussaud war keine Hellseherin«, sagt sie, als Mama aufgelegt hat. »Sie hat die Wachsfiguren erfunden.«

»Lern du mir nicht, wer was gemacht hat!«, schnauzt Mama sie an.

Hat gar keinen Zweck, ihr zu sagen, dass es »Lehr du mich nicht …« heißt, kann sie sich eh nicht merken.

Ela geht aus dem Schlafzimmer. Mama ruft ihr hinterher, dass sie am Vormittag zum Arzt gehen soll, weil »die Tussi« ihr sonst eh nicht glaubt. Mit »Tussi« meint sie die Schulsekretärin. Und dann könne sie auf dem Rückweg gleich Toastbrot, Tabak und Zigarettenhülsen mitbringen und noch ein paar Äpfel, weil Obst gegen Erkältung ja nie schadet. »Hab keinen Bock, mich auch noch anzustecken. Das fehlt mir gerade noch!«

Ela geht ins Kinderzimmer und setzt sich an den Schreibtisch. Ein Computer steht darauf, daneben die Spiel- und Wii-Konsole. Die Wii hat sie schon zwei Monate nicht mehr angefasst, seitdem Taylor, Eileen und Michelle nicht mehr da sind. Wenigstens kann sie nun an den Computer, ohne gestört zu werden. Ab und zu kommt Mama auch mal an den Computer, um zu chatten, meistens mit Typen von *www.lovepoint.de* unter der Rubrik »erotische Abenteuer« oder »Traumpartner«, aber in letzter Zeit hat sie selbst dazu keine Lust.

Ela schaltet den PC ein, schaut aus dem Fenster, wartet, bis er hochgefahren ist. Der Bagger steht noch da, auch das Dixi-Klo und eine Schubkarre, die mit einer Eisenkette an einer Laterne festgemacht ist. Viertel vor acht. Eigentlich müsste er schon längst da sein. Wo bleibt er nur? Im Internet kann sie auch nichts über diese Baustelle finden. Sie klickt das Foto an. Da ist er. Käppi. Er steht ein bisschen schräg, in seiner schmutzigen, dunkelgrauen Cordhose, den derben Arbeitsschuhen, Lederweste. Rot-grün kariertes Hemd, Kappe. Er kneift die Augen zusammen, leichtes Lächeln um den Mund, Schaufelstiel in einer Hand. Im Hintergrund sein Bagger. Ela küsst ihren Zeigefinger und tupft ihm den Kuss auf sein schüchternes Lächeln. Sowas von süß! Ein erwachsener Mann mit so einem schüchternen Lächeln! Dabei ist er groß und stark, hat einen Löwen auf seinem linken Bizeps tätowiert und auf dem Rücken eine Dornenhecke, aus der riesige Löwenzähne ragen. Wie oft hatte sie ihm zugeschaut, im Sommer, als er sein Hemd auszog und mit bloßem Oberkörper von seinem Bagger stieg, Bier trank und eine Zigarette rauchte. – Diese Muskeln! Dieser Körper! Diese Tattoos! – Vielleicht waren das auch keine Löwenzähne, die aus der Dornenhecke ragten, sondern weiße Pferdebeine. Und auf dem Pferd saß ein Prinz und metzelte die Hecke nieder, damit er zu Dornröschen kommt und sie wach küsst. Wie oft hatte sie geträumt, dass Käppi sie wach küsste und mit auf sein Pferd nahm und sie dann davonritten, am Einkaufszentrum vorbei, nachmittags gegen halb fünf, damit auch alle, die da rumhingen, große Augen kriegten.

Ela vergrößert das Foto auf dem Bildschirm. Jetzt kann sie seine Bartstoppeln einzeln sehen. Sie tupft noch einen Fingerkuss auf seine Lippen. Letzten Donnerstag hat sie sich tatsächlich getraut, ihn zu fragen, ob sie ein Foto von ihm machen darf. Sie hätte es auch von weiter entfernt machen können, aber dann hätte sie ihn nicht so scharf draufgekriegt. Ihr Handy hat kein Zoom. Sie ist zu ihm hingegangen, als er gerade nicht im Bagger saß, hat die Arme gehoben und gesagt: »Halt, bitte mal so stehen bleiben!«, und ihr Handy gezückt. Er war tatsächlich stehen geblieben.

»Soll das ein Foto werden?«

»Ja!«

Er legte den Kopf leicht schräg und lächelte sie an. Total niedlich. Vielleicht ist er sogar rot geworden. Das konnte sie nicht sehen, weil ihr Herz so laut geklopft hat und sie sich beherrschen musste, dass ihre Finger nicht zittern – ganz zu schweigen von den Knien. Wahnsinn! Wenn ihr jemand erzählte, dass sie ihn tatsächlich fotografiert hat, sie würde es selbst nicht glauben. Aber sie hat es getan und das Ergebnis prangt nun vor ihr auf dem Computer: Käppi. Der Mann, den sie liebt und das nun schon seit fast zwei Monaten, so lange, wie die Baustelle vor ihrem Fenster war. Was für ein Glück, dass sie nicht im achten Stock wohnt, sondern im zweiten. So konnte sie ihn jeden Tag durch die Gardine beobachten, ihm nahe sein, ohne dass er sie bemerkte. Bis sie wollte, dass er sie bemerkt. Seine Kollegen hatten auch ganz neidisch geguckt, als sie das Foto nur von ihm machte.

8:01 Uhr. Fernsehstimmen aus Mamas Schlafzimmer. Draußen tut sich nichts. Wo ist er nur und wieso kommt er nicht und holt seinen Bagger ab?

Nützt ja nichts, hier hinter der Gardine zu stehen. Dann schaut sie halt mal, wer sich gerade bei Jappy tummelt. Sie ist unter LottaP registriert. Musste sich ein Jahr älter machen, weil man bei Jappy erst ab 14 Zugang hat. Na und? Machen doch alle.

FressKekse hat neue Geschenke bekommen und *Teewurstknight* ist auf Flirtsuche. Witzig, die Jungs, aber zu kindisch. Mal schauen, wer sonst noch online ist. *PT007*, schon 18. Cool, der Typ ist seit Wochen ein Fan von ihr, bietet ihr immer wieder die Freundschaft an, aber bislang hat sie den abblitzen lassen. Hatte ja Käppi. Aber wenn er unbedingt will, soll er ihr mal was Schönes tickern.

Was ist dir meine Freundschaft wert?, schreibt sie.

Was willst'n haben?, antwortet er prompt.

Mindestens ein Kanu (:

Kanu? Kannst du Kanu fahren?

Ich will es lernen.

Cool, dann lass uns zusammen Kanu fahren. (:

Huch, der lässt sich ja schnell auf jeden Schrott ein. Kanu fahren, als würde sie in so ein wackliges Boot steigen! Sie hat Lust, ihn ein bisschen zu teasen.

Nur Baggerfahren ist geiler, schreibt sie.

Dann schenke ich dir einen Bagger (:

Poh, ey. Geil! Scheint ja echt witzig zu sein, der Typ. Leider kein Foto gepostet. Wieso nicht? Sie hat ziemlich viele in ihrer Galerie. Ob sie ihm die mal zeigen soll? Sind echt heiße dabei, mit Finger im Mund und so einem Fummeltop, was von den Schultern rutscht. Hat sie mit Jessi, ihrer Freundin, gemacht. Jessi hatte auch diese coolen Stay-ups. Und dann haben sie sich High Heels von ihrer Schwester ausgeliehen und in Stay-ups gepost. Jessi hat die Bilder noch ein bisschen mit Photoshop zurechtgestylt. Lippen voller, Hüften schmaler und Beine länger gemacht. Jessi wollte mehr Titten haben. Hat sich dann Körbchengröße D verpasst. Halleluja! Echt, da können die Weiber aus der Werbung mit versammelter Mannschaft abziehen!

Muss sie sich gleich noch einmal angucken, bevor sie den Neuen in ihre Fotogalerie lässt.

»Ela!« – Mama ruft. Sie soll jetzt endlich zum Arzt gehen und einkaufen.

»Muss nicht mehr zum Arzt. Mir geht es schon wieder besser. Doktor Hausmann glaubt mir eh nicht und ich will auch nicht in seinem verschimmelten Wartezimmer sitzen und mich da noch mit wer weiß was anstecken.«

Das versteht Mama. Das will sie auch nicht, und sie hat selber gesagt, dass sein Wartezimmer verschimmelt ist. Obwohl das gar nicht stimmt. Also geht Ela nur einkaufen.

Unten steht der Bagger, wie ein schlafendes Tier. Was, wenn sie bei Netto ist und genau in dem Moment Käppi kommt und seinen Bagger holt? Dann kann sie ihm nicht mal mehr Tschüs sagen. Nein. Sie muss in der Nähe bleiben und ein Auge auf die Baustelle haben – einkaufen kann sie später. Soll Mama eben noch mal die Stummel anrauchen. Macht sie ja sonst auch.

Ela setzt sich auf die Bank am Spielplatz. Von hier hat sie eine gute Sicht auf den Bagger. Kleine Kinder buddeln im Sand, Mütter sitzen zusammen auf den Bänken und rauchen. Tina Senftenberg ist auch dabei, eine aus dem Haus. Die ist mit 15 schwanger geworden, jetzt krabbelt ihr Sohn unter der Rutsche durch. Hasani Meyer ist der Vater, 16, und macht zurzeit mit Mandy Meretzki rum. Hat 'ne große Klappe und weint, wenn er sich ein Tattoo stechen lässt. Hat Jessi ihr erzählt und die weiß es von ihren Brüdern. Die hängen ja manchmal mit ihm ab. Ist doch ein Albtraum, von so einem schwanger zu werden. Nun sitzt Tina da mit ihrem Sohn, während Hasani bereits Mandy bearbeitet. Also eins weiß Ela ganz genau: Sie will erst Kinder haben, wenn sie verheiratet ist und ein schönes Haus hat und einen Mann, auf den man sich verlassen kann. Eine richtige Familie eben, mit richtigem Auto, mit dem man in den Ferien ans Meer fährt. Ela war noch nie am Meer. Auch noch nie Auto gefahren, nur Trabi.

Ihr Erster soll sie wie ein Prinz auf Händen tragen und um ihre Hand anhalten, mit richtigen Rosen. Plastikrosen gehen auch, aber nur, wenn er sie selbst auf dem Rummel geschossen hat. Niemals würde sie sich einfach so hingeben wie Tina. Die hat sich ja hinter Netto bei den Paletten abgreifen lassen. Jessi sagt, sie hätten es sogar im Stehen getrieben, zwischen Papierpaletten und Glascontainern. Ela will eigentlich gar nicht so genau wissen, wo und ob Tina es im Stehen getrieben hat. Ihr doch egal. Sie ist jedenfalls nicht so leicht zu kriegen, auch wenn sie schon viele hätte haben können, sogar mit zehn.

Jetzt ist sie 13 und die meisten in ihrem Alter sind längst keine Jungfrauen mehr und geben tierisch damit an, als wenn es so krass wäre, es sich machen zu lassen.

Warum kommt Käppi denn nicht? Sie kann doch nicht den ganzen Vormittag hier rumsitzen. Sie steht auf, geht am Spielplatz vorbei, auf die andere Seite der Baustelle. Sonja Kumradt kommt mit zwei vollen Plastiktüten um die Ecke gewankt. Die ist auch schwanger. So ein Scheiß, weil man mit der echt abfeiern konnte. Hat auch mit so einem hirnamputierten Spacko rumgemacht. Ist zwar gleich danach ein paarmal um den Block gelaufen wie eine Wilde, weil man ja angeblich dann nicht schwanger wird, hat aber nichts genützt. Dann wollte sie abtreiben, aber wusste nicht, wo und ob das was kostet, und dann hat sie den Termin verpennt. War plötzlich im siebten Monat. Sowas würde Ela nie passieren! Sie würde sich erst gar nicht mit solchen Typen einlassen. Sie sucht sich gleich einen richtigen Mann. Einen wie Käppi. Okay, der ist bestimmt schon Mitte zwanzig, aber Ältere steigen nicht nur über einen rüber, sagt Jessi, die wissen, wo's langgeht. Jessi weiß auch, wo's langgeht. Bei sechs größeren Brüdern kriegt sie einiges mit. Außerdem ist ihr Vater Türsteher in einem Puff auf der Reeperbahn.

Für Jessi muss ein Typ auch mehr haben als nur zwei Eier und einen Schwanz. Sie steht auf Cristiano Ronaldo, den Fußballstar von Real Madrid. Wenn ihr der mal über den Weg laufen würde … Alter, dann könnte sie für nichts garantieren! Ela steht auf Robert Pattinson. Käppi lächelt genauso süß wie Robert. Er war kürzlich sogar in Hamburg, zum Fotoshooting, in so einem Luxus-Hotel in der Hafencity. Sie wollte ja hinfahren, aber dann ist sie in der U-Bahn beim Schwarzfahren erwischt worden. Weil sie keinen Schülerausweis und auch sonst keine Papiere dabeihatte, musste sie mit zur Polizei kommen und da ewig warten, bis ihre Personalien überprüft wurden. Hat dann eine Anzeige gekriegt, weil es schon das vierte Mal war, dass sie beim Schwarzfahren erwischt worden ist. Hat sie Mama noch gar nicht erzählt, mal sehen, wie sie ihr das schonend beibringen kann, bevor sie einen Brief von den Bullen kriegt.

Dass Robert Pattinson auch nicht mal nach Jenfeld kommt, ist echt Kacke. Nach Jenfeld kommt überhaupt keiner, der berühmt ist. Schade, dass sie nicht in Blankenese wohnt oder in Hollywood. Da soll es ja von Stars nur so wimmeln.

Jessi und sie haben dann auf *Promiflash.de* erfahren, dass Robert P. bei Mädchen einen schönen Hintern sexy findet und gern einen versauten Roman schreiben will. Jessi und sie haben sich vor den Spiegel gestellt, sich die Hälse verrenkt und sich gefragt, ob er wohl ihre Hintern schön finden würde.

»Deinen bestimmt«, hat Jessi gesagt. »Der ist einfach geil.«

Ela findet ihren Hintern zu rund, aber Jessi meint, gerade darauf stehen die Männer. Lieber ein bisschen zu rund als nix dran, hat sie gesagt und ihre Brust rausgestreckt, die ohne Push-up eher flach ist. Obwohl, vielleicht kommt es auch gar nicht nur auf den Arsch und die Oberweite an. Wenn man sich wirklich liebt, dann guckt man sich eh nur in die Augen.

Ela wäre fast über einen kleinen Hund gestolpert. So eine nikotingelbe Zwergpudel-Mischung. Die Feddersen aus dem fünften Stock steht vor ihr, in pinkem Hausanzug und rissigen Gummiflipflops. In einer Hand das Handy, in der anderen eine Zigarette. Sie wartet, bis ihr Hund gekackt hat. Die kleine Daisy drückt den Hintern an einen dürren Baum und zittert wie verrückt.

»Sie ist erkältet«, sagt die Feddersen, dabei zittert Daisy immer. Wenn es kälter als 20 Grad ist, muss sie die Pullover anziehen, die die Feddersen ihr häkelt. Dann sieht der Hund aus wie eine haarige Klopapierrolle auf vier Beinen.

»Ich bin auch krank«, sagt Ela. »Kann heute nicht zur Schule.« Die Feddersen tritt mit einem Fuß die Kippe aus, hält das Handy vom Ohr weg und fragt, wie es ihren Geschwistern gehe.

»Gut«, sagt Ela. Es klopft in ihrem Hals. Scheiß Herz. Rast plötzlich los. Sowas von bescheuert. Ela weiß gar nicht, was das jetzt soll. Dieses blöde Herzklopfen und diese blöde Frage. Was soll sie schon sagen? Weiß ja nicht mal, wo ihre Geschwister hingebracht worden sind.

Nachdem das Jugendamt Mamas Erziehungsfähigkeit geprüft und diese Bindungsstörung bei ihr festgestellt hatte, waren sie alle weg und jeder Kontakt mit ihnen ist verboten worden. Aber sie haben es gut. Das sagt Mama, obwohl sie selber nicht weiß, wo sie sind, außer in irgendwelchen Pflegefamilien. Ela sollte auch weg, in eine Wohngruppe, aber sie hat sich gewehrt, sie lässt doch nicht ihre Mutter im Stich! Was, wenn sie wieder Zustände kriegt und allein ist? Das checken diese Sozitanten nicht. Ela ist ja kein Kind mehr, sie kann sehr wohl auf ihre Mama aufpassen, und sobald es ihr besser geht und sie eine Arbeit findet, ziehen sie in eine größere Wohnung und dann dürfen ihre Geschwister auch wieder zurück.

Wenn das mit Michelle nicht passiert wäre, wäre erst gar keiner vom Jugendamt gekommen und hätte Mamas Erziehungsfähigkeit untersucht.

»Ist bei euch wirklich alles gut?«, fragt die Feddersen.

Ela nickt. Ihr gefällt der Ton nicht. Niemals würde sie der Feddersen was anvertrauen. »Klar«, sagt sie, »Taylor, Eileen und Michelle kommen nächste Woche wieder«, obwohl das nicht stimmt, aber vielleicht wird es wahr, wenn sie es sagt.

Das Telefon der Feddersen klingelt. Seitdem sie ein echtes iPhone hat, geht sie immer raus zum Telefonieren, damit auch jeder sehen kann, dass sie eins hat. Jessi sagt, die Feddersen hat jede Menge Täuschungsanrufe programmiert, wer würde die sonst schon anrufen?

Daisy versucht, Erde auf die Kacke zu kratzen, trifft aber nicht. Sie hat einen Zopf mit einer rosa Spange. Der Zopf wackelt dabei. Um die Schnauze sind die gelben Haare braun und verklebt. Ela mag keine Hunde, sie ist schon zweimal gebissen worden. Sie hätte lieber eine Katze zum Schmusen oder ein Frettchen. Aber Tiere, sagt Mama, gibt es nicht.

Ela nimmt die Abkürzung durch den Heckengang. Sie muss dringend Tabak und Zigarettenhülsen einkaufen. Mama bringt sie sonst um. Und Äpfel. Und was noch? Sie greift in die Hosentasche. Zehn Euro. – Ach ja. Toastbrot. Da bleiben locker drei Euro übrig. Sie könnte sich einen Cheeseburger mit Pommes holen. Hat schon lange keinen mehr gehabt, muss Mama nur verklickern, dass sie dringend mal wieder eine warme Mahlzeit braucht, dann ist es schon okay. Seitdem ihre Mutter in so einer Sozi-Sendung gesehen hat, dass Hartz-IV-Kinder nie eine warme Mahlzeit kriegen, darf Ela manchmal sogar Königsberger Klopse oder Nasi Goreng kaufen und warm machen, damit sie sieht, dass es bei ihnen nicht so ist, wie es in der Zeitung steht.

Vor Burger King werden Luftballons verschenkt. Ein Mädchen lässt ihren los. Der rote Ballon steigt über das Haus, in den blauen Himmel. Das Mädchen legt den Kopf in den Nacken und schaut dem Ballon hinterher. Ela bleibt stehen. Als sie im Frühjahr mit Taylor auf dem Rummel war, hat sie ihm auch einen roten Luftballon gekauft, in der Form eines Ferraris. Zwei Euro hat das Scheißding gekostet. Und dann hat Taylor ihn losgelassen und der Ballon ist abgetrudelt, über die Buden und Bäume, hoch in den Himmel. Taylor hat geschrien wie am Spieß, hat sich da aufgeführt, nur wegen so einem blöden Luftballon. Sie musste ihren kleinen Bruder auf den Arm nehmen, aber auf dem Arm hat er gezappelt wie verrückt und hat sich voll nach hinten geworfen, sie konnte ihn kaum halten. Die Leute haben schon geguckt. Kaum zu glauben, dass ein Zweijähriger so ein Theater machen kann. Aber Taylor hatte ja immer schon solche Ausbrüche. Dann musste man ihn einfach festhalten und warten, bis es vorbei war. Als er dann völlig erschöpft, mit rotem Kopf, klitschnass vor Rotz und Tränen an ihrer Schulter klebte, seufzend nach Luft rang, war sein Luftballon bereits nur noch ein Punkt am Himmel – und ihre zwei Euro futsch.

Das Mädchen vor ihr kriegt gerade einen neuen Ballon in die Hand gedrückt. So einfach ist das. Wenn sie mal Kinder haben sollte, dann nur, wenn sie genug Geld verdient. Mit Geld kann man wirklich trösten. Wenn sie jetzt Geld hätte, würde sie sofort eine größere Wohnung mieten, mit drei oder vier Zimmern und die Geschwister zurückholen und ihre Mutter auf Kur schicken. Da war sie ja auch schon mal und es ging ihr auch besser, als sie wiederkam, aber leider hielt es nicht lange an. Wenigstens hat sie Tabletten gegen ihre Traurigkeit. Diese Heulerei war ja nicht mehr auszuhalten.

Plötzlich hört sie Motorengeräusche. Aber nicht irgendwelche. Der Bagger! Sie rennt über die Fahrbahn, am Dixi-Klo vorbei – es stinkt wie immer, aber es stört sie nicht mehr, denn sie weiß ja, wer es benutzt. Sie reckt den Kopf. Der Bagger dreht sich, fährt ein bisschen vor und zurück. Endlich sieht sie den Fahrer. Ja. Er ist es. Käppi! Er darf nicht einfach so verschwinden!

Ihr Herz klopft bis in den Hals.

Sie rennt über die neu gepflasterte, noch nicht freigegebene Straße. Sie muss ihn anhalten, aber was soll sie ihm sagen?

Sie stellt sich vor den Bagger, hebt die Arme und ruft: Halt!

Er hält an. Guckt sie an.

»Kann ich ein Stück mitfahren?«

Er versteht nicht gleich. Der Motor ist zu laut.

»Bitte, nehmen Sie mich ein Stück mit? Mein Bein …«

Sie weiß auch nicht, was mit ihrem Bein ist. Es ist auch gar nicht nötig, dass etwas mit ihrem Bein ist. Er schmunzelt jetzt. War doch gut, dass sie einen auf Beinverletzung gemacht hat.

»Was ist denn mit deinem Bein?«

»Ach, nichts.«

Mann, was lächelt der süß. Genauso schüchtern wie auf dem Foto. Kapiert endlich, dass sie mitfahren will.

Er hält an.

»Okay. Aber nur ein Stück.«

Sie steigt auf.

Gar nicht so einfach, auf einen Bagger zu klettern. Es ist kein Platz für einen Beifahrer. Sie stellt sich neben die Sitzschale. Er ist ganz rot im Gesicht, unter seinem Käppi. Sieht von Nahem anders aus, irgendwie erwachsen. Zu alt. Hat das ganze Gesicht voller Bartstoppeln. Oben rechts fehlen ihm Zähne. Die kann man nachmachen lassen.

»Wo willst du denn hin?«, ruft er, damit sie ihn versteht.

»Da hin«, sagt sie und zeigt »da hin.«

»Ich fahre aber da hin.« Er zeigt in die andere Richtung.

»Gut«, ruft sie. »Dann fahr ich mit.«

Seine Hände sind groß, die Haut auf den Knöcheln aufgeschrammt, die Fingernägel kurz und rissig. Der Daumennagel ist blau. Da hat er sich wohl mit dem Hammer draufgehauen. Er riecht nach Zement.

Sie fahren über die Straße, überqueren den Öjendorfer Damm. Wahnsinn, wie sie in den Autos alle gucken, aufpassen, weil da ein Bagger kommt.

Er wippt beim Fahren, sie wippt auch. Das kommt von der Vibration, die vom Motor ausgeht. Und es ist tierisch laut. Sie könnte schreien vor Glück. Käppi guckt auf die Straße und achtet auf den Verkehr. Er passt auf, dass ihr nichts passiert. Guckt auf ihre Hände, ob sie sich auch gut festhält. Am liebsten würde sie ihn umarmen. Gegenüber von KiK hält er an, schaltet den Motor aus.

»Du musst jetzt aussteigen.«

»Wo fahren Sie hin?«

»Ich muss den Bagger wegbringen.«

»Und wohin?«

»Ach«, sagt er und winkt ab. »Du musst jetzt aussteigen.«

»Schade«, sagt sie. Er hält an.

Es hat sich noch nie so geil angefühlt, irgendwo auszusteigen. Nicht aus der Achterbahn und nicht aus dem Trabi von Werner Laskowski, dem notgeilen Hausmeister aus dem fünften Block. Der ist mit ihr und Jessi mal durchs Jenfelder Moor gehoppelt, das war schon nicht mehr schön. Wollte sie dann mit Jägermeister abfüllen und befummeln, der alte Sack. Aber Jessi und sie sind in einer scharfen Kurve aus dem Trabi gesprungen und nach Hause gelaufen.

Der Bagger brummt im Leerlauf, Käppi lächelt sie an.

Sehen wir uns wieder?, würde sie ihn gern fragen, aber sowas fragt man nur im Film. Er ist ja nicht Robert Pattinson. Sie steigt aus und bedankt sich. Wünscht ihm alles Gute auf der neuen Baustelle. Mein Gott, kann sie höflich sein! Da könnte sich Mama echt eine Scheibe von abschneiden.

»Wo ist denn die neue Baustelle?«

»In Blankenese«, ruft er, legt den Gang ein und tuckert ab.

Wow, Blankenese. Da steht ihr Haus. Mit Garten und Swimmingpool und diesen Gasdingern auf der Terrasse, damit man auch im Winter draußen sitzen kann.

Werden wir uns wiedersehen? Die Frage kräuselt sich in ihrem Kopf wie starker Wind einen Ententeich. Genauso fühlt es sich an, als hätte sie eine Oberfläche im Kopf und darauf kitzelt es, Sternschnuppen rieseln durch den Hals und die

Brust hindurch wie Schnee und legen sich kalt auf ihr Herz. Sie muss jetzt rennen, damit ihr Herz nicht einfriert, sonst bleibt es stehen.

Völlig außer Atem kommt sie bei Netto an. Vor dem Laden liegen ein paar Penner. Sie kennt sie vom Sehen, sie streunen schon länger hier in der Gegend rum. Einer trägt einen riesigen Schlapphut. Wenn er nicht gerade völlig zugedröhnt ist, guckt er manchmal hoch, ihr direkt in die Augen und dann meint sie, was zu sehen, in seinen Augen. Was, weiß sie auch nicht, aber es sind Ideen, die wieder wegflutschen, so schnell wie Kaulquappen einem von der Hand hüpfen. – Sieht eigentlich genauso aus wie Taylor, der Typ – oder Taylor wie er. – Sein Vater?

Es wird ja viel gemunkelt und viel Scheiß erzählt. Mama sagt nichts dazu. Weder über Taylors Vater, noch über Eileens Vater und erst recht nicht über Michelles. Alles »Zufallsbekanntschaften«, also Männer, die Mama zufällig über den Weg gelaufen sind. Nur mit Elas Vater war noch alles anders. Sie haben sich richtig geliebt, waren ein Paar. Einer, der Arbeit auf einer Baustelle hatte. Ela kann sich nicht mehr an ihn erinnern. Leider gibt es auch keine Fotos von ihm und Mama hat auch keine Ahnung, wo er wohnt, weiß nur, dass er als Maurer arbeitslos wurde und dann in eine andere Stadt gezogen ist. Wenn Ela fragt, warum denn, wird Mama unruhig. »Das war eben so. Frag doch nicht so blöd«, sagt sie und will nicht mehr darüber reden.

»Aber ich würde ihn gern mal kennenlernen.«

»Nein, das würdest du nicht. Ist auch nur ein Schwein. Wie die anderen, zahlt keinen Cent.« Und dann ist wieder Funkstille.

Ela ist noch ganz benommen von der Baggerfahrt. Muss sie Jessi nachher unbedingt erzählen.

Zu Hause kommt ihr Mama auf dem Flur entgegen. Haare zerzaust und total fettig, graues T-Shirt, graue Jogginghose, fleckig, verschwitzt, unter dem Bündchen ein Brandloch. Da ist sie mal mit brennender Kippe eingeschlafen. Sie hat die Sachen bestimmt schon eine Woche lang an, Tag und Nacht. Ela legt ihr manchmal neue Sachen raus. Mama selber kommt selten auf die Idee, die Klamotten zu wechseln.

Jetzt geht sie ins Bad, duschen. Zum Glück. Wenn Mama frisch geduscht ist, sieht sie gut aus, mit ihren langen, braunen Haaren, dann könnte Ela glatt versuchen, mit ihr rauszugehen, wenigstens einmal nach unten, bis zum Parkplatz. Auf keinen Fall zum Spielplatz. Das erträgt Mama nicht, all die kleinen Kinder zu sehen und ihre sind nicht dabei. Mama ist schon seit Wochen nicht mehr draußen gewesen. Sie hat Angst, sie kommt nicht mal bis in den Fahrstuhl, dann fängt sie am ganzen Körper an zu zittern und bekommt Schweißausbrüche und muss sofort in die Wohnung zurück. Dort verkriecht sie sich wieder ins Bett und steht tagelang nicht mehr auf. Mama will nicht mehr zum Arzt und der Arzt kommt nicht ins Haus. Da muss schon was Schlimmeres passieren, sowas wie mit Michelle letzten März. Da kam sogar der Krankenwagen.

Mama duscht und Ela steckt Toast in den Toaster, stellt zwei Teller auf den Wohnzimmertisch, holt Schokocreme und Margarine aus dem Kühlschrank, brüht Kaffee auf, stellt den Fernseher im Wohnzimmer an. Mama erträgt es nicht, wenn er aus ist. Sie kommt frisch aus der Dusche, freut sich, dass sie mit Ela frühstücken kann. Dann ist es fast so wie in einer richtigen Familie. Wenn nur ihre Geschwister schon wieder da wären. Aber dafür ist Mama noch nicht stabil genug. Auch wenn sie jetzt froh ist und in einer Tour redet und macht und tut, kann ihre Stimmung in der nächsten Minute schon wieder umkippen. Trotz der Tabletten.

Sie machen es sich so richtig schön gemütlich. Mama riecht nach Pfirsichshampoo und sieht auch nicht mehr so blass aus, nach dem Duschen. Sie trägt eine Jeans und einen roten Kapuzenpulli. Das ist schon mal ein gutes Zeichen, in solchen Klamotten geht sie nicht gleich zurück ins Bett.

Nach dem Frühstück räumt Ela das Geschirr ab und sie rauchen erst mal eine. Mama gibt ihr Feuer, sagt, dass sie gleich das Bett frisch bezieht. – Auch ein gutes Zeichen. Ela will staubsaugen. Mamas Augen glänzen. »Ich könnte auch die Fenster und das Bad putzen.«

»Na, nun übertreib mal nicht.«

Sie wirbeln durch die Wohnung. Mama mit frischem Bettzeug, Ela mit dem Staubsauger. Als sie fertig ist mit Saugen, hört sie nichts mehr. Alles ist still, bis auf das Fernsehgequatsche im Wohn- und Schlafzimmer. Sie weiß, warum, aber will es nicht wahrhaben: Mama liegt doch wieder im Bett. Die schmutzigen Laken und Bezüge türmen sich neben der Schlafzimmertür. Der Aschenbecher, ausgeleert, steht neben ihr auf der Matratze. Die Vorhänge sind schon wieder zugezogen. Mama raucht.

»Muss mich nur ein bisschen ausruhen«, sagt sie und starrt auf den Fernseher. Es läuft gerade *Baywatch* auf RTL2, – die *Rettungsschwimmer von Malibu*. Die sieht Mama am liebsten. Wenigstens hat sie sich nicht bis obenhin zugedeckt.

»Lass mich jetzt mal in Ruhe«, sagt Mama, ohne aufzusehen.

Ela putzt noch schnell das Bad, geht dann an den Computer und guckt, wer bei Jappy online ist. Jessi nicht, auch nicht ihre anderen Kumpels. Sind wahrscheinlich noch in der Schule. Ist ja auch erst kurz vor eins. *PT007* antwortet ihr.

Hier, Süße, kriegst einen Löwen, weil du stark und klug bist (:

Woher weißt du, dass ich stark und klug bin?

Weil ich das auf deinem Foto sehe. Zeigst du mir noch mehr?

Okay. Zeigt sie ihm auch die heißen aus ihrer Fotogalerie. Ihr Herz klopft. Es ist fast so, wie auf den Bagger zu klettern. Was wird er sagen? Schon nach fünf Minuten meldet er sich wieder.

Wahnsinn. Du bist echt süß.

Schick du mal ein paar Fotos von dir.

Später. Lass uns erst noch etwas chatten. Was machst du, außer stylen, chillen und chatten?

Schon komisch, wie der redet. Als hätte er die Wörter gerade erst gelernt.

Nichts. Und du?

Ich träume von einer Prinzessin (:

Nee, wirklich?

Ja. Ich bin nämlich ein Prinz.

Boah, was ist das denn für ein Gesülze!!!

Das ist ihr jetzt so rausgerutscht. Er schreibt:

Bist du gar nicht romantisch????

Doch. Total!!!

Und was hast du gegen Prinzen?

Nix. Aber die gibt es doch nur im Märchen.

Ist dein Leben kein Märchen?

Ihr Leben? Ein Märchen? Ihr schwirrt der Kopf. Darüber hat sie noch nie nachgedacht.

Ich weiß nicht. Hier sieht es nicht gerade märchenhaft aus, wo ich wohne.

Beschreib mal.

Jenfeld halt. Häuser, Parkplätze, Einkaufszentrum, Sportanlage, große, volle Straßen ...

Du musst das positiver sehen.

Häh? Wie bist du denn drauf?

Positiv. Ich bin dein Prinz (((:

MEIN Prinz???? Dann zeig dich mal!

Es kommen tatsächlich Fotos. Drei Stück. Eins mit einem Typen auf einem Pferd. Irgendwie sieht es altmodisch aus. Der Junge sitzt auf dem braunen Pferd ohne Sattel, nur mit Jeans und freiem Oberkörper. Sie kann nicht erkennen, ob er ein Sixpack hat. Ansonsten: kurze, dunkle Haare. Schlank. Schick. Er grinst in die Kamera. Auf dem zweiten Foto steht er neben dem Pferd und grinst wieder in die Kamera. Von vorn sieht er nicht so cool aus wie von der Seite. Und auf dem dritten Foto sitzt er vor einer Leitplanke mitten auf einer einsamen Landstraße, mit einer Flasche Bier in der Hand. Er trägt ein Cap. Nur sein Grinsen ist zu sehen.

Cool. Wo kommtn das Pferd her?

Ausm Stall ;-)) Die Fotos sind schon älter.

Sieht man. Aus der Steinzeit? ;)

Du bist ganz schön frech. Aber das mag ich. Deshalb schenk ich dir jetzt was.

Auf ihre Seite rauscht ein gelber Bikini. Der lässt ja echt ein paar Jappy-Credits für sie springen. Geil!

Für meine Süße. Steht ihr bestimmt super. Bei der tollen Figur! (:

Danke. Findest du wirklich, dass ich eine tolle Figur habe?

Ja, total! Du hast eine Traumfigur! Alles passt. Deine braunen, schulterlangen Haare passen zu deinen starken Schultern. Womit wäschst du dir die Haare? Mit Pfirsichshampoo? Dann deine Kurven, von Busen über Bauch und Beine. Oh la la!

Der Typ ist ja echt abgefahren!

Hör mal, Prinz 007, wieso schmalzt du hier eigentlich so rum?

Ich bin eben romantisch veranlagt :) Hab ich doch schon gesagt.

Krass. Wem gehörtn das Pferd?

Mir.

Du hast ein Pferd?

Ja. Ich bin ein Prinz. Hab ich auch schon gesagt.

Redest aber wie ein Lehrer. Wie heißt denn dein Pferd?

Caramello. Ein Hengst. Hab ich selbst eingeritten.

Wow. Echt jetzt?

Komm doch mal vorbei und schau es dir an. Es frisst dir aus der Hand :))

Wo wohnst du denn?

In Blankenese. Du darfst auch mal reiten.

Sag mir erst, wie alt die Fotos sind.

Erst würde ich dir gern noch ein Foto von meinem Haus schicken. Wartest du kurz?

Du hast ein eigenes Haus in Blankenese?

Ja. Eine Villa mit Garten.

Und da steht dein Pferd?

Ja. Ich geh mal kurz raus und schieß ein paar frische Fotos.

Es klingelt an der Tür. – Blankenese … Ela geht hin, macht auf. Es ist der Briefträger mit einem Einschreiben. Ach du Scheiße! Der Brief von der Polizei, wegen dem Schwarzfahren. Mama muss unterschreiben. Sie bringt ihr den Brief. Mama unterschreibt und legt den Brief auf den Nachtschrank. Da liegen schon Briefe, alle ungeöffnet, Telefonrechnungen, Stromrechnungen, Mitteilungen vom Jugendamt. Zum Glück macht sie diesen Brief auch nicht auf. Sie fasst sich an den Kopf – das Zeichen, dass Ela die Tür zumachen und Mama ganz in Ruhe lassen soll. Wenigstens hat sie vorhin zwei Toasts gegessen und ihre Tabletten genommen. »Ich mach uns heute Abend Spiegeleier, ja?«, ruft Ela und rennt in ihr Zimmer zurück. Spiegeleier sind eine Spezialität von ihr.

Ein kurzer Blick aus dem Fenster. Kein Traum, der Bagger ist wirklich weg. Wahrscheinlich wird sie Käppi nie wiedersehen.

Ich muss dir was gestehen, schreibt der neue Prinz.

Was denn?

Ich bin schon ein bisschen älter als 18.

Wie alt biste denn?

24. Aber auf den Fotos war ich 18.

Wusste ich doch, dass die Fotos nicht die neuesten sind. Macht aber nichts.

Echt nicht?

Nö. Steh eh nicht auf Babyfaces.

Ich sag ja, du bist nicht nur schön, sondern auch klug. Weißt eben, worauf es ankommt. Deshalb schenk ich dir noch was.

Das Jappy I LOVE YOU-Logo rieselt auf ihren Bildschirm. Sie schickt ihm einen Smiley. Muss jetzt erst mal aufs Klo. Ist ihr alles etwas auf den Magen geschlagen. Und dann unbedingt mit Jessi reden.

I LOVE YOU – I LOVE YOU – I LOVE YOU – Mann, hört sich das geil an! So ein Jappy-Geschenk hat sie erst einmal gekriegt, von *Tintenkiller*, aber der war nur ein Großmaul und außerdem noch ein Kind.

Am Nachmittag holt sie Jessi ab. Jessi hat Stress mit ihrer Mutter. »Ich soll mein Zimmer aufräumen. Die hat echt einen an der Klatsche. Mein Zimmer ist aufgeräumter als der Rest der Wohnung.« Jessi muss noch ein bisschen Dampf ablassen, bis Ela ihr von Prinz 007 erzählen kann. Jessi kapiert nicht so schnell.

»Und was ist mit Käppi? Sein Bagger ist weg.«

»Stell dir vor, er hat mich ein Stück mitgenommen.«

»Erzähl keinen Scheiß!«

»Nee, wirklich. Ich durfte mitfahren, bis zum Öjendorfer Damm.«

»Wie, echt jetzt?«

»Ja, du weißt doch, dass ich dich nicht anlüge.«

»Ja. Gut. Dann verklicker mir doch endlich, wer dieser komische Prinz ist.«

Die beiden verdrücken sich hinter die Sportanlage. Auf dem Platz bolzen Yaaba, Chandu und Spucki mit noch ein paar Jungs. Sie rufen was rüber. Jessi zeigt ihnen den Stinkefinger und steckt sich eine Zigarette an, inhaliert tief, gibt sie an Ela weiter. Sie haben nur eine.

»Ich hab jetzt einen richtigen Freund«, sagt Ela. »Einer, der mich wirklich liebt.« Und dann schwärmt sie von dem Pferd und dem Haus in Blankenese, und wie geil es ist, so schnell Ersatz für Käppi zu haben, denn der ist ja nun erst mal weg vom Fenster. Vielleicht trifft sie ihn ja in Blankenese wieder, wenn sie ihren Prinzen besucht.

Jessi schnippt die Kippe weg. »Das glaubst du doch wohl nicht alles.«

»Ist doch egal. Ich will ihn jedenfalls kennenlernen.«

»So einen alten Macker?«

»Seit wann findest du reife Männer uncool?«

»Ich weiß nicht, Ela. Latsch auf jeden Fall nicht alleine los, wenn du den besuchen solltest. Damit haben die uns doch schon in der Grundschule vollgelabert, dass man mit Kontakten aus dem Internet vorsichtig sein soll.«

Ela guckt Jessi von der Seite an. Fehlt nur noch der erhobene Zeigefinger. »Ey, chill mal, du redest ja wie 'ne olle Sozitante vom Jugendamt!«

Sie gucken noch, ob sie irgendwo leere Flaschen finden, um sich vom Pfand ein Eis zu kaufen, aber hier in der Gegend liegen um diese Zeit keine Pullen im Gebüsch. Das haben »die Pflücker« schon abgegrast, die Säufer, die ab Mittag mit ihrem Einkaufswagen unterwegs sind. Aber Ela und Jessi haben Glück. Hinter der Turnhalle stehen drei leere Flaschen River-Cola neben zwei Wodka-Pullen. Dafür kriegen sie nichts, aber die Cola-Flaschen bringen bei Aldi 75 Cent. Dafür kaufen sie sich eine Rolle Mentos und am Kiosk drei Tüten Ahoi-Brause. Jessi wälzt ein angelutschtes Mentos im Brausepulver und steckt es dann in den Mund, lutscht die Brause ab und spuckt es wieder in die Handfläche. Ela macht es ihr nach. Echt lecker. Aber nun kleben ihre Hände und sie will sie nicht an der Jeans abwischen.

Der Springbrunnen am Spielplatz ist schon seit dem Sommer abgestellt, weil irgendjemand Waschpulver reingekippt hat und er völlig übergeschäumt ist. Um ins Moor zum Ententeich zu gehen, hat Ela keine Zeit. Sie will nach Hause, so schnell wie möglich, um mit ihrem Prinzen zu chatten.

»Komm doch noch mit zu mir«, sagt Jessi.

»Nee, geht echt nicht. Ich muss nach meiner Mutter gucken. Die ist gerade nicht so gut drauf.« Dagegen kann keiner was sagen, nicht mal Jessi. Sie verabschieden sich und gehen mit klebrigen Händen nach Hause.

Als sie am Spielplatz vorbeikommt, läuft ihr ein schreiendes Mädchen über den Weg. Sie hat genauso blonde, lange Haare wie ihre Schwester Michelle vor dem Unfall im März. Sie schreit und schreit und plötzlich sieht Ela sich mit Michelle in der Küche stehen, Michelles Haare brennen, ihr Kleid, und Mama geht wie eine Schlafwandlerin über den Flur, hustet und röchelt und sackt vor der Küchentür zusammen. Wie das raucht und stinkt! Ela hat eine Decke geholt und sie über Michelle geworfen, die Flammen damit gelöscht. Sie hat dann auch den Krankenwagen gerufen, der Michelle und Mama mitgenommen hat. Mama, weil sie zu viele Tabletten auf einmal geschluckt hatte und Michelle wegen den Verbrennungen am Kopf, am Hals und an den Händen. Sie hatte mit Mamas Feuerzeug gespielt. Zum Glück sind die Verletzungen gut verheilt. Nur ihr linkes Ohr ist jetzt verschrumpelt.

Ela fasst das schreiende Mädchen an die Schulter. »Was hast du denn?« Aber das Mädchen schluchzt weiter, mit offenem, zitterndem Mund. Spucke läuft ihr übers Kinn. Vom Parkplatz kommt ein Junge gerannt, Steven Knobloch, Ela kennt ihn vom Sehen. Der ist ganz nett. Er nimmt das Mädchen auf den Arm und tröstet es. Ela wusste gar nicht, dass er noch eine kleine Schwester hat. Sie ist noch ganz benommen, weil das Bild wieder vor ihren Augen klar aufgetaucht war, was sie sich so gern aus dem Kopf reiben würde: die brennende Michelle.

Zu Hause geht Ela erst mal ins Bad. Es riecht noch schön sauber. Mama liegt auf dem Bett und raucht, der Fernseher läuft. Ela muss zweimal rufen, bis Mama merkt, dass sie wieder da ist. Aber ihre Stimme hört sich gut an. Wenn Mamas Stimme so klingt, steht sie heute vielleicht sogar noch mal auf. Und dann essen sie zusammen Spiegeleier. Sie würde dazu noch Pommes in den Backofen tun.

Sie geht ins Kinderzimmer und einen Augenblick ist ihr, als säße Taylor auf dem Boden und Eileen und Michelle spielten an der Wii. Es gibt ihr einen Stich in die Brust. Niemand da, außer ihr. Vielleicht sollte sie mal lüften. Unten räumt gerade ein Fahrzeug das Dixi-Klo weg. Jetzt ist nichts mehr von der Baustelle übrig. Eine Mutter schiebt einen Kinderwagen quer über die neuen, gepflasterten Steine.

Na, da bist du ja endlich! Hab schon Sehnsucht nach dir gehabt. Wo warst du denn?

Bei meiner Freundin, Jessi.

Ist das die andere auf den Fotos?

Ja. Wie findest du sie?

Nicht so süß wie dich.

Und schon fliegt wieder ein fettes, rotes I LOVE YOU auf ihren Schirm.

Wenn du mir verrätst, wo du genau wohnst, schick ich dir ein echtes Geschenk.

Ihr Herz klopft. Der geht ja ran. Aber sie kann ihm doch nicht ihre Adresse verraten. Dass sie in Hamburg-Jenfeld wohnt, weiß er ja.

LottaP?????? Bist du noch da????

Du darfst ruhig Lotta zu mir sagen, Prinz 007 (:

Es war übrigens doof, dich nach deiner Adresse zu fragen.

Ela kriegt schon einen Schreck. Sag bloß, der macht jetzt einen Rückzieher?

Sag mir einen Ort, wo ich mein Geschenk für dich hinterlegen kann, und dann kannst du es von dort holen.

Nein. Zum Glück nicht. Scheint ja ehrlich zu sein.

Als Beweis für meine Liebe.

Ela ist ganz taumelig. Mama ruft. Sie hört schon an der Stimme, dass sie den Brief aufgemacht hat, wegen der »Beförderungserschleichung«, so nennen die Bullen das Schwarzfahren. Mist. Jetzt kann sie sich erst mal was anhören. Mama legt gleich los: »Du bist aber auch echt zu blöd! Ich kenn keinen, der sich so oft beim Schwarzfahren erwischen lässt als du. Was meinste, was das wieder kostet!« Mama schimpft und hustet, weil sie sich so aufregt. »Du bist echt nutzlos. Dumm wie Brot!«

Ela hat keinen Bock auf Streit. Und sie sagt ihr auch nicht mehr, wenn es statt »als« »wie« heißt.

»Wer hier wohl dumm ist«, murmelt sie und geht.

»Wie bitte? Auch noch frech werden, oder was?«, brüllt Mama ihr hinterher. Die beruhigt sich gleich wieder. Ist ja viel zu schwach zum Keifen.

Am Abend schenkt Ela ihr zur Versöhnung einen Lippenstift, den knallroten, eigentlich Jessis, aber Ela durfte ihn behalten, nach der letzten Fotosession. Der Lippenstift soll den Abend retten. Mama hat den Brief von der Polizei auch schon wieder vergessen.

»Guck mal, Mama, der hat dieselbe Farbe wie dein Hoody. Mach mal drauf.« Ela gibt ihr einen Handspiegel. Mama malt sich die Lippen rot. Steht ihr wirklich gut. Dazu ihre frisch gewaschenen Haare. Cool! Findet Mama auch. Sie erhebt sich sogar und stellt sich vor den Spiegel im Flur. Irgendwie ist ihr Bauch auch nicht mehr so dick. Sie ist im Ganzen etwas dicker geworden, leicht aufgeschwemmt. Das kommt von den Medikamenten. *Antidepressiva*. Na und. Immer noch besser als »Zustände«.

»Du siehst gut aus«, sagt Ela, damit Mama erst gar nicht anfängt zu jammern. Sie konnte sich die letzte Zeit nie im Spiegel ansehen, ohne einen Nervenzusammenbruch zu kriegen, schließlich war Mama früher, als sie noch keine Kinder hatte, eine schöne Frau. Das sagt sie jedenfalls immer, wenn sie sich im Spiegel sieht. Zum Glück jetzt nicht. Ela kann das nicht hören. Sie stellt sich hinter Mama, krempelt ihr die Jeans einmal um, bringt ihr einen Gürtel von sich, darf sogar den Gürtel in die Schlaufen ziehen. So nah war sie schon lange nicht mehr an ihrer Mutter dran. Würde sie gern umarmen, hat jedoch Angst, dass Mama sie dann wegschubst. Aber so ist es auch gut. So gut war es schon lange nicht mehr.

Mama kommt später sogar mit ihr ins Kinderzimmer. Muss schlucken, als sie die leeren Stockbetten sieht, die Kuscheltiere von den Kleinen. Sie wird blass, beißt sich auf die Lippen. Geht zum Fenster, stützt sich an der Fensterbank ab. »Die Baustelle ist ja weg«, murmelt sie. »Wenigstens kein Krach mehr. Wenigstens das.«

»Guck mal«, sagt Ela und zeigt ihr die Fotos von Prinz 007 auf seinem Pferd. Mama ist früher selbst geritten, bei ihrer Oma, auf dem Land. Mama kommt zum Computer.

»Das ist ein Adeliger«, sagt Ela und zeigt auf Prinz 007.

Mama tippt sich an die Stirn.

»Nee, wirklich, ein echter Prinz.«

Mama prustet los. »Klar«, sagt sie, »sieht man sofort!«, und lacht. Wahnsinn, wie Mama lacht. Mit ihren schönen, roten Lippen. Wann hat Mama das letzte Mal so gelacht? Es ist wie Musik. Ela kann nicht genug davon hören. Vielleicht wird nun alles besser, jetzt, wo Mama wieder lacht. Dann kommt sie bestimmt wieder auf die Beine. Prinz 007 bringt Glück! Ela guckt auf die Uhr. Um 18 Uhr kann sie ihr Geschenk abholen, aber das erzählt sie Mama nicht. Die möchte sich nur noch ein bisschen hinlegen, verspricht, zum Abendbrot ins Wohnzimmer zu kommen.

Sie hat ihm den Getränkemarkt vorgeschlagen. Hinten, wo die Kisten stehen, gibt es einen Trampelpfad in ein Wäldchen. Gleich rechts steht eine riesige Kastanie, die hat ein Loch im Stamm, über den Wurzeln. Da passen locker zwei Plastiktüten rein. Sie hat dort schon öfter Flaschen und Zigaretten mit Jessi versteckt. Nur sie beide kennen den geheimen Ort. Und nun auch der Prinz. Ob er wirklich kommt? Was er ihr da wohl reinlegt?

Halb sechs. Sie könnte schon mal langsam losgehen, sich bei den gestapelten Kisten verstecken und ihn beobachten.

Als sie unten über den Parkplatz geht, bleibt ihr schon die Luft weg. So aufgeregt ist sie. Verrückt, wie das Herz sich aufspielen kann, wenn es spannend wird. Sie guckt sich um, sieht keinen, auch nicht auf dem Trampelpfad. Im Wäldchen nur ein Fahrradfahrer. Niemand am Baum zu sehen. Sie bleibt in Deckung. Wartet. Jetzt ist es schon fünf vor sechs. Vier vor sechs. – Drei, zwei, eins – Sechs. Besser, sie geht hinter das Gebüsch. Sie kann sich nicht rühren, ist wie festgewachsen, lugt durch die Zweige. Was, wenn er zu spät kommt? Macht ja nichts, kann er ja. Vielleicht sollte sie ihn auch nicht beobachten, sonst passiert noch sowas wie in dieser Geschichte von den Heinzelmännchen, die in der Nacht die ganze Arbeit für die Menschen verrichtet haben. Da ist eine Frau ja auch neugierig gewesen und wollte wissen, wie die Heinzelmännchen aussehen, und hat Erbsen auf die Stufen gestreut. Davon sind sie ganz böse die Treppe runtergefallen und nie wiedergekommen. Seitdem müssen die Menschen alle Arbeiten selber machen. Ela will auf keinen Fall, dass jetzt etwas passiert und ihr Prinz nicht kommt, nur weil sie so neugierig ist. Also weg hier! Sie läuft gebückt in die andere Richtung, bis zu den Schrebergärten. Da kann sie in Ruhe verschnaufen. Und überlegen, wie lange sie nun warten soll, bis sie ganz normal zum Baum geht und nachschaut.

Länger als zehn Minuten hält sie es nicht aus. Es ist immer noch niemand zu sehen. Sie geht schnurstracks zum Baum. Da schimmert was in dem Loch. Sie fasst hinein, zieht eine rote Plastiktüte heraus, öffnet sie, findet noch eine Plastiktüte und darin: Weiße Turnschuhe. Sie fasst es nicht. Echte *Air Max* von *Nike*. Wahnsinn! Ausgerechnet die. In Weiß! Die kosten 130 Euro!

Sie sieht sich um. Eine Frau auf einem Rad fährt vorbei.

130 Euro!

Sie steckt die Schuhe wieder in die Tüte und rennt mit ihr über den Parkplatz vom Getränkemarkt.

130 Euro! Das glaubt ihr keiner, dass sie die geschenkt bekommen hat. Und sie passen wie angegossen!

Sie ist völlig außer Atem, als sie in die Wohnung kommt. Geht sofort ins Kinderzimmer. Nanu, da sitzt ja Mama am Computer, mit frisch nachgezogenen, roten Lippen.

»Hey, du bist aufgestanden. Cool!«

»Wollte nur mal gucken, wer gerade so online ist.« Ihre Augen leuchten. Sie loggt sich aus, sagt: »Ich hau mich noch ein bisschen hin.« Sie geht aus dem Kinderzimmer. Ela setzt sich an den Computer. Der Stuhl ist noch warm, von Mama. Prinz 007 wartet bereits auf sie. Kann unmöglich schon wieder in Blankenese sein. Hat bestimmt ein iPad, womit er sich von überall einloggen kann. Wie geil!

Er fragt LottaP:

Ich hoffe, die Air Max gefallen dir?

Ja. Total. Woher wusstest du, dass ich mir genau solche wünsche?

Ach, die wünschen sich doch alle!

Ich bin aber nicht alle!

Natürlich nicht, Prinzessin. Jessi und du habt doch über nichts anderes geredet.

Du meinst, bei Jappy?

Ja. Ich kenn dich ja noch nicht persönlich, aber ich habe ein Gefühl für das, was dir guttut.

Ela beißt sich auf die Lippe. Heißt das, dass er sie schon länger bei Jappy beobachtet hat? Muss ja sein, denn sonst wüsste er nicht, dass sie und Jessi so scharf auf die *Air Max* sind.

Was weißt du denn sonst noch über mich?

Das kann ich dir ja alles erzählen, wenn du zu mir kommst. Caramello möchte dich auch endlich kennenlernen. Ich habe ihm schon viel von dir erzählt :)

Ich will aber jetzt wissen, was du weißt. Wenigstens ein Beispiel.

Du wohnst mit deiner Mutter in der Brunsbütteler Straße. Ich weiß auch, welches Haus und welche Wohnung. Und wenn du willst, hole ich dich morgen ab. Und dann lade ich dich auf ein Eis ein. Man soll ja nicht mit Fremden mitgehen ;-) Wenn du willst, kannst du deine Freundin mitnehmen. Du wirst sehen, bald sind wir uns nicht mehr fremd. Ich spüre es – wir passen zusammen.

Jetzt bleibt ihr tatsächlich die Luft weg. Und genau in dem Moment, in dem Mama ruft, rieselt wieder ein fettes, rotes *I LOVE YOU* auf ihren Bildschirm.

Mama hat Hunger! Das hat es ja schon lange nicht mehr gegeben.

Die Spiegeleier gelingen Ela heute nicht so gut, ihre Hände sind zu zittrig. Bei zweien läuft das Eigelb aus. Mama sitzt im Wohnzimmer vor dem Fernseher und merkt das gar nicht. Sie isst den ganzen Teller leer. Wahrscheinlich hätte Ela auch die neuen Schuhe anlassen können und Mama hätte nichts davon mitgekriegt. Sie erzählt ihr nichts von den *Air Max*. Damit wartet sie lieber noch ein paar Tage. Ela will gleich unbedingt noch zu Jessi. Die muss morgen mitkommen, zum Eisessen. Aber vorher muss Mama ihr noch eine Entschuldigung für die Schule schreiben, das darf sie nicht vergessen, sonst wird sie wieder angemeckert. Ela schreibt sie Mama vor, weil sie sonst zu viele Fehler macht.

»Gleich«, sagt Mama. Aber Ela drängt: »Nein jetzt!« Wenn Mama sich erst mal wieder hinlegt, ob auf die Couch oder ins Bett, lässt sie sich so schnell keinen Stift mehr in die Hand drücken.

Mama meckert, wie immer, wenn sie was schreiben soll. Dabei klappt es doch ganz gut, muss nur zweimal neu anfangen, weil sie bei »sehr geehrte« das »h« vergessen hat. Ela lobt sie bei jedem Satz, damit sie bis zum letzten Wort durchhält. Mama kriegt sogar eine schwungvolle Unterschrift hin.

Jessi ist mit ihrem Vater unterwegs. Der hat ein schwarzes Motorrad und eine schwarze Lederjacke, mit einem Logo von St. Pauli. Kommt nur ab und zu angerauscht und dann darf sie mit ihm mitfahren.

»Kann sein, dass ich morgen nicht zur Schule komme«, sagt Jessi. »Wir wollen noch um die Häuser ziehen. Wahrscheinlich penn ich auch bei ihm. Ich komm dann gleich zu dir, wenn ich zurück bin. – Ist was Besonderes? Irgendwas Neues mit 007?«

Ela zieht die *Air Max* an. Die wird sie Jessi morgen vorführen. Sie geht im Zimmer auf und ab. Ein Gefühl wie auf Wolken. Soll er ruhig kommen. Sie ist bereit. Was sagt sie ihm nur, wo sie sich treffen? Am besten am Geschenkebaum, 14 Uhr. Wenn er doch bloß ein neues Foto schicken würde. Sie bittet ihn darum.

Los, schreibt sie. Sei nicht so prüde.

Er schickt ihr Smileys, kleine Kuchen und ein Eichhörnchen, weil du so süß bist wie ein Eichhörnchen :)

Und dann kommt das Foto: Ein Mann. Kurze braune Haare. Er steht in einem Raum. Hat ein weißes Polohemd an, dunkle Jeans und schwarze Reitstiefel. Fotografiert sich mit einer Hand selbst. Sieht irgendwie schon adelig aus, allein sein Haarschnitt, wie Prinz William oder wie der aus England noch mal heißt.

Bist du jetzt enttäuscht?

Nö.

Ist sie wirklich nicht. Sieht eigentlich ganz hübsch aus. Aber älter als 24 ist er auf jeden Fall. Das sieht ja jeder Blinde mit dem Krückstock. Vielleicht sogar schon 28. Macht aber nichts, sie hat ihm ja auch noch nicht verraten, dass sie erst 13 ist. Nur von dem Raum, in dem er steht, ist sie enttäuscht. Der sieht alles andere als königlich aus. Eher klein mit Kippfenster und Oma-Gardinen.

Du siehst ganz cool aus für dein Alter ;-)))

Oh, da spricht meine kleine, freche Süße! Pass auf, dass ich dir nicht mal den Hintern versohle. – Kleiner Scherz ;-)))

Auf Sadomaso steh ich nicht ;-)))

Huch, du durchtriebenes Luder, wovon sprichst du? ;-)))

Scheint ja echt Humor zu haben. Von ihr aus können sie Eisessen gehen. Kann ja nichts passieren, wenn Jessi mit dabei ist. Sie schreibt ihm ihre Handynummer. Er schickt ihr gleich eine SMS. Seine Nummer ist unterdrückt. Er entschuldigt sich dafür, aber in seiner Familie dürfe man die Telefonnummern nicht preisgeben. Das leuchtet ihr ein, das ist wie bei den Filmstars, bei Robert Pattinson nicht anders. Sie schaut sich das Foto noch mal an. Irgendwie kann sie ihn darauf nicht so richtig erkennen, obwohl das Foto scharf ist. Es macht sie nur noch neugieriger. Sie muss ihn in echt sehen, so schnell wie möglich. Schade, dass sie ihn nicht so bequem von ihrem Fenster aus beobachten kann wie Käppi.

In der Nacht geht sie mit den *Air Max* schlafen. Sie fühlen sich so geil an, die kann man einfach nicht ausziehen. Gegen fünf Uhr qualmen ihr die Füße und sie muss sie doch abstreifen, aber keine drei Stunden später hat sie sie wieder an und geht mit ihnen zur Schule. Cool! Echt wie auf Wolken!

Jessi ist tatsächlich nicht da. So ein Mist. Ausgerechnet heute. Sie geht auch nicht an ihr Handy. Pennt wahrscheinlich noch. Klar, wenn sie mit ihrem Papa unterwegs ist, dann richtig. Hat sich auch schon mal über drei Tage hingezogen. Er schreibt ihr dann eine Entschuldigung für die Schule. Hoffentlich liest Jessi die SMS und kommt schnell wieder! Ela hat sie angefleht: Bitte! Ich brauche dich zum Eisessen! HEUTE!

Ela ist, als hätte sie Brausepulver im Blut. Alles zwickt und kribbelt und aufpassen kann sie auch nicht, obwohl sie Erdkunde haben. In Erdkunde ist sie ganz gut und hat letztens sogar eine Zwei in der letzten Arbeit gehabt. Es ist 12 Uhr. Zwei Stunden Kunst hat sie noch. Dann muss sie schnell nach Hause und um zwei …

»Emanuela?« Frau Wagner hat sie gerade was gefragt. Sie hat es nicht gehört. »Träumst du schon wieder?«

Zum Glück kann sie auf Frau Wagners Frage antworten. Ela guckt wieder aus dem Fenster.

Verrätst du mir deinen richtigen Namen?, hat sie Prinz 007 gestern noch gefragt, aber er hat gesagt, den erführe sie schon noch früh genug. Hier noch ein Geschenk für meine Süße. Und dann schwebten rote Luftballons auf ihren Bildschirm.

 Schnapp dir einen Ballon und steig mit ihm in die Wolken, von oben sieht alles easy aus. Schlaf schön.

Kunst fällt aus. Jipiiih! Mit den Schuhen kann sie richtig gute Luftsprünge machen. Sie läuft nach Hause. Jetzt hat sie noch genug Zeit bis zwei. Kann sich ausgiebig stylen. Wenn nur Jessi endlich zu erreichen wäre. Pennt die etwa immer noch?

Jessi, bitte, lass mich nicht im Stich!

Sie hat schon so ein komisches Gefühl im Magen, als sie die Tür aufschließt, horcht, alles wie immer: Fernsehstimmen aus Mamas Schlafzimmer, die Tür ist nur angelehnt. Trotzdem liegt da was in der Luft. Sie schnuppert. Zigarettenrauch – aber da ist noch was anderes, fast wie Parfüm.

»Hallo!«, ruft sie in den Flur und muss noch mal rufen.

»Du schon zurück?«, hört sie Mama aus dem Schlafzimmer. Komisch, sonst weiß sie nie genau, wann Ela aus der Schule kommt. Dann scheint es ihr ja gut zu gehen. Ela geht über den Flur. »Kunst ist ausgefallen«, sagt sie und kommt ins Schlafzimmer.

Mama liegt mit einem Mann im Bett. Ela stutzt – nicht, dass sie Mama noch nie mit einem Mann im Bett gesehen hätte, aber …

»Das ist Thomas«, sagt Mama, die Decke bis unters Kinn gezogen, nackte Arme draußen, Zigarette in der Hand. Sie sieht ganz verwühlt aus, ihre Augen leuchten. Thomas liegt mit entblößtem Oberkörper im Bett und schläft. Sein Gesicht völlig entspannt, Mund geschlossen; selig sieht er aus. Ela wird schwindelig. Den kennt sie doch! Trotz der Qualmwolken über dem Bett, muss sie nicht zweimal hingucken, um zu wissen, wer das ist: Prinz 007.

Mama sagt: »Hast du aber schöne Schuhe.«

Eine dicke schwarze Fliege brummt über ihr, umkreist die

Lampe und fliegt zum Fenster, verschwindet in einer Falte vom Vorhang. Dann ist es still, nur die Atemzüge von Prinz 007 sind zu hören. Ela stolpert zurück, tritt sich die *Air Max* von den Füßen und läuft in Socken raus, aus dem Schlafzimmer, aus der Wohnung.

Im Treppenhaus sieht sie überall grüne Punkte – oder sind es die Erbsen, über die die Heinzelmännchen die Treppe runterpurzeln?

Sie hält sich am Geländer fest, stößt irgendwo gegen. Jessi steht vor ihr. »Hey, Ela, was'n los?«

Jessi ist wieder da! Sie ist ganz außer Atem.

»Bin ich zu spät?«

Gottes Akt

»Guck mal, Basha hockt wieder unter dem Tisch.«

»Der Affe.«

»Sein Vater hat bestimmt auf ihm rumgedroschen.«

»Oder er hat zu viele Bananen gegessen.«

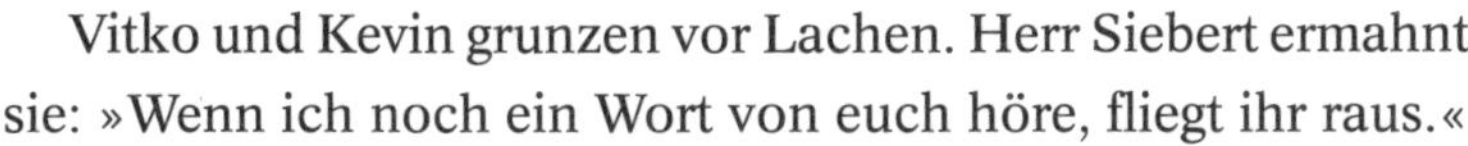

Vitko und Kevin grunzen vor Lachen. Herr Siebert ermahnt sie: »Wenn ich noch ein Wort von euch höre, fliegt ihr raus.«

Basha hört Vitko kichern, bestimmt guckt er den Mathelehrer herausfordernd an, mit großen, unschuldigen Augen. Niemand kann seinem Blick standhalten, nicht mal Herr Siebert. Der räuspert sich und versucht, endlich mit dem Unterricht fortzufahren, schafft es aber nicht, weil Basha noch unter dem Tisch hockt. Er hat schon alles versucht, ihn von dort hervorzuholen, ihm gut zugeredet, es mit Scherzen versucht, aber Basha kauert wie ein Embryo auf Füßen, den Kopf zwischen die Knie geklemmt, die Hände um die Waden geschlungen. Er hat schon mal fast eine ganze Stunde so verharrt.

Dort, unter dem Tisch, spürt Basha Vitkos Nervosität. Statt rumzulabern wie Herr Siebert, würde Vitko am liebsten kurzen Prozess mit ihm machen, ihn zu gern in die Seite treten, sodass er umfällt, und ihm dann befehlen, aufzustehen und endlich zu kämpfen wie ein echter Mann. Aber Basha kämpft nicht, geht ihm lieber aus dem Weg oder lässt sich von Lehrern beschützen.

»Einfach nicht mehr beachten«, sagt Steffi. Sie ist immer am Essen und hinter Vitko her, dem Großmaul, malt ihm andauernd Herzen, aber Vitko lässt sie voll abblitzen, macht sich sogar lustig über sie und nennt sie »Ponyhintern«. Dann malt sie eine Stunde lang keine Herzen mehr. Jetzt lacht Vitko über Basha, extra laut. »Echt, wie ein geduckter Affe«, grölt er in die

Klasse und fliegt raus. Nicht sofort, natürlich. Wenn man schon rausfliegt, kann man auch noch eine Show draus machen. Erst mal so tun, als habe man Herrn Siebert nicht verstanden.

»Wie jetzt? Ich?«

»Ja. Du. Du gehst vor die Tür.«

Basha lugt am Tischbein vorbei und sieht ihn breit grinsen.

»Vor die Tür? Was soll ich denn vor der Tür?«

»Das kannst du dir ja draußen in Ruhe überlegen.«

»Mir fällt aber nichts ein.« Vitko verdreht die Augen und tut so, als denke er angestrengt nach.

»Raus jetzt!«

»Moment mal. Ich lass mich doch hier nicht einfach so rausschmeißen.«

»Wenn du nicht in zwei Sekunden aus der Klasse trabst, schicke ich dich nach Hause.«

»Häh? Ich habe Schulpflicht, Herr Siebert. Sie dürfen mich gar nicht nach Hause schicken!«

Herr Siebert antwortet nicht, hat einen roten Kopf. Basha sieht sein Blut am Hals pulsen. Herr Siebert beißt sich auf die Zähne und versucht ruhig zu bleiben, schafft er auch. Vitko erhebt sich sehr langsam, murmelt vor sich hin, dass er sich ja gleich in die Ecke stellen könnte und sich schämen, wie man es vor hundert Jahren musste, oder noch besser: Herr Siebert soll doch gleich seinen Rohrstock rausholen und ihm ein paar Schläge verpassen. Herr Siebert fängt an zu lachen. Tja. Da hat Vitko wohl gedacht, er könnte ihn zum Rasen bringen, wo er schon so schön rot angelaufen war. Basha beobachtet, wie Vitko sich Hilfe suchend zu Kevin umschaut, aber der hält die Klappe. Der kann sich keinen Eintrag ins Klassenbuch mehr leisten, sonst kriegt er einen Verweis aufs Zeugnis. Vitko hat ihm schon oft genug vorgehalten, er solle sich deswegen mal nicht so einkacken, aber Kevin guckt weg, tut so, als merke er nicht, dass Vitko von ihm hundertprozentige Unterstützung verlangt, um den Siebert endlich mal fertigzumachen. So, wie Vitko kocht, kriegt Kevin das bestimmt noch zu spüren. Aber Kevin ist ja gewohnt, sich zu ducken.

Vitko begibt sich zur Tür, nicht ohne einen verachtenden Blick zu Basha unter den Tisch zu senden, schließlich ist der an allem schuld. Er zieht einen Mundwinkel hoch, damit auch alle sehen, wie sehr ihn das hier anekelt. Vitko knallt die Tür hinter sich zu. Herr Siebert räuspert sich.

»In zehn Minuten kannst du wieder reinkommen!«, ruft er Vitko nach.

Da wird Herr Siebert wohl warten müssen. Vitko lässt sich doch von einem Lehrer nicht schikanieren. Bestimmt wird Herr Siebert ihn in dieser Stunde nicht wiedersehen.

Bashas Beine kribbeln, der Rücken zieht, aber er kann noch nicht wieder hervorkommen, nicht auf seinen Platz gehen, er kann sich überhaupt nicht bewegen, er hat sich an sich festgekrallt, ist eingeklinkt, sitzt in sich fest. Es ist, als würde er in eine Höhle fallen und endlich Ruhe haben. Winterschlaf wäre jetzt das Richtige, aber er ist ja kein Igel. Hat auch keine Stacheln. Leider. Er hört die Geräusche aus der Klasse. Es ist ein ständiges Murmeln, Rascheln und Räuspern. Er nimmt Bewegungen am äußeren Blickfeld wahr, verschwommen und weit entfernt genug, um ihm nicht gefährlich zu werden. Alles, was näher kommt, tut weh. Nur wenn er so rund ist, prallt es von ihm ab. Selbst ein Blitz auf freiem Feld würde jetzt an ihm abgeleitet, als säße er in einem faradayschen Käfig. Könnte er doch immer so geschützt sein.

Er hört die Kreide an der Tafel, Herrn Sieberts Stimme. Hört heraus, dass Herr Siebert zu ihm spricht, damit er da unter dem Tisch was mitkriegt. Basha schließt die Augen. *Wie viel Zentimeter sind 8,3 Meter?* – In der Klasse ist Ruhe eingekehrt. Kevin hält die Klappe, wie immer, wenn Vitko nicht da ist. Er ist der geprügelte Hund. Weiß doch jeder, dass sein Vater ihn verprügelt und er ohne das Großmaul Vitko nur ein Würstchen ist. Die beiden wissen nichts von Basha, auch nicht, dass sein Vater gar nicht da ist. Dass er seinen Vater noch nie gesehen hat. Nur auf Fotos. – *8,3 Meter sind 830 Zentimeter* – ist doch einfach, alles Wiederholung, damit solche Deppen wie Vitko und Kevin auch mal eine »gute« Note schreiben – wobei eine Vier minus bei ihnen ja schon hervorragend ist.

Wie viel Tonnen sind 54103 Kilogramm? – 54 Tonnen und 103 Kilogramm. Mit Zahlen kommt Basha klar. Die anderen in der Klasse sind leiser und aufmerksamer, wenn er unter dem Tisch ist. Das scheint der Siebert auch zu merken. Darf er deshalb hier unten bleiben?

Ein Sportler läuft täglich immer die gleiche Strecke. In einer Woche ist er insgesamt 8 Stunden und 24 Minuten gelaufen. Wie lange braucht er mit gleichbleibender Geschwindigkleit für einen Tag?, liest Herr Siebert vor. Solange Basha den Text nicht selber entziffern muss, hat er keine Probleme. 8 x 60 sind 480 plus 24 = 504 Minuten. 504 Minuten läuft der Sportler also pro Woche. Geteilt durch 7, macht … Basha schreibt in Gedanken die Zahlen auf sein Knie, rechnet aus, dass es genau 72 Minuten sind – das macht 1 Stunde und 12 Minuten. Antwort: Der Sportler läuft durchschnittlich 1 Stunde und 12 Minuten an einem Tag. Herr Siebert fragt nach der Lösung. Basha kriegt keinen Ton raus. Die Stunde mit den 12 Minuten sitzt ihm wie ein Kloß im Hals fest, kommt durch die Krümmung seines Körpers nicht zum Vorschein, steckt fest und wird größer und größer … sprüht Funken bis in den Kopf. Da springen seine Hände auf den Boden, Luft und Blut gelangen zu ihm zurück, er stützt sich ab, in seinen Beinen laufen tausend Ameisen, krabbeln bis hoch in den Kopf und wimmeln unter der Schädeldecke. Die Klasse hält den Atem an. Alle Augen sind auf Basha gerichtet. Er kriecht unter dem Tisch hervor. Herr Siebert redet weiter, gibt ihm

Rückendeckung mit Zahlen, Stunden und Minuten, bis er auf dem Stuhl sitzt und alle wieder auf ihr Heft gucken, denn jetzt ist alles wieder so, wie es sein sollte in einer Klasse; es wird auch langsam wieder lauter. Nur einer fehlt: Vitko. Der kommt auch nicht von allein wieder. Erst nachdem es längst geklingelt hat, fliegt die Tür auf. Basha rennt fast in Vitko, der sich steif macht, damit er von ihm abprallt, aber Basha prallt nicht ab. Im letzten Moment weicht er aus, Vitko stolpert durch die Klasse und wird von Herrn Siebert empfangen. Warum er nicht früher wieder reingekommen sei?

»Kein Bock«, sagt Vitko und sieht den Lehrer nicht an, demonstriert den starken Mann, damit Herr Siebert bloß nicht denkt, er ließe sich alles gefallen. Nicht er, Vitko Koslov!

Basha geht über den Flur, die Treppe hinab, seine Beine sind ihm voraus, wollen rennen, springen; er läuft über den Schulhof, auf den Sportplatz und verschnauft vor den Tribünen. Die 8. Klasse spielt Fußball. Wie gern würde er auch spielen, so richtig, in einem Verein. Man könnte ihn prima in der Abwehr aufstellen, er kann aber auch im Mittelfeld eingesetzt werden. Am liebsten wäre er aber in der rechten Außenverteidigung – wie Jérôme Boateng, der Berliner, der in Bashas Lieblingsverein spielt: Bayern München natürlich. Könnte er doch auch so erfolgreich werden wie Boateng. Dann müsste er kein Arzt mehr werden und könnte trotzdem armen Ländern helfen, mit Spenden und Projekten. Wenn Mama doch nur erlauben würde, dass er Fußball spielt.

Was wäre, wenn er einfach auf das Feld liefe und mitmachte? Aber er kann da nicht mitmachen. Er muss zurück in die Klasse, an Vitko und Kevin vorbei, an der dicken Steffi, die sich gerade auf jeden Fingernagel ein rotes Herz malt mit einem V darin. Kürzlich hat sie sich sogar ein V mit der Anspitzerklinge in den Handrücken geritzt. Natascha neben ihr hat ganz laut gerufen: »Iiih, du blutest ja.« Jemand musste ihr ein Taschentuch geben und alle wollten die Wunde sehen. Basha findet, dass Blut auf weißer Haut zu hell aussieht, fast schon orange. Er ist der einzige Deutsche mit dunkler Haut in seiner Klasse, er kommt aus Burundi. Ansonsten gibt es außer Vitko noch zwei Russen in der Klasse, drei Rumänen, sieben Türken und vier Türkinnen, einen Kroaten, zwei Griechinnen, drei Österreicherinnen, einen Vietnamesen, zwei Polinnen, einen Italiener, zwei Spanierinnen und drei Deutsche. Sie hatten in der Klasse einmal all ihre Herkunftsländer in eine Weltkarte gezeichnet. – Burundi war von Deutschland am weitesten entfernt.

An dem Tag, als Basha in München geboren wurde, musste sein Vater Deutschland verlassen. Er ist abgeschoben worden. Das heißt, er hatte kein Recht hier zu sein. Er war illegal. Wenn seine Mutter davon erzählt, stellt er sich dann immer seinen Vater vor, wie er auf dem Boden kauert und zehn starke Männer ihn wegschieben, über Straßen, Steppen, durch Wälder und Wüsten, bis nach Burundi. Die Männer müssen nach ein paar Stunden ausgewechselt werden, weil es zu viel Kraft kostet, einen so großen, starken Mann abzuschieben. Papa ist zwei Meter und fünf groß und Basha weiß, dass es mindestens zehn Männer braucht, um ihn gegen seinen Willen zu bewegen. Leider hatte es diese zehn Männer gegeben.

Papa wollte nicht weg. Er wollte in Deutschland bleiben, war ja extra mit Mama hergekommen, um hier in einem Krankenhaus zu arbeiten, um viel Geld zu verdienen, damit er damit in Bujumbura ein eigenes Krankenhaus aufmachen konnte. Mama war seine neue Frau, mit der er eine neue Familie gründen wollte. In Burundi hatte er schon vier Kinder – alles Mädchen, mit einer anderen Frau. Er hatte sich schon so auf seinen Sohn gefreut, aber dann wurde er am Tag von Bashas Geburt abgeschoben. Fast hätte sein Vater ihn noch gesehen. Er war auf dem Weg ins Krankenhaus, als er verhaftet wurde.

Jeden Tag denkt Basha an ihn und hofft, dass sein Vater eines Tages doch wieder nach Deutschland kommt. Seine Mutter und er haben kein Geld, um nach Burundi zu fliegen und ihn zu besuchen, wo er in einem Hilfsprojekt arbeitet und all die hungernden und streunenden Straßenkinder versorgt. Seit dem Bürgerkrieg gäbe es so viel Armut und Elend im Land, das könne sich hier in Deutschland gar keiner vorstellen, sagt Mama. Deshalb braucht Papa jeden Cent, damit er helfen kann, das Land wiederaufzubauen. Basha versteht nicht, warum der Bürgerkrieg alles verwüstet hat, und er versteht erst recht nicht, warum Papa nicht in Deutschland bleiben konnte.

Zurück im Klassenzimmer hofft er, dass ihn keiner darauf anspricht, dass er fast die ganze Mathestunde unter dem Tisch verbracht hat. Es ist ihm immer peinlich, hinterher, aber kaum ist er an seinem Platz, kommt Leyla zu ihm. Leyla mit den großen, braunen Augen.

»Kannst du da unter dem Tisch besser denken?«, fragt sie.

Er schluckt, kriegt keinen Ton raus. Sein Mund ist ganz trocken. Sie schaut ihm geradeaus ins Gesicht. Ihre Stimme ist nicht gelb vor Gift, sie klingt wie Musik. Er würde gern mehr hören, aber wenn er nichts antwortet, hört sie auch auf zu reden. Er räuspert sich, versucht zu lächeln. Sie hat zwei rote Spangen in ihrem langen, schwarzen Haar. Kevin und Vitko sind gerade mit einem Smartphone beschäftigt. Es heißt, sie haben es geklaut und wollen es verticken, an so einen Typen, Tikka, das sei ein Hehler. Basha wusste nicht, was ein Hehler ist, hat zu Hause gegoogelt, dass ein Hehler Diebesgut annimmt und weiterverkauft.

Basha setzt sich auf seinen Platz. Wie gut, dass Vitko und Kevin immer so schnell abgelenkt sind. Sie lassen ihn tatsächlich in Ruhe. Kein Problem, jetzt auf dem Stuhl zu sitzen. Er weiß selber nicht, wieso er manchmal unter den Tisch muss. Es passiert einfach. Sein Körper wird hart, will rund werden, seine Arme wollen sich um die Beine schlingen, der Kopf sich ducken. Das geht nicht auf dem Stuhl, das geht nur unter dem Tisch oder noch besser, im Schrank, wo man die Tür zuziehen kann. Aber in der Schule gibt es keinen Schrank, in den man sich verkriechen könnte. Den gibt es nur zu Hause. Mamas Kleiderschrank. Er steht in ihrem Schlafzimmer, neben dem Poster vom Tanganjikasee, dem zweittiefsten See der Erde. Der tiefste See der Erde ist der Baikalsee in Sibirien. Da, wo Vitkos Familie herkommt. Schade, dass der Baikalsee tiefer ist als der Tanganjikasee, Vitko gibt damit an, als hätte er ihn persönlich ausgegraben. In Erdkunde haben sie davon gehört und Vitko hat tagelang vom Baikalsee geprahlt und sich über den Tanganjikasee lustig gemacht, dabei ist der Baikalsee mit seinen 1642 Meter nur 172 Meter tiefer als der 1470 Meter tiefe Tanganjikasee. Leyla und ihre Freundinnen hatten sich dann eingemischt und gesagt, dass es doch gar nicht auf ein paar Meter ankäme, die Seen seien beide cool, mit über 1000 Meter Tiefe.

»Du kannst doch nicht so tun als wären 172 Meter nichts!«, hatte Vitko gesagt. »Das Uptown-Hochhaus in München ist 146 Meter hoch. Der Baikalsee ist also um das Uptown-Hochhaus und noch 22 Meter tiefer als der …«

»26 Meter«, verbesserte ihn Basha.

»Na eben. Du sagst es ja selber. Sogar 26 Meter!«

»Na und«, hatte Leyla gesagt. »Dafür gibt es in Bashas Heimat Leoparden und Löwen und Krokodile.«

»Aber nur im Zoo!«

»Nein, auch in freier Wildbahn.«

Vitko tippte sich an den Kopf. »Seit wann gibt es in München Leoparden und Löwen in freier Wildbahn? Und Krokodile? – Du falscher Neger, du!«

Mit Vitko muss man aufpassen. Vitko ist wie ein Aal. Er windet sich aus jeder Situation, den kriegt man nicht zu packen, der schlüpft einem aus der Hand und ehe man sich's versieht, klatscht er einem ins Gesicht. Patsch! – Da stand er nun und alle lachten über den »falschen Neger«. Das war seitdem sein Spitzname in der Klasse. Guck mal, da kommt der »falsche Neger«. Die Jungs aus der Klasse mussten es mindestens einmal zu ihm gesagt haben, um Vitko zu beweisen, dass sie keine Schlappschwänze sind. Zum »falschen Neger« kann Basha nichts erwidern, er versucht, es einfach an sich abprallen zu lassen. Das geht aber nur, wenn er rund ist, wenn er unter dem Tisch sitzt.

Die nächste Stunde haben sie Deutsch. Deutsch ist hart. Frau Schimmerink lässt ihn nie unter dem Tisch, sie zieht ihn dann am Kragen hervor, schimpft mit ihm oder bringt ihn zu Herrn Kargo. Das ist der Schulpsychologe, zu dem man muss, wenn man einen an der Klatsche hat.

»Wo soll das denn hinführen, wenn wir anfangen, uns alle zu verkriechen?«, hat sie zu Herrn Kargo gesagt. Frau Schimmerink und Herr Kargo hatten ihm auch in der 6. Klasse eine Lese-Rechtschreibschwäche bescheinigt, wovon seine Mutter bis heute nichts weiß und auch auf keinen Fall etwas wissen darf. Für sie ist das Wichtigste, dass Basha ein guter Schüler ist, irgendwann als Quereinsteiger doch noch aufs Gymnasium wechseln kann, um später zu studieren und so ein guter Arzt zu werden wie sein Vater. Ein Glück, dass Frau Schimmerink kein Französisch spricht – und erst recht kein Kirundi, die Landessprache in Burundi, sonst wäre sie bestimmt schon persönlich anmarschiert und hätte mit seiner Mutter geredet. Seine Mutter spricht kein Deutsch. Als er in die Schule kam, wollte sie es mit ihm zusammen lernen, hat einen Sprachkurs gemacht, aber der hat nicht viel genützt. Jetzt will sie kein Deutsch mehr lernen. Sie will zurück nach Burundi, wenn Basha Arzt geworden ist und genug Geld in Deutschland verdient hat, um in Burundi mit seinem Vater ein Krankenhaus zu eröffnen.

»In sechs Jahren studierst du schon«, sagt seine Mutter. »Du musst ein Stipendium bekommen, sonst können wir uns das Studium nicht leisten. Also streng dich an.«

Basha strengt sich ja an. Leider ist er nur in Mathe ganz gut. Schade, dass sie kein Französisch haben, da bekäme er bestimmt eine Eins. Damit könnte er dann seine Fünf in Deutsch ausgleichen. Lesen und Schreiben klappt einfach nicht. Die Buchstaben sind wie kleine Vögel, die anflattern und abflattern, wie sie wollen und jedes Mal was anderes bedeuten, als er sich gedacht hat. Wenn Mama erfährt, dass er immer noch nicht flüssig lesen und schreiben kann, fängt sie wieder an zu weinen und sagt ihm, dass er besser werden muss, sonst können sie nicht mehr zurück nach Burundi. Er dürfe seine Zukunft nicht verspielen. Er müsse gut lernen. Das sagt auch sein Vater. Er sagt es ihm nicht selbst, aber er spricht durch die Mutter zu ihm. Manchmal stellt sich Basha vor, dass sein Vater zusammengerollt im Bauch seiner Mutter sitzt und durch ihren Mund spricht. Mama bekommt dann eine tiefe Stimme und sagt: »Du bist unser einziger Sohn. Wir legen alle Hoffnungen in dich. Du bist ein Akt Gottes – deshalb heißt du Basha. Du darfst uns nicht enttäuschen. Du musst es schaffen!«

Basha schaut aus dem Fenster. Eine Frühstückstüte bläht sich auf, wirbelt umher, fliegt ein Stück auf, wird von einer Windböe gegen die Hecke gedrückt und bleibt in den Zweigen hängen.

Natürlich will er die Hoffnungen seiner Eltern nicht zerstören. Alles will er schaffen, aber wie? Manchmal fühlt er sich genau wie diese Plastiktüte da draußen, die keinen Aufschwung hat, nur Gegenwind und dann in der Hecke kleben bleibt und für die es nur noch zwei Möglichkeiten gibt: vom Wind zerfetzt zu werden oder abgepflückt und in einem Mülleimer zu landen.

Zum Glück kommt Basha heute nicht dran. Frau Schimmerink tut so, als sei er gar nicht da. Das macht sie öfter, wahrscheinlich, weil sie sich nicht die Laune mit ihm verderben will. Nur wenn sie schon schlechte Laune hat, ruft sie ihn auf und redet laut und deutlich mit ihm, als wäre er schwerhörig, aber davon setzen sich Buchstaben auch nicht richtig aufs Blatt.

Nach der Schule warten Vitko und Kevin auf ihn am Schultor. Er sieht sie schon von Weitem, aber er kann nicht umkehren, geht einfach an ihnen vorbei. Sie springen ihn von hinten an, zerren ihn zu Boden.

»Wegen dir habe ich die Mathestunde verpasst«, blafft Vitko ihn an und dreht Basha auf den Rücken. Kevin stemmt sich mit dem Knie auf den anderen Arm. Es tut höllisch weh, besonders am Ellenbogen, der drückt auf den Asphalt.

»Was soll ich jetzt mit dir machen, häh?«, fragt Vitko. »Du musst eine gerechte Strafe kriegen, findest du nicht?« Er rammt ihm die Faust gegen die Brust. »Findest du nicht?«, schreit er ihm ins Gesicht.

»Nein!«, stößt Basha hervor. Er kriegt kaum Luft.

»Hah! Hast du das gehört, Kevin?«

»Ja«, sagt Kevin und kniet sich noch ein bisschen fester auf den Arm. Basha verzerrt das Gesicht. Vitko grinst ihn an. »Ich gebe dir noch eine Chance, du falscher Neger. Sag, dass du eine Strafe verdient hast, und wir werden was Gerechtes für dich finden. Na los, sag schon. Wenn nicht …« Vitko ballt die Faust und drückt sie Basha auf die Nase. Basha kneift die Augen zu.

»Er soll dafür bezahlen«, hört er Kevin. Seine Stimme klingt dünn. Kevin will sich bei Vitko mit guten Ideen einschleimen.

»Genau!«, ruft Vitko, quetscht ihm mit der Faust die Nase aufs Gesicht. Basha wird schwindelig vor Schmerzen. »Du bringst morgen 20 Euro mit, sonst brech ich dir die Nase.«

»Lasst sofort den Jungen los!« Eine Frau steigt vom Fahrrad.

Im Nu ist Vitko auf den Beinen und haut ab, Kevin läuft hinter ihm her. Basha liegt noch ganz benommen auf dem Boden.

»Haben sie dir was getan?«, fragt die Frau.

»Nein«, sagt Basha.

»Alles in Ordnung?«

Basha richtet sich auf. »Ja. Alles gut. Kein Problem.« Er versucht zu lachen. Sein Gesicht ist taub. Er nimmt seinen Rucksack und geht. Ihm ist ganz schwindelig und die Arme tun ihm weh, besonders der Ellenbogen, es zieht bis in die Schulter. Er guckt sich noch mal um, gut, dass niemand sehen kann, wie wild sein Herz klopft. – Zwanzig Euro. Wo soll er die bis morgen herkriegen? Wenn er Pech hat, verhauen sie ihn tatsächlich bei der nächsten Gelegenheit. Wenn er Glück hat, haben sie bis dahin ein anderes Opfer gefunden, das sie abziehen können. An der nächsten Hausecke springen die beiden hinter einem Müllcontainer hervor und lachen dreckig, weil Basha sich total erschreckt. Diesmal rennt er sofort weg. So schnell, dass sie nicht mal reagieren und hinterherlaufen. Würde eh nichts bringen. Keiner läuft so schnell und lange wie Basha.

»Vergiss nicht die 20 Euro morgen, sonst brech ich dir die Nase!«, ruft Vitko hinter ihm her.

Zu Hause steht die Mutter am Herd und rührt den Maisbrei. Es riecht nach Holzfeuer. Sie haben einen Herd, den man mit Holz und Kohlen beheizen kann. In der Mitte ist eine Klappe zum Öffnen und oben die Herdplatte. Mama hat ihn auf einem Flohmarkt gekauft. Sie konnte mit dem Elektroherd, der in der Wohnung stand, nichts anfangen. Sie sagt, sie braucht Feuer zum Kochen.

»Warum haben wir keinen Gasherd?«, hat Basha sie gefragt. »Mit einem Gasherd kannst du auch mit Feuer kochen.« In der Schule hatte er gelernt, dass man hier in der Stadt mit Gas oder Strom kocht, aber nicht mit Holz.

»In Burundi haben wir nur mit Holz und Kohlen gekocht«, hat Mama gesagt und füttert den Ofen seitdem mit Holzscheiten und Kohlen. Die Kohlen lagern sie auf dem kleinen Balkon. Mama sucht jeden Tag nach Anzündholz im Park. Basha mag den Geruch des Holzfeuers und des leicht angebrannten Maisbreis gern, besonders wenn sie *Pili-Pili* reintut, ein scharfes Gewürz, das süßlich riecht und einem beim Essen die Schweißperlen auf die Oberlippe treibt.

»*As-tu bien travaillé?*«, fragt die Mutter.

»Ja«, antwortet Basha. Das sagt er jeden Tag, wenn sie ihn fragt, ob er auch gut gelernt habe. Er will sie nicht enttäuschen. Für sie ist es das Wichtigste, dass er gut lernt.

Basha deckt den Tisch. Mama dankt dem Herrn, dass es ihnen in Deutschland so gut geht. Sie essen Maisbrei aus Schälchen, mit den Fingern. Sie schieben sich den Brei zurecht, nehmen Hühnchenfleisch darin auf, tunken ihn in Soße, ohne dass etwas auf den Tisch tropft. Wenn Basha woanders isst, nimmt er auch Messer und Gabel. Er hat es sich von anderen abgeguckt, wie sie essen, obwohl es selten vorkommt, dass er nicht zu Hause isst. In der Schule kann er sich kein Mittagessen leisten, ihm bleibt nur das jährliche Gemeindefest. Beim letzten Mal hat er sich dermaßen mit Kuchen, Kartoffelsalat und Currywurst vollgestopft, dass er sich im Kirchgarten übergeben musste. Das ist ihm immer noch peinlich. Ansonsten wird er nie eingeladen. Er hat keine Freunde.

Nach dem Essen legt Mama einen Arm um ihn. Sie sitzen beide in der Küche auf der Bank. Er lehnt sich an sie. Warm und weich ist sie, küsst seinen Kopf und streichelt über seine Schulter. Er zuckt zusammen, da tat es gerade weh.

»Bin heute hingefallen«, sagt er. »Nichts Schlimmes.« Er kuschelt sich an sie und macht die Augen zu. Ach, wäre es schön, jetzt in Burundi zu sein, mit seiner Mutter und seinem Vater, ihm gegenüberzusitzen, so wie auf dem Foto, das er

Mama geschickt hat. Dort sitzt sein Vater mit Männern und Frauen von dem Hilfsprojekt an einem Tisch, draußen, vor einem Haus. Die Männer haben kurzärmelige Hemden an, in Weiß und Hellblau und die Frauen tragen leuchtend orange oder gelbe Tücher um den Kopf. Auf dem Tisch stehen Plastikflaschen mit Wasser. Sein Vater hat eine Mappe vor sich liegen und einen Stift in der Hand. Wenn er ihm doch bloß gegenübersitzen könnte, mit dem Tanganjikasee im Hintergrund, weit weg von Vitko und Kevin.

Was soll er nur tun? Die beiden machen keine Späße, die meinen es ernst. Vitko hat tatsächlich schon mal einem Jungen aus der Achten die Nase gebrochen. Wo soll Basha bloß 20 Euro herkriegen? Er hat noch 60 Cent. Am besten, er zeigt sich in den nächsten Tagen gar nicht. Aber wo soll er hingehen, wenn nicht in die Schule? Seine Mutter darf das auf keinen Fall erfahren. Am liebsten möchte er gar nicht mehr in die Schule gehen. Ist ja so schon mühsam genug, aber dass Vitko und Kevin ihn jetzt auf dem Kieker haben, zerfrisst seinen Bauch von innen.

Mama wischt den Tisch ab, trocknet ihn mit einem Lappen, sorgfältig, damit Basha seine Schulsachen ausbreiten kann. Er hat überhaupt keine Lust, Hausaufgaben zu machen, aber die Mutter wartet schon darauf, dass er seinen Füller rausholt und anfängt zu schreiben. Dann lächelt sie und nickt stolz, obwohl sie gar nicht lesen kann, was er schreibt. Einmal hat er immer wieder denselben Satz geschrieben: *Am Nachmittag gehen die Kinder in den Garten und spielen* – nur damit die Mutter nickt und stolz auf ihn ist, auf ihren Basha, der mal Arzt wird.

Heute rechnet er die ganze Zeit. Zahlen begeistern Mama nicht so sehr wie Sätze, aber sie weiß, dass Zahlen auch wichtig sind. Lesen kann sie nur Französisch.

Am Nachmittag geht die Mutter in den Park, um Anmachholz zu suchen. Basha soll ihr helfen. Er mag das nicht. Es ist ihm peinlich, wenn sie sich alle paar Meter bückt, um ein paar Zweige aufzuklauben. Wenn sie sie wenigstens in einer Plastiktüte verschwinden lassen würde oder in einer Tasche, aber sie bricht sie in gleichgroße Stücke und legt sie in einen Korb. So kann jeder sehen, was sie sammelt. Er will nicht mit in den Park. Manchmal streunen Vitko und Kevin dort herum. Die sollen auf keinen Fall ihn und seine Mutter beim Holzsammeln sehen. Er sagt, er müsse noch lernen. Das versteht Mama und geht allein. Kaum ist sie aus der Wohnung, durchsucht er Schubladen, Kisten, Kästen, seine andere Hose. Aber er findet nur 20 Cent. Jetzt hat er 80 Cent. Na prima.

Die Küchenuhr tickt. Basha schaut sich um. Auf dem Herd steht ein Kessel mit Wasser, daneben die Spüle, Geschirr zum Abtropfen, alles sauber und ordentlich aufgereiht, darüber das Regal, in dem Teller, Tassen, Schüsseln und Töpfe stehen. Auf dem Boden, neben dem Herd, in einem Korb, liegt das Holz zum Kochen, sorgfältig auf eine Größe zurechtgebrochen und gestapelt.

Er sieht die Kaffeedose, eine orange-gelbe, leicht verbeulte Dose mit Deckel. Da bewahrt Mama das Haushaltsgeld auf. Davon kann er auf keinen Fall etwas nehmen, Mama hat den vollen Überblick, was die Ausgaben betrifft. Jeden Montag holt sie siebzig Euro von der Bank und die müssen für die ganze Woche reichen. Zehn Euro pro Tag. Damit müssen sie auskommen, denn Mama schickt jeden Monat Geld an den Vater, für das Hilfsprojekt und für seine Schwestern, die er nicht kennt. Basha läuft ins Schlafzimmer, zum Kleiderschrank. Er quietscht, als er ihn öffnet, als wollte er sagen: »Basha, was machst du da, warum kommst du nicht rein?« Basha hält die Luft an. Er kann sich jetzt nicht verkriechen. Er muss handeln. Er sucht in den Schachteln am Boden nach dem Geld. Es ist in der Socken-Box, in einem Umschlag. Seine Hände zittern, als er das Kuvert aufmacht und die Scheine sieht. 35 Euro. Er weiß, dass Mama jeden Monat 50 Euro versendet und dass das in Burundi eine Menge Geld ist, ein Vermögen!

In der Schule hat er gelernt, dass man Geld nicht im Briefumschlag verschickt, sondern über ein Bankkonto. Mama hat auch ein Bankkonto, da bekommt sie jeden Monat Transferleistungen überwiesen, so heißt das Geld, das sie hier bekommt. Sie arbeitet ja nicht, sie flicht zusätzlich Körbe und Basha verkauft sie auf dem Kirchenbasar. Mama ist zu schüchtern, um sie selber auf dem Basar zu verkaufen. Sie geht nur mit Basha unter Menschen, schon allein, weil er für sie übersetzen muss; und ihr Französisch kann kaum jemand richtig verstehen. Manchmal kommt es Basha so vor, als wollte Mama gar nicht verstanden werden, als sei sie nur hier, in Deutschland, um zu warten, bis er erwachsen und ein guter Arzt geworden ist, um dann mit ihm zurück nach Burundi zu gehen.

Basha packt seine Schulsachen zusammen, die hat er nur für Mama ausgebreitet. Er kann die Aufgaben nicht lösen, versteht nicht, worum es in Biologie oder Erdkunde geht, kann keinen Aufsatz schreiben, ist schlecht in Englisch und versteht Mathe nur, solange kein Text bei den Aufgaben dabei ist. Nur in Sport ist er richtig gut. In Sport hat er eine Eins. Er mag gar nicht an sein nächstes Zeugnis denken. Sitzen bleiben darf er nicht noch einmal. Er hatte schon die erste Klasse wiederholen müssen, weil er dort erst angefangen hatte, Deutsch zu lernen. Mama glaubt, eine Fünf ist eine gute Zensur. Das hat er ihr bislang vormachen können – wie im französischen Schulsystem, in dem es nach Punkten geht und die höchste Zahl die beste Note ist. Seine Eins in Sport kümmert Mama nicht. Sie tröstet ihn bei jedem Zeugnis und sagt: »Ein guter Arzt braucht keinen Sport.« Er weiß wirklich nicht, wie das weitergehen soll. Was, wenn der Schwindel mit den Zensuren auffliegt und Mama herausbekommt, wie schlecht er wirklich ist. Was soll er nur tun? Basha versucht, Ruhe in seinen Kopf zu kriegen, denkt an das tiefe Blau des Tanganjikasees. Manchmal hilft das.

Zuerst muss er das Geld für Vitko und Kevin zusammenkriegen, damit er wieder zur Schule gehen kann und nicht noch schlechter wird. Er legt den Briefumschlag mit dem Geld wieder in die Sockenschachtel zurück. Er hat eine Idee!

Als Mama vom Holzsammeln wiederkommt, bietet er ihr an, zur Post zu gehen, um ihren Brief abzugeben. Die Mutter stutzt. »Na, den Brief für Zuhause.«

»Der ist noch nicht fertig«, sagt Mama.

»Wann ist er denn fertig?«

»Vielleicht schon morgen?« Mama lacht ihn an. Ihre weißen Zähne glänzen, ein schöner Kontrast zur dunklen Haut. Bei den *Umuzungu*, den Weißen, kommen die Zähne nicht so gut zur Geltung. »Kannst du bitte zu Frau Seiniger gehen, ich habe gehört, sie hat noch einen Korb verkauft.«

»Das mache ich sofort.«

»Oh, so eilig ist es nicht.«

Basha lässt sich nicht bremsen. Er läuft zur Kirche, klingelt bei Frau Seiniger. Die kümmert sich um alle Gruppen im Gemeindehaus und hat vor Kurzem eine Tischtennisplatte gekauft. Da kann er nun jeden Freitagnachmittag Tischtennis spielen. Er ist schon so gut, dass er sogar den Vikar besiegt hat. Seine Stärke sind die Aufschläge, die haut er so schwungvoll, dass der Gegner – wenn er den Ball überhaupt noch kriegt – genauso schwungvoll zurückgeben muss und ihn damit ins Aus schlägt.

»Hallo, Basha, komm rein. Du willst bestimmt das Geld für deine Mutter abholen. Guck mal. Ich habe hier 20 Euro für sie.« Sie reicht ihm den Geldschein und drückt ihm noch zwei Euro in die Hand. »Die sind für dich. Kauf dir ein Eis oder Schokolade. Du bist ja so dünn.«

»Danke, Frau Seiniger.« Basha steckt das Geld ein.

»Kommst du am Freitag wieder zum Tischtennis?«

»Ja.«

Frau Seiniger bringt ihn zur Tür und sagt, er solle seiner Mutter einen schönen Gruß bestellen. Sonntag nach der Kirche träfen sich ein paar Frauen zum Tee. Sie sei ganz herzlich dazu eingeladen. Basha nickt, bedankt sich im Namen seiner Mutter und weiß doch, dass sie nach der Kirche sofort wieder nach Hause geht, um an ihren Körben weiterzuflechten.

20 Euro! Und was, wenn er Mama sagte, dass Frau Seiniger gar nicht da war? Dann könnte er morgen zur Schule gehen, Vitko und Kevin das Geld abliefern und die Sache wäre erledigt. Aber dann würde Mama bestimmt am Sonntag rauskriegen, dass er die 20 Euro längst bekommen hat. Besser wäre es, Mama das Geld zu geben und sie zu drängen, den Brief fertig zu machen. Dann würde er das Geld einstecken und alles auf die Post schieben. Es ist ja schon öfter vorgekommen, dass sich die Zustellung verzögert hat. Einmal ist der Brief sogar erst einen ganzen Monat später angekommen. Mama hatte schon Angst gehabt, er sei verloren gegangen. Genau. Das ist die Lösung! Keiner würde was merken, wenn er das Geld aus dem Brief nähme.

Zu Hause gibt er Mama den Schein von Frau Seiniger und sagt, sie solle den Brief fertig machen, er könnte sofort zur Post gehen, aber Mama hält inne.

»Du brauchst dringend ein paar neue Schuhe«, sagt sie. »Ich habe heute gesehen, dass es bei Deichmann welche für 19,95 Euro gibt. Die möchte ich dir gern kaufen. Deine fallen ja ganz auseinander. So kannst du nicht rumlaufen. Wir sind anständige Leute.«

Basha bekommt einen Stich in die Brust. »Nein!«, ruft er, viel zu laut. Mama runzelt die Stirn. Er räuspert sich. »Ich brauche keine neuen Schuhe – äh – ich … ich …«, stottert er und

weiß, dass er nicht gerade überzeugend klingt. Mama lacht.
»Aha, du magst keine Schuhe von Deichmann. Du möchtest coole Schuhe haben. Gut. Ich kaufe dir coole Schuhe.« Es klingt komisch, wenn Mama »cool« sagt. Sie lächelt ihn an. »Du bist ein sehr bescheidener, fleißiger Junge. Es ist wichtig, dass du dich wohlfühlst. Also nehme ich Geld aus dem Brief und wir kaufen coole Schuhe. Sie dürfen aber nicht teurer als 50 Euro sein. Wo gehen wir da am besten hin?«

»Nein, Mama, wirklich. Das geht doch nicht.« Basha schwitzt.

»Doch, doch. Ich habe einen neuen Korb in Auftrag und die letzten Wochen waren wir so sparsam mit unserem Haushaltsgeld, dass ich davon auch noch 30 Euro abzweigen kann. Die Schuhe dürfen sogar 60 Euro kosten.« Mama strahlt. Sie ist so stolz, ihm 60 Euro für Schuhe anzubieten! Basha hält es nicht mehr aus. Er rauft sich die Haare, beißt sich auf die Lippen, möchte sich am liebsten unter dem Tisch verkriechen oder noch besser: im Kleiderschrank. Aber Mama ist schon bei ihm und nimmt ihn in den Arm. Er drückt sich an ihren weichen, warmen Körper, hält sie fest und kann die Tränen nicht mehr unterdrücken. Mama streichelt ihm über den Kopf, den Rücken. »Schschscht, *mon petit puce*, nuschelt sie und sagt, dass alles manchmal zu viel ist, auch seine ganze Lernerei, das verstehe sie ja und er mache es so gut und sie sei so stolz auf ihn, auf ihren Basha, *mon petit puce* – ihren kleinen Floh, und redet ihm gut zu, dass er die Schuhe verdient hätte. Basha reißt sich los und rennt in sein Zimmer, eine ehemalige Dienstbotenkammer, neben der Küche, mit einem Brett an der Wand als Schreibtisch und einem Bett gegenüber. In der Mitte ist gerade noch Platz zum Durchgehen.

»Basha?«, ruft Mama. »Was ist denn los?«

»Nichts«, ruft er zurück und holt tief Luft. »*Excuse-moi, Maman*. Ich habe Kopfschmerzen. Das ist alles.«

Am nächsten Tag verlässt er die Wohnung, hat sein Schulbrot dabei, seinen Kakao, Mama hat ihm auch eine Banane und sogar ein *Knoppers* mitgegeben. Sie hat in einer Zeitschrift beim Arzt mal einen Artikel entdeckt, in dem stand, dass es wichtig für die Entwicklung eines lernenden Kindes sei, Pausenbrote dabeizuhaben. Basha musste alles für sie übersetzen, dabei konnte er selbst nicht alles verstehen, nur das Wichtigste, dass man Kindern *Knoppers* mit den Pausenbroten mitgeben sollte. Wahrscheinlich war es Reklame. Basha liebt Süßes. Nun sitzt er in dem kleinen Holzhäuschen auf dem Spielplatz in der Parkanlage und hat einen Stein im Magen. Es ist das erste Mal, dass er die Schule schwänzt. Nun muss er sich auch noch selbst eine Entschuldigung schreiben und dafür Mamas Unterschrift nachmachen. Das ist zum Glück kein Problem. Er hat in seinem Computer einen Vordruck gespeichert, damit Mama nicht immer von Hand denselben Satz schreiben muss, wenn er krank ist. Den druckt er einfach aus und legt ihn Mama zur Unterschrift vor. Na ja, unterschreibt er ihn eben selber. Das wird schon nicht auffallen, er hat ja damals die Bescheinigung über seine Lese- und Rechtschreibschwäche auch unterschrieben. Viel schlimmer ist, dass sie ihm unbedingt jetzt Schuhe kaufen will. Wo er sich über die Schuhe sonst total gefreut hätte.

Es ist erst zwanzig vor neun. Die Zeit vergeht überhaupt nicht. In der Schule haben sie jetzt Mathe. Herr Siebert wird sich wundern, dass er nicht da ist. Hoffentlich unternimmt er nichts. Basha muss morgen unbedingt wieder hin, sonst ruft der Siebert noch bei ihm an und fragt, was mit ihm sei. Das hat er schon mal gemacht, als er eine Mandelentzündung hatte und gar nicht schlucken konnte. Da hat er Mama angerufen und ihn gelobt – auf Französisch! – was für ein wunderbarer Junge er sei und Mama hatte tagelang gestrahlt, weil der Lehrer ihres Sohnes sie anruft, um ihr zu sagen, was für ein wunderbarer Schüler er sei. Ihm war damals ganz eng in der Brust geworden, denn so, wie Mama es verstanden hatte, war es ja gar nicht gemeint. Er ist ja gar kein wunderbarer Schüler. Wenn Mama wüsste, wie es wirklich um ihn steht, dass, wenn seine Leistungen so miserabel bleiben, er niemals ein guter Arzt werden kann, kriegt sie einen Herzinfarkt. Und dann hat er seine eigene Mutter auf dem Gewissen. Er ist wirklich ein Nichtsnutz, ein schäbiger, gemeiner Nichtsnutz, der lügt und betrügt und am besten gar nicht mehr am Leben wäre. Aber umbringen kann er sich nicht, das darf er seinen Eltern nicht antun. Er ist ein Akt Gottes, er darf sich nicht selbst richten. Aber er könnte ja von einem Auto überfahren werden oder …

Basha muss würgen. Sein Magen spinnt schon den ganzen Morgen und eiskalte Füße hat er auch. Es ist zwar ein schöner Frühlingstag, mit blauem Himmel und roten Tulpen am Wegrand, aber noch sehr kalt. Wie gern wäre er jetzt in seinem Klassenzimmer und alles wäre wie sonst. Vielleicht sollte er einfach hingehen und sagen, er hätte nur verschlafen. Dann braucht er auch keine Entschuldigung zu fälschen und vielleicht haben sich Vitko und Kevin längst beruhigt. Sonst kriegt er eben eins auf die Nase. Na und? Er hat keine Angst vor Schmerzen.

Basha will gerade aus dem Häuschen vom Spielplatz gehen, da sieht er von Weitem seine Mutter. Schnell huscht er zurück, schaut durch die Ritzen der Holzbude. Seine Mutter hat das rote Tuch um den Kopf gewickelt, das *Igitenge*, in dem sie ihn schon als Baby auf dem Rücken getragen hat. Mit dem grünen, langen Rock sieht sie aus wie eine große, schöne Blume. Wie aufrecht sie geht, kerzengerade. Sie hat den Korb gegen die Hüfte gestemmt. Früher hat sie ihn auf dem Kopf getragen, aber Basha hatte sie gebeten, es nicht mehr zu tun, denn niemand trägt hier seine Taschen auf dem Kopf.

Mama geht zu einer Platane und klaubt Zweige auf. Es war

windig letzte Nacht, da wird sie einiges an Brennholz finden. Sie steht mit dem Rücken zum Spielplatz. Jetzt muss er raus, sonst sitzt er hier noch wer weiß wie lange fest. Er rennt los, flitzt quer über den Spielplatz, rennt durch die Häuserreihen, an den Wäschestangen vorbei, den geparkten Autos, hätte fast eine Frau mit Kinderwagen umgerannt, läuft auf die große Straße zu, kurz vor der Ampel stoppt er. Sein Rucksack! Er hat seinen Rucksack auf dem Spielplatz vergessen. Sowas von trottelig aber auch! Wie konnte er nur? Er muss den Rucksack wiederhaben. Seine Schulbücher, das Federmäppchen, sein Sportzeug ist darin. Die gute Brotbox, die Trinkflasche – und der Rucksack selbst – er ist noch fast neu. Basha dreht um. Aber was, wenn seine Mutter ihn dann sieht? Nein. Er kann jetzt nicht zurück. Aber ohne seine Sachen kann er auch nicht zur Schule.

Basha geht Richtung Einkaufszentrum, bei Lidl vorbei, Aldi dem Bio-Supermarkt, in dem Gemüse ständig mit Wasser berieselt wird, und wo die eleganten Frauen einkaufen, die, die nicht mit Geld bezahlen, sondern mit Karten. Basha hat das schon oft genug beobachtet. Er geht an Bauhaus vorbei. Ein Mann mit einem Stapel Bretter auf der Schulter kommt ihm entgegen. Dann sieht er Kevin. Basha versteckt sich hinter einem Lieferwagen. Was macht Kevin denn um diese Zeit vor Bauhaus? Warum ist er nicht in der Schule?

Basha beobachtet, wie ein Typ kommt und auf Kevin zugeht. Er ist bestimmt schon 18, sehr groß und hat ein schwarzes Hoody an, Kapuze auf, die Jeans hängt ihm fast in den Kniekehlen. Ist das nicht dieser Tikka, dem man alles geben kann und er macht Geld daraus? Es heißt, er würde sogar mit Drogen dealen. Basha hört, wie sie miteinander reden. Kevin gibt dem Großen was. Geldscheine? Tikka scheint nicht zufrieden zu sein, Basha kann nur einzelne Wörter verstehen: »Morgen aber sicher. Keine Ausrede mehr, sonst gibt's Russendisco.« War das eine Drohung oder Spaß? So, wie Tikka guckt, sieht es nicht nach Spaß aus. Kevin dreht sich um und geht weg. Tikka zündet sich eine Zigarette an und guckt auf die Uhr.

Basha streunt durch die Gegend, beobachtet Leute, die Einkaufswagen zum Auto fahren, alles in den Kofferraum laden, den Einkaufswagen zurückbringen und wegfahren. Muss schon toll sein, wenn man ein eigenes Auto hat und einfach so bei den Geschäften vorfahren und den Kofferraum vollladen kann. Als Arzt kann man sich sicher einen Mercedes oder einen Audi leisten. Er hätte ja gern einen Ford Pick-up, so einen, wie sein Vater in Burundi hat. Den findet er am schönsten, auch wenn er rostig und verbeult ist.

Bashas Magen knurrt, obwohl er keinen Hunger hat. Nein, Hunger darf er nicht haben, das steht ihm nicht zu, er ist ein Nichtsnutz, ein Taugenichts und hat die Brote, die ihm seine Mutter geschmiert hat, und das *Knoppers* nicht verdient. Er guckt aufs Armaturenbrett in einem Golf. Halb zehn. Jetzt ist Mama bestimmt wieder zu Hause. Er sprintet los, zum Spielplatz, seinen Rucksack holen. Als er dort ankommt, sieht er kleine Kinder im Holzhäuschen. Ein Junge mit Eimer und Schaufel steht vor ihm und guckt ihn an. Im Holzhäuschen sitzt ein kleines Mädchen. Sein Rucksack ist nicht mehr da. – In seinem Kopf summt es wie in einem Bienenschwarm, er sucht alles ab. Kein Rucksack. Er fragt das kleine Mädchen. Es starrt ihn nur mit großen Augen an. Ein Frau mit kurzen grauen Haaren steht neben ihm.

»Suchst du was?«

»Ja. Meinen Rucksack.«

»Ist er schwarz mit einer Trinkflasche in der Außentasche?«

»Ja!«

Die alte Frau zeigt auf eine Bank hinter den Schaukeln. »Ich habe ihn dort hingestellt. Na, da bist du wohl froh, dass du ihn wiederhast, was?«

Basha holt seinen Rucksack, bedankt sich, macht, dass er wegkommt, damit er keine weiteren Fragen beantworten muss. Die Oma guckt schon so, als wolle sie mehr wissen, zum Beispiel, warum er nicht in der Schule ist … Er flitzt vom Spielplatz, rennt durch die Parkanlage. Seine Mutter ist zum Glück nicht mehr da. Er braucht sich gar nicht zu beeilen, es ist gerade große Pause. Was sagt er denn nur, wo er die ersten beiden Stunden gewesen ist?

Seine Lunge brennt. Das fühlt sich gut an. Er mag es, wenn er atemlos ist. Sein ganzer Körper will dann weiterrennen, immer nur rennen. Schweiß rinnt ihm die Schläfen hinab. Er wischt sich mit dem Ärmel durchs Gesicht, sieht die Kinder auf dem Schulhof und Herrn Siebert. Der hat Pausenaufsicht.

»Entschuldigung«, sagt Basha. Mehr fällt ihm nicht ein.

»Hast du verschlafen?«, fragt sein Mathelehrer.

»Nein. Äh, ja. Ich …«, stottert er. Sein Rucksack wird immer schwerer, seine Beine auch. Ach, könnte sich doch einfach der Boden auftun und er darin versinken. Frau Schimmerink hat auch Aufsicht und kommt gleich anmarschiert. Herr Siebert lächelt Basha an, da zögert sie, ihn zu fragen, wo er gewesen ist. Basha kriegt auch keinen Ton mehr raus. Hinten, an der Hecke, steht Vitko mit Kevin.

»Heute scheinen ja alle zu spät zu kommen«, sagt Frau Schimmerink. »Erst Kevin, jetzt du – und Nasrin, Paolo und Soula sind auch nicht da.«

»Die sind krank«, sagt Herr Siebert.

»Und was ist mit dir?« Frau Schimmerink guckt Basha herausfordernd an. War ja klar, dass sie sich nicht einfach so zufriedengibt. Sie will auch eine Entschuldigung für die ersten beiden Stunden haben. Bei ihr bleibt keiner einfach so vom Unterricht fern. Und dann muss Basha auch noch in der Deutschstunde laut vorlesen. Wie er das hasst! Die Klasse wird schon unruhig, weil keiner mehr zuhören kann, und Vitko schießt ihm angekaute Papierkügelchen in den Nacken. Als er dann von Kevin einen Zettel zugesteckt bekommt mit der Nachricht: »Trefen nach Spord hienter Turnhale«, rutscht er erst noch ein Weilchen hin und her, versucht, sich an der Tischkante festzuhalten, aber dann fängt sein Herz an, wie wild zu schlagen, und schlägt ihn vom Stuhl unter den Tisch. Sein Körper wird rund, das Gemurmel und Gelächter über ihm prallen von ihm ab, nur Frau Schimmerinks hohe Stimme dringt wie ein Pfeil zu ihm durch.

»Komm sofort unter dem Tisch hervor! Sofort! Hörst du nicht!«

Vielleicht ist er ja wirklich verrückt. Basha versucht, Ruhe in seinen Kopf zu kriegen, aber die schlechte Energie, die von Frau Schimmerink ausgeht, lässt ihn keinen klaren Gedanken fassen. Er kann ihre Wut sogar riechen. Wie Schwefel. Dann fühlt er eine Hand am Kragen, sie wirbelt ihn herum, mit so einer Kraft, dass er rückwärts auf seine Füße stolpert.

»Jetzt ist ein für alle Mal Schluss mit deinen Sperenzchen!«

Die Klasse ist mucksmäuschenstill. Keiner bewegt sich. Nur Vitko. Er verschränkt die Arme vor der Brust und grinst ihn an. Bloß nicht angucken, denkt Basha, nur nicht zeigen, dass ich sein blödes Grinsen sehe. Nur nicht klein werden, du Feigling! Und genau in dem Moment, in dem er merkt, wie er in sich zusammenzufallen droht, doch klein wird und ihm die Tränen in die Augen schießen, sieht er etwas Rotes: Leylas Haarspangen. Das Rot leuchtet, strahlt, trifft ihn mitten ins Herz und er gibt sich einen Ruck und steht kerzengerade, stolz und aufrecht wie Mama beim Holzsammeln. Mit festen Schritten geht er auf seinen Platz. Setzt sich. Hört Frau Schimmerink, aber versteht nicht, was sie sagt. Ihre Stimme ist plötzlich klein und dünn. Er hört heraus, dass es ihr leidtut, ihn so schroff angefasst zu haben, aber sie entschuldigt sich nicht. Den Rest der Stunde schreiben sie ein Diktat und müssen es am Ende abgeben.

Auf dem Weg in die Turnhalle versperren ihm Vitko und Kevin den Weg.

»Du hast noch Schulden bei uns«, sagt Vitko.

»Ihr habt gesagt, dass wir uns nach Sport hinter der Turnhalle treffen.«

»Wer gleich bezahlt, vergisst es nicht«, sagt Kevin und lacht über seinen coolen Spruch. Verstummt sofort, als Vitko ihn ernst von der Seite anguckt. Vitko mag nur seine eigenen Sprüche. Basha nutzt die Sekunde und springt an ihnen vorbei, rennt los, schafft es locker, vor den beiden in die Turnhalle zu kommen. Herr Siebert, auch Sportlehrer, steht schon da, in schwarzem Trainingsanzug und mit Stoppuhr.

»Heute laufen wir zwei Kilometer, also fünf Runden um den Sportplatz. Kevin und Sven, ihr nehmt bitte die Wasserflaschen mit.« Er deutet auf das Paket mit den in Plastikfolie eingeschweißten Flaschen. Sie sollen sich beim Umziehen beeilen. Herr Siebert kommt mit in die Umkleide.

»Hab mein Sportzeug vergessen«, sagt Kevin. »Kann sowieso nicht mitmachen.« Er hasst es, sich zu bewegen.

»Hat seine Tage«, sagt Vitko und lacht dreckig. Kevin wird rot. Herr Siebert hält ihm Shorts hin. »Hier, zieh die an. Das sind sowieso noch deine. Hast du am Montag vergessen.«

Auf dem Sportplatz rennen alle viel zu schnell los. Basha lässt sie an sich vorbeisprinten, an der Spitze Vitko. Es ist immer dasselbe: nach der zweiten Runde geht ihnen schon die Puste aus. Kevin ist einer der Letzten. Vitko bleibt in der dritten Runde auch noch an der Spitze, ist allen ziemlich weit voraus. Basha bleibt unter den vorderen vier, auch noch in der vierten Runde, lässt Vitko vorn. Dann holt er langsam auf, wird Dritter, Zweiter, lässt Vitko jedoch noch genügend Vorsprung, bis Basha sich nicht mehr zurückhalten kann und lossprintet. Vitko legt seine letzte Kraft in die Beine. Basha sieht und hört, wie er kämpft, aber es nützt ihm nichts, der Abstand zwischen ihnen wird immer kleiner. Basha holt auf, läuft mit ihm sogar noch ein paar Meter Seite an Seite. Vitkos Kopf ist knallrot, um die Nase ist er jedoch weiß. Man sieht ihm an, dass er keine Reserven mehr hat, und jetzt gibt Basha noch mal richtig Gas und rennt weit, weit vor Vitko ins Ziel.

»Super!«, ruft Herr Siebert und gibt ihm einen Klaps auf die Schulter. Leider lobt er Vitko genauso. Aber egal. Basha hat gewonnen! Vitko hält sich die Hände in den Hüften und schnauft wie ein Walross. »Na warte«, röchelt er. »Das kriegst du wieder.« Es hört sich nicht so an, als fordere Vitko ihn damit zu einem Wettrennen heraus. Basha ist das im Moment völlig wurscht. Nach so einem Lauf kann ihm keiner was, dann hat er eine Schutzhülle um sich, wie eine zweite Haut. Dick und ledrig wie die eines Elefanten, wovon alles abprallt, so als säße er unter dem Tisch und wäre rund – sogar die Sticheleien von Vitko. Der kann die ganze Sportstunde über nicht aufhören, auf Basha herumzuhacken, aber seine Speerspitzen brechen alle ab. Er lässt sich auch in der Umkleide nicht rumschubsen, macht sich steif und schiebt seine Ellenbogen raus. Gerade als Vitko beide Hände nehmen will, um ihn mit voller Wucht wegzuschubsen, steht Herr Siebert schon wieder hinter ihnen. »Na, Vitko, du bist doch vorhin so gut gelaufen, als Zweiter durchs Ziel gekommen. Da musst du jetzt nicht stänkern. Oder bist du etwa ein schlechter Verlierer?«

Vitko beißt die Zähne aufeinander, zischt: »Ich bin kein Verlierer!«

»Nur in eurem Zweikampf«, sagt Herr Siebert. »Und das ist kein Grund hier rüpelig zu werden. Ist das klar?«

Vitko antwortet nicht. Kevin sagt: »Mann, Alter, ich hab dich so angefeuert. Hast du das nicht gehört?«

»Halt's Maul!«, pfeift er Kevin an. »Und beeil dich. Ich warte draußen auf dich.«

Basha düst gleich ab.

»He, warte mal!«, ruft Vitko ihm hinterher, aber Basha ist schon auf dem Nachhauseweg. Es fühlt sich gut an! Er ist kein Feigling! Er lässt sich nicht erpressen. Er hat gewonnen, in jeder Hinsicht. Er ist ein Mann! Gut, dass er noch zur Schule gegangen ist. Alles gut! Okay, Frau Schimmerink besteht darauf, dass er eine Entschuldigung für die ersten beiden Stunden mitbringt, aber das ist ein Kinderspiel, nachdem er Vitko heute so abgehängt hat.

Er holt sein Brot heraus und trinkt seinen Kakao, blinzelt in den blauen Himmel. Plötzlich reißt ihn etwas mit voller Wucht nach hinten, und ehe er weiß, was Sache ist, liegt er schon auf dem Rücken und hat eine Faust im Gesicht, die langsam seine Nase zermalmt.

»Du glaubst doch wohl nicht wirklich, du kannst mir entkommen?« Vitkos Gesicht ist immer noch knallrot, wie vorhin beim Laufen. Basha kann sich nicht bewegen, kriegt keine Luft, sieht Kevin, wie er in seinem Rucksack wühlt.

»Wo sind die 20 Euro?«, fragt Vitko und rammt ihm das Knie in den Magen. Basha taumelt, krümmt sich, sinkt in sich zusammen, sieht Funken wie von einer Wunderkerze, er weiß gar nicht, wo er ist, es brennt in ihm, er muss husten, würgen. Er kriegt keine Luft, seine Nase brennt auch höllisch. Kevin tritt ihn gegen den Knöchel. »Na los, du Affe, sag schon.«

»Hab ich nicht«, röchelt Basha.

»Wie? Du hast sie nicht? Wir hatten aber abgemacht, dass du sie heute mitbringst. Das ist Vertragsbruch. Was machen wir denn jetzt mit dir?« Vitko geht einen Schritt zurück. Basha soll aufstehen. Mühsam rappelt er sich hoch. Vitko springt ihm mit dem Hacken auf die Zehe. Basha schreit auf, hat im Nu eine Hand auf dem Mund, die ihn nach hinten zieht. Es ist gar nicht Vitkos Hand, es ist Kevins. Kevin steht hinter ihm und biegt ihm den Kopf in den Nacken. Vitko haut ihm voll eine in die Rippen. Basha stolpert rückwärts, da fasst eine andere

Hand an seine schon brennende Nase, drückt zu und dreht sie um. In dem Moment, wo alles dunkel wird, verschwinden die Hände aus seinem Gesicht, kriegt er einen Tritt in die Kniekehlen und fällt vornüber. Da hockt er nun, wie ein Hund, nach Luft ringend, heulend und kriegt noch einen Tritt in den Hintern, hört Vitkos Stimme über ihm: »Mit uns nicht, klar! Morgen bringst du 40 Euro. Als Entschädigung für unseren Aufwand. Dass wir uns mit so einem Stück Dreck wie dir abgeben müssen. Und wehe, du hast irgendeine Ausrede, dann trommle ich meine Leute zusammen und die nehmen sich mal deine Mutter vor, und …«

Im Nu ist Basha auf den Beinen. Ihm ist noch schwarz vor Augen, er kann kaum stehen, aber wenn Vitko noch ein Wort über seine Mutter sagt, dann dreht er ihm die Gurgel um.

»50 Euro«, sagt Kevin. Steht da, mit den Händen in den Taschen wie ein Geschäftsmann, der gleich in sein Auto steigt und mit quietschenden Reifen wegfährt. Vitko grinst ihn an, Basha sieht, wie angenehm überrascht Vitko über Kevins Preiserhöhung ist.

»Wir haben schließlich auch Unkosten. Wir schulden Tikka noch …«

»Halt's Maul!«, pfeift Vitko Kevin an und schnappt sich Bashas Rucksack. »Nun hau ab und treib die Kohle auf. Je schneller, je besser. Deinen Rucksack kriegste vorher nicht wieder.«

Basha kann nicht abhauen. Er steht da und sieht, wie sie mit seinem Rucksack abtrotten. Sein angebissenes Brot liegt auf der Straße.

Basha kommt spät nach Hause. Er war noch im Park und ist immer hin- und hergegangen, hat geweint und geflucht, aber konnte nicht denken vor lauter Wut. In seinem Kopf nur Bauschutt. Plötzlich stand die Oma vor ihm mit dem kleinen Mädchen, vom Spielplatz.

»Ist alles in Ordnung mit dir?«

Basha starrte die fremde Frau an, kriegte keinen Ton raus.

»Hast du schon wieder deinen Rucksack irgendwo liegen gelassen?« Die Frau lächelte. Er rannte weg. Alles tut ihm weh, aber je länger er rennt, desto weniger spürt er etwas von sich, es ist, als könnte er vor sich selbst davonrennen. Aber irgendwann ist Schluss, fällt er keuchend hin, steht auf und humpelt nach Hause, verschnauft im Treppenhaus, wischt sich den Schweiß ab, klopft an die Tür, denn sein Schlüssel ist im Rucksack. Als Mama aufmacht, mit dem roten Tuch um den Kopf vor ihm steht, würde er am liebsten unter ihre Röcke kriechen und nie wieder rauskommen. Aber er reißt sich zusammen.

»Ich habe meinen Rucksack in der Turnhalle gelassen, wir hatten Sport und haben nachher noch mal Training, da dachte ich, ich schleppe ihn nicht hin und her, sondern bringe ihn später mit.«

»Wasch dich erst mal«, sagt Mama. »Du bist ja ganz dreckig. Und wie sieht deine Hose aus?«

»Bin hingefallen«, ruft Basha aus dem Badezimmer. Seine Stimme zittert. Später sitzt er am Tisch, Mama gibt ihm Maisbrei auf, mit gebratenem Fisch. Der Geruch dreht ihm den Magen um. Nur mit Mühe kann er einen Brechreiz unterdrücken. Mama guckt ihn an, sagt nichts, aber er weiß, dass sie was spürt.

»Wie war es denn in der Schule heute?«

»Gut.« Er verbrennt sich die Zunge am heißen Fisch.

»Basha, was ist los mit dir?«

»Ich war heute Erster beim Dauerlauf. Und dann haben wir noch Weitsprung gemacht und Hochsprung, ich war überall Erster!« Seine Wangen glühen.

Mama lächelt. »Das ist schön. Aber Sport ist nicht so wichtig. Es wäre schön, wenn du in Deutsch und den anderen Fächern Erster bist.«

Basha verschluckt sich, trinkt Wasser, entschuldigt sich, sagt, er habe keinen Hunger mehr, er äße später. Das käme vom vielen Laufen.

»Na gut«, sagt Mama. »Dann lern jetzt erst mal und dann gehen wir Schuhe kaufen. Sie holt ihr Portemonnaie und blättert drei 20-Euro-Scheine auf den Tisch, strahlt ihn an. Ihre schönen, weißen Zähne glänzen. Basha schluckt. Er hat das Gefühl, als würde er von innen aufgefressen. Er versucht, sich gut zuzureden. Ein Mann muss die Nerven behalten. Das hat er mal in einem Thriller gesehen, Ruhe bewahren, auch wenn gerade die schlimmsten Sachen passieren – oder gerade dann.

»Ach Mama, ich kann heute keine Schuhe kaufen, ich muss ja noch mal zum Sport. Und ich möchte auch lieber das Geld spenden und Papa schicken. Komm, lass uns den Brief fertig machen. Ich bringe ihn noch schnell zur Post.«

Mama steht der Mund offen. »Mein lieber, lieber Sohn«, sagt sie. »Aber du brauchst doch neue Schuhe!«

»Ja, aber die alten reichen noch für einen Monat. Bitte, Mama, mach den Brief fertig.« Mama legt die Stirn in Falten. »Was ist nur mit dir? Irgendwas stimmt doch nicht.«

Ein Wasserfall Worte prasseln aus seinem Mund, er lacht und hüpft sogar, um Mama zu beruhigen. »Es ist alles okay.«

Endlich hat er den Brief in der Hand, mit den 50 Euro. Er wird alles zurückerstatten. Geld verdienen und nachschicken, an Papa. Keiner wird was merken. Er borgt sich das Geld nur. Gleich morgen wird er sich einen Job suchen – Hundesitter, Prospekte austragen, im Schwimmbad nach verlorenen Schlüsseln tauchen. Bestimmt bekommt er die 50 Euro ganz bald wieder zusammen.

Basha läuft an der Post vorbei, Richtung Schule. Er hat keine Ahnung, wo er Vitko und Kevin treffen kann. Die werden Augen machen, dass er seine Schulden so schnell abbezahlt!

Am besten, er guckt mal auf dem Spielplatz, zwischen den Hochhäusern, hinter der Schule. Da wohnen sie doch irgendwo. Vielleicht sind sie draußen. In dieser Wohnanlage war er noch nie. Die Häuser haben hier mehr Stockwerke als bei ihm … Sieben, acht, neun, zehn … elf. Am besten, er setzt sich da auf die Bank, natürlich auf die Lehne, das machen alle so.

Er öffnet den Brief. Seine Finger zittern, als er den Fünfzigeuroschein aus dem Kuvert fischt. Er faltet ihn zusammen und steckt ihn in seine Hosentasche. Den Brief in die andere. Er hat das Gefühl, als beobachte ihn jemand, aber weit und breit keiner zu sehen. Nicht mal kleine Kinder auf dem Spielplatz. Er schaut sich um. Überall liegt Müll. Plastiktüten, Papier, leere Zigarettenschachteln und jede Menge Kippen. Im Sand vor ihm liegt sogar eine Spritze, noch mit Nadel. Die muss er sich näher angucken. Da ist ja noch Blut drin. Igitt! Er wirft die Spritze wieder weg. Dann fällt ihm ein, dass es ja gefährlich ist, so eine Spritze einfach wegzuschmeißen. Was, wenn kleine Kinder in die Nadel fassen. Er steht auf, holt die Spritze und wirft sie in einen Mülleimer.

»Hey, seit wann bist du am Fixen?«

Basha fährt herum. Hinter ihm stehen Vitko und Kevin. Vitko grinst ihn an.

»Der ist bestimmt nur gekommen, um Sandkuchen zu backen«, sagt Kevin. Beide prusten los.

»Hier!«, sagt Basha, zieht den Fünfzigeuroschein aus der Tasche und hält ihn ihnen hin. Den beiden fällt die Kinnlade runter. Vitko greift nach dem Schein, aber Basha zieht ihn wieder weg.

»Erst meinen Rucksack«, sagt er, aber da spürt er einen Schlag gegen seine Schulter, einen Fuß hinter seinen Hacken und schon liegt er rücklings im Sand. Die beiden laufen weg – mit dem Fünfziger.

»Ey!«, ruft Basha ihnen hinterher und ist sofort auf den Beinen. Die holt er ein! Er wetzt los, aber von Vitko und Kevin keine Spur. Basha bleibt stehen und schaut sich um. Ob sie dort hinter den Müllcontainern hocken? Er schaut nach, aber da sind sie nicht. Eine Gruppe Rumänen kommt ihnen entgegen. Den einen kennt er vom Sehen her, er ist ein Bruder von Dorin, einer aus seiner Klasse.

»Habt ihr Vitko und Kevin gesehen?«, fragt er den Bruder.

»Ja«, sagt er. »Die sind im Haus.«

»In welchem Haus.«

»Wo sie wohnen.«

»Wo wohnen sie denn?«

»In der 7.«

Basha geht zu dem Hochhaus mit der Nummer sieben und guckt auf die Klingelknöpfe. Die Namen kann man kaum lesen und die Knöpfe sind angekokelt. Dann findet er Vitkos Nachnamen: Koslov, elfter Stock. Aber er kann doch da nicht einfach klingeln! Basha tritt mit dem Fuß gegen die Tür. So ein verdammter Mist aber auch! Was soll er denn jetzt machen? Alle haben große Brüder, nur er nicht. Er hat auch keinen Freund, den er mitnehmen könnte. Er hat niemanden. Und das Geld und sein Rucksack sind auch weg. Tränen steigen ihm in die Augen, er tritt noch einmal gegen die Tür. Er muss seinen Rucksack wiederhaben. Er kann nicht noch mal ohne ihn nach Hause kommen.

Ein Mann kommt aus dem Haus und guckt ihn nicht mal an. Basha wartet nicht ab, bis die Tür ins Schloss fällt, er huscht ins Haus. Neben den Treppen stehen Kinderwagen. Vor einer Tür liegen lauter volle Mülltüten. Der Fahrstuhl kommt. Was, wenn die Türen aufgehen und Vitkos Brüder kommen raus und schlagen ihn tot? Wo soll er nur hin? Er dreht um, läuft raus aus dem Haus. Er könnte sich ohrfeigen. Nicht nur zu blöd, seinen Rucksack wiederzukriegen, feige ist er eben doch. Er läuft gleich weiter, läuft und läuft und plötzlich tut ihm sein Fuß weh, da wo Kevin ihm heute Morgen draufgesprungen ist. Er muss anhalten, kriegt keine Luft mehr. Sein Magen sticht. »Du blöder Schisser du«, beschimpft er sich und schluchzt. Jetzt heult er auch schon wieder! Wenn doch nur sein Vater hier wäre. Dann würde er ihm alles erzählen. Mama kann er nichts erzählen. Er darf ihr nicht noch mehr Sorgen machen. Er will ihr doch helfen, ein Mann sein, aber er benimmt sich wie ein Waschlappen! »Was soll ich bloß tun«, wimmert er. Sogar auf Französisch: *Qu'est-ce que je peux faire?*

Zu Hause fragt Mama, wo er gewesen ist und warum er seinen Rucksack nicht dabeihabe und was mit ihm los sei, irgendwas sei doch im Busch, das spüre sie doch. Er sei nur erschöpft, sagt er. Seinen Rucksack hätte er in der Turnhalle vergessen.

»Dann geh und hole ihn.«

»Nein, ich muss noch lernen«, sagt er und verdrückt sich an seinen Computer. Den hat sich Mama auch vom monatlichen Geld abgespart. Papa hatte geschrieben, dass sein Sohn einen Computer haben soll, um besser lernen zu können. Wie oft war Basha nachts aufgewacht und hatte gedacht, er sei schuld, wenn wieder Straßenkinder in Burundi sterben, weil sein Vater kein Geld für Medikamente kaufen konnte, wegen seines Computers. Hoffentlich stirbt jetzt keiner wegen ihm, weil er die 50 Euro genommen hat. Er muss sie so schnell wie möglich zurückzahlen! In seinem Kopf fühlt es sich so an, als riesele Sand durch sein Gehirn wie in einer Sanduhr. Mama versteht nicht, wie er seinen Rucksack vergessen konnte. Da seien doch all seine Schulbücher drin, die er zum Lernen braucht!

»Nein, nein, die brauche ich jetzt nicht«, ruft er aus seinem kleinen Zimmer. Deswegen sei es gar nicht schlimm. Was, wenn er den Rucksack auch morgen nicht wiederkriegt? Der Sand in seinem Kopf scheuert sein Gehirn wund.

Mama sitzt in der Küche und flicht an ihrem Korb. Was soll er jetzt am Computer machen? Irgendwas spielen geht nicht, sie kann jeden Moment reinkommen. Er drückt auf das »a«, schaut zu, wie sich das »a« ausbreitet, wie eine Krankheit. Der ganze Bildschirm ist voll. Er fühlt sich selbst wie ein Computer, es blinkt und surrt in ihm und andauernd poppt ein neuer Gedanke hoch, den er nicht öffnen kann. Er schwitzt immer noch, obwohl er sich nicht bewegt, und sein Herz trommelt in ihm und macht ihn ganz verrückt.

Die Nacht ist wie ein Dschungel. Alle möglichen Tiere tauchen auf – ein Tiger mit Rucksack, Schlangen hängen von Ästen wie Lianen, heben die Köpfe und zischeln ihn an. Überall lauert etwas auf ihn, eine eiskalte Gänsehaut rieselt ihm den Nacken hinab. Er will raus aus diesem dunklen Dickicht. Mit jedem Schritt wird er langsamer, arbeitet sich mit aller Kraft vorwärts, doch der Grund ist sumpfig, gibt nach, hindert ihn, zu entkommen. Und dann bäumt sich eine dicke gelbe Schlange vor ihm auf und zischt ihm ins Gesicht. Er sieht die Giftzähne, sogar das Gift, das aus den Zähnen spritzt, aber dann wendet sich die Schlange im letzten Moment von ihm ab und beißt in ein kleines Mädchen, ein Straßenkind aus Bujumbura, und er kann ihren Tod nicht verhindern, muss sogar mit ansehen, wie die Schlange blitzschnell zubeißt und ihr Gift in den Kopf des Mädchens pumpt und es schreit und schreit und schreit …

Mama steht an seinem Bett und beruhigt ihn. Er ist schweißgebadet. »Du hast Fieber. Ich wusste doch, du brütest was aus. Beruhige dich, du hast nur schlecht geträumt.« Sie legt ihre Hand auf seine Stirn, auf seine Schläfe; ihre Hand ist schön kühl. Er fasst nach ihrer Hand, zieht sie an sich, Mama setzt sich aufs Bett, legt sich mit in sein Bett, er spürt ihren Körper, hört ihr Herz. Sie zieht das Fieber aus ihm raus, das hat sie früher auch so gemacht, wenn er krank war. Sie musste sich nur nah genug an ihn kuscheln, mit ihren Händen seinen Kopf umfassen, ihn halten, und so mit ihm liegen bleiben, bis er in ihre Ruhe tauchen konnte; dann nahm sie auch das Fieber mit. – Alles ist gut, Basha. *Mon petit Basha.* – Gottes Akt. Dir kann nichts passieren. Ich bin bei dir. – *Und wenn ich auch wanderte durchs Tal der Todesschatten, so fürchte ich kein Unglück, denn du bist bei mir; dein Stecken und dein Stab trösten mich* – und Basha nimmt den Stab und haut mit einem Hieb der Schlange den Kopf ab.

Am nächsten Morgen will er zur Schule. Mama sitzt am Tisch, sagt, er soll sich wieder ins Bett legen, er sei krank.

»Nein, mir geht es besser. Ich darf nichts versäumen.«

»Mein lieber, lieber Sohn«, sagt sie und seufzt. Er möchte sie schütteln und anbrüllen: »Ich bin nicht dein lieber, lieber Sohn. Ich bin Basha – aber nicht Gottes Akt. Ich bin ein Taugenichts, ein Lügner, ein Betrüger, ich bin es nicht wert, euer Sohn zu sein!«

Er sagt nichts, geht zur Schule. Ohne Rucksack, aber er verspricht, dass er mit dem Rucksack wiederkommt. Das verspricht er seiner Mutter, die ihm eine Plastiktüte in die Hand drückt mit Pausenbroten und einer Plastikflasche selbst angerührtem Kakao.

Draußen scheint die Sonne. Er muss die Augen zusammenkneifen. Ihm ist schwindelig, aber das spielt jetzt keine Rolle. Er ist ein Soldat auf dem Weg ins Schlachtfeld und heute wird er siegen!

Vor der Schule fangen ihn Vitko und Kevin ab, werfen ihm den Rucksack vor die Füße. Vitko tänzelt vor ihm herum wie ein Boxer. »Anscheinend bist du ja doch nicht so doof, wie du aussiehst«, sagt Vitko. »Vielleicht taugst du ja zum Geld verdienen, du Affe. Wir hätten da auch einen Job für dich.« Vitko tritt näher an Basha heran, hört auf zu tänzeln, spricht leise. Der Blick aus seinen wasserblauen Augen sticht Basha ins Gesicht. »Du kannst einen Kurierjob übernehmen. Weißt du, was das heißt?«

Basha nickt, obwohl er nicht weiß, was das heißt, aber er traut sich nicht, Nein zu sagen.

»Kennst du Tikka?«, fragt Vitko.

Basha nickt noch mal.

»Gut. Ganz einfach. Du musst nur ein paar Päckchen irgendwo abholen und irgendwo hinbringen«, sagt Vitko. »Damit verdienst du 50 Euro. Die Hälfte davon gibst du uns, weil wir dir den Job vermittelt haben. Und wehe, du sagst ein Sterbenswörtchen!«

»Warum macht ihr den Job dann nicht selber?«, fragt Basha und hebt seinen Rucksack auf.

»Uns kennt man schon«, sagt Kevin. Er grinst.

»Was ist denn in den Päckchen?«, fragt Basha.

»Ist doch scheißegal. Geht dich gar nichts an. Dir kann nichts passieren, nicht mal, wenn dich die Polizei schnappt. Dann weißt du von nichts. Okay?« Vitko spuckt neben ihm auf den Boden.

»Wir können den Job nicht mehr machen. Mit 14 ist man zu alt dafür«, sagt Kevin. »Das Risiko ist dann zu groß, in den Knast zu kommen.«

Risiko – Polizei – Knast … Basha schluckt. Er ist erst 12. Er will sich seine Zukunft nicht versauen. Er will nur das Geld zurückzahlen, das er genommen hat. Vielleicht sollte er sich doch besser einen anderen Job suchen. Er schultert seinen Rucksack.

»Da ist noch alles drin. Sogar dein Kakao«, sagt Kevin. »Bist du deshalb so dunkel, weil du so viel Kakao trinkst?«

»Halt die Klappe«, fährt ihn Vitko an und wendet sich wieder Basha zu. »Was ist, schlägst du ein?« Er hält ihm die Hand hin. Bashas Kopf ist so heiß und seine Beine sind weich.

»Muss ich mir noch überlegen«, sagt Basha und fühlt sich plötzlich ganz stark. Er geht an den beiden vorbei.

»Aber nicht zu lange!«, raunt Vitko hinter ihm her.

In der ersten Stunde schreiben sie einen »kleinen« Mathetest. Unangekündigt, nur zur Kontrolle, leichte Wiederholung, aber Basha zittern schon die Finger, als er den Aufgabenzettel entgegennimmt. So viel Text! Am liebsten würde er sich unter dem Stuhl verkriechen, sein ganzer Körper schreit danach, aber er kann nicht. Irgendwo ist eine Sperre in ihm. – *Miss den Abstand des Punktes Q von der Parallelogrammseite b.* Das ist einfach. Er misst den Abstand, spürt, wie er ein weich gekautes Papierkügelchen in den Nacken kriegt, dreht sich nicht um, tut so, als merke er es gar nicht, weiß, dann hören sie schneller wieder auf. Er versucht, sich auf die Aufgaben zu konzentrieren, auf nichts anderes als die Aufgaben: *Ist ein Rechteck ein Parallelogramm?* »Ja, natürlich«, schreibt er, »weil es auch zwei parallele lange und kurze Seiten hat.« Er braucht sehr lange für diesen Satz. Die vielen »l«s in dem Wort »parallel« machen ihn ganz verrückt. *Kennst du noch andere Parallelogramme?*

»Ich kenne noch Kwadrate, Rechthecke und Rauden«, schreibt er. Herr Siebert geht an den Tischen entlang, bleibt bei ihm stehen. Basha steht der Schweiß auf der Stirn. Er weiß, dass er irgendwas falsch geschrieben hat, vielleicht sogar alles, aber Herr Siebert flüstert ihm zu, dass er sich nur auf die Aufgabe konzentrieren soll, alles andere sei jetzt nicht so wichtig. Kaum ist Herr Siebert weiter vorn, fliegt Bascha die nächste weich gekaute Papierkugel in den Nacken und bleibt kleben. Gekicher hinter ihm. Herr Siebert ermahnt Vitko. Basha wischt sich über den Nacken, ohne sich umzudrehen. In ihm brodelt es, er will sich verkriechen, aber er schlingt die Füße um die Stuhlbeine und bleibt sitzen, rechnet weiter. Als es klingelt, hat er fast alle Aufgaben geschafft. Als er aus dem Klassenraum geht, steht seine Mutter auf dem Flur.

»Mama?«

Sie sieht ernst aus. Traurig. Trägt ihre bunten Sonntagsröcke und das rote Tuch im Haar, hat eine Handtasche dabei. Neben ihr steht Frau Schimmerink.

»Gehen Sie schon mal mit ihm ins Sekretariat«, sagt Frau Schimmerink. »Ich komme gleich.« Sie geht zu Herrn Siebert. Mama guckt, wie er sie noch nie gesehen hat. Er sieht, dass sie geweint hat. Oh Gott, ist etwas mit Papa passiert? Sein Herz rast.

»Was ist los?«, fragt er sie auf Französisch. Mama presst nur die Lippen aufeinander und schaut an die Decke. Ihre Augen füllen sich mit Tränen. Er geht neben ihr her, spürt eine Kälte und Härte von ihr ausgehen, dass er sie nicht anfassen mag, dabei sehnt er sich nach ihrer Hand. Mama hält krampfhaft die Handtasche fest.

»Bitte, Frau Santoyo!« Die Sekretärin hält Mama die Tür auf. Sie gehen ins Sekretariat. Frau Seiniger ist auch da. Was macht denn Frau Seiniger aus der Gemeinde hier?

Frau Schimmerink huscht herein. Bashas Zähne klappern. Mama wischt sich eine Träne ab, guckt ihn nicht an. Er hält es nicht mehr aus. Endlich sagt Frau Schimmerink was: »Basha. Wir müssen dringend mit dir reden. Es geht um deine Zukunft. Deine Mutter hat eben erst deinen Notenstand erfahren – und zwar nach deutschem System, wo die höchste Note die schlechteste ist, eine Sechs eine Sechs und keine Eins bedeutet. Sie hat außerdem erfahren, dass du die Bescheinigung über deine Lese- und Rechtschreibschwäche zwar unterschrieben abgegeben hast, jedoch ohne dass deine Mutter sie je zu Gesicht bekommen hat! Wir müssen also davon ausgehen, dass du die Unterschrift gefälscht hast, für die Entschuldigung der beiden Fehlstunden gestern auch.« Frau Schimmerinks Stimme ist mit jedem Wort spitzer und höher geworden. In Basha tickt eine Bombe. Er traut sich nicht, seine Mutter anzusehen, er spürt nur, wie die Bombe plötzlich in ihm explodiert, er aufspringt, den Stuhl neben ihm packt, hochreißt und auf den Kopierer vor ihm einschlägt. Er hört es krachen, sich schreien, andere schreien, alle aufspringen, sieht den Stuhl, wie er gegen das Bücherregal kracht und ihm aus den Händen springt und zu Boden poltert. Dann packt ihn etwas von hinten. Er windet sich aus dem Griff, schreit und brüllt auf Französisch, dass er auch die 50 Euro aus dem Brief genommen hat und ein Nichtsnutz sei, ein Feigling, ein Betrüger, der nicht mehr leben möchte. Er rennt zum Fenster, dann merkt er, dass er über dem Boden schwebt, in zwei starken Armen zappelt und ihm langsam die Luft ausgeht, wie aus einem Ballon. Seine Kraft, sich zu wehren, schwindet und plötzlich ist er so erschöpft, dass er nicht mal mehr selber stehen könnte. Sein Mathelehrer hält ihn in den Armen. Basha fühlt an seinem Rücken Herrn Sieberts Herz klopfen. Es rast genauso schnell wie seins. »Ganz ruhig«, flüstert Herr Siebert in seinen Nacken. »Gaaaanz ruhig.« Und dann stellt er ihn doch ab.

Und da steht er nun, mitten im verwüsteten Sekretariat, mit seiner Mutter, Frau Seiniger, Frau Schimmerink, der Sekretärin, die sich mit beiden Händen den Mund zuhält, und Herrn Siebert. Dann geht die Tür auf und der Rektor kommt auch noch rein, mit Herrn Kargo, dem Schulpsychologen.

Unter Wasser. Im Tanganjikasee. Basha bekommt keine Luft. Wörter schwimmen an ihm vorbei wie Fische. Schwarzweiß gestreift, einige sind auch gepunktet. Aus Herrn Kargos Mund blubbern Luftblasen, kommen auf ihn zu – und platzen. Plötzlich ist wieder Luft da, aber er ist es nicht wert, sie zu atmen. Er hat allen nur Kummer gemacht und Sorgen, er ist ein Nichtsnutz, ein Betrüger ... Er will sich die Ohren zuhalten, unter den Schreibtisch kriechen, nichts mehr hören, nichts mehr sehen, nicht mehr atmen. Da greift eine Hand nach ihm, nimmt seine Hand. Es ist Mamas Hand. Mamas weiche, warme Hand. Mama flüstert: »Es ist alles meine Schuld! – Alles meine Schuld.« Sie sagt es immer wieder. Der Satz wird ein Singsang, ein Klagelied. Basha kann es nicht hören. »Hör auf, Maman«, sagt er. »Bitte hör auf. – *S'il te plaît!*«

Stille im Raum. Draußen fährt ein Müllauto vorbei. Die Schulglocke schrillt. *Maman* hat Tränen im Gesicht, aber ihre Augen leuchten. Sie zieht ihn an sich, erdrückt ihn fast mit ihrem großen Busen, er muss sich gegen sie stemmen, damit er atmen kann. Auf dem Boden liegen Zettel, Plastikteile vom Kopierer, eine Briefablage, zwei Ordner, Bücher. Herr Siebert bückt sich und hebt ein paar Blätter auf. Alle starren ihn an. Er schaut in die Runde, als verteile er eine Mathearbeit.

»Es gibt für alles eine Lösung«, sagt er, ordnet die Blätter in seinen Händen und legt sie auf den Tisch.

Okay, Romy war es. Sie hatte den Käfig auf die Herdplatte gestellt.

»Mann, ey, das war der einzige Platz, wo man überhaupt noch was abstellen konnte!«

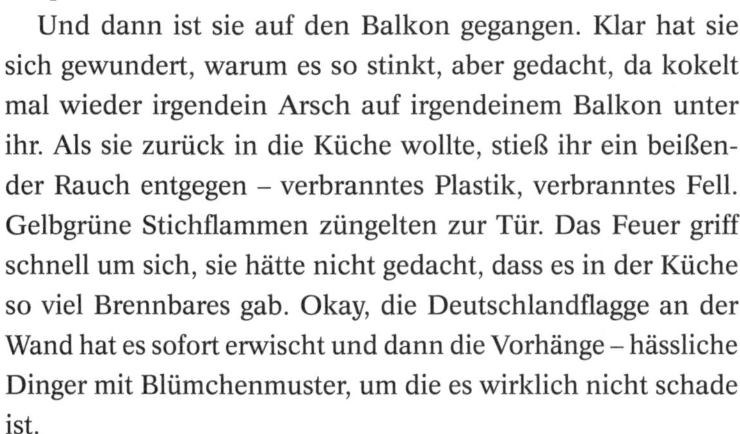

Und dann ist sie auf den Balkon gegangen. Klar hat sie sich gewundert, warum es so stinkt, aber gedacht, da kokelt mal wieder irgendein Arsch auf irgendeinem Balkon unter ihr. Als sie zurück in die Küche wollte, stieß ihr ein beißender Rauch entgegen – verbranntes Plastik, verbranntes Fell. Gelbgrüne Stichflammen züngelten zur Tür. Das Feuer griff schnell um sich, sie hätte nicht gedacht, dass es in der Küche so viel Brennbares gab. Okay, die Deutschlandflagge an der Wand hat es sofort erwischt und dann die Vorhänge – hässliche Dinger mit Blümchenmuster, um die es wirklich nicht schade ist.

»Wegen dir hocken wir jetzt hier!«

Ja. Super. Soll Mama es ihr ruhig noch mal unter die Nase reiben, dass sie schuld an allem ist, weil sie sich jetzt zu fünft in eine Zweizimmerwohnung quetschen müssen, wobei Papa ja sowieso meistens in *Babsi's Bierbums* rumhängt, der Eckkneipe, unten im Hof.

Zum Glück wohnen Chris und Jason schon seit dem Sommer nicht mehr zu Hause. Aber selbst zu viert, mit Mama, Marta, Konrad und ihr, ist es in der Übergangswohnung zu eng.

Von dem Käfig war nur noch ein rosa-schwarzer Fleck auf dem Herd übrig geblieben, auf ihrer Haut grün-blaue Flecken, weil Papa sie derart verkloppt hatte, dass ihr Hören und Sehen verging – im wahrsten Sinne des Wortes. Nach dem Brand sah die Wohnung aus wie ein Schlachtfeld von *Call of Duty*, was sie – wie ein paar andere Spiel-DVDs zum Glück noch aus dem Kinderzimmer retten konnte.

Mama war bei der Kleiderkammer gewesen und hatte für alle neue Klamotten besorgt. Die alten stanken mega nach verbranntem Plastik. Im Treppenhaus hat's auch noch wochenlang gemieft. Wann sie wieder in ihre alte Wohnung zurückkönnen, weiß keiner. Muss erst alles neu renoviert und gestrichen werden.

Wuschel und Lumpi sind tot. Sie hätten es eh nicht mehr lange gemacht. Lumpi war total abgemagert und Wuschel hatte am Hintern und am Hals kein Fell mehr. Andauernd kratzte er sich die nackten Stellen blutig. Es waren Martas und Konrads Meerschweinchen, aber sie haben sich eh nicht um sie gekümmert, kein einziges Mal den Käfig sauber gemacht, sie auch vergessen zu füttern. Der Käfig war auch öfter verschüttgegangen, begraben unter nassen Handtüchern, dreckigen Jeans, Jacken, Kissen, Decken oder was sonst so im Kinderzimmer rumflog. Manchmal blieb nur noch ein schmaler Trampelpfad bis zur Tür. Hier, in der Übergangswohnung, sieht es nicht anders aus. Alle Klamotten liegen auf dem Boden, obwohl es hier Schränke gibt.

»Ick räum doch jetzt nich allet ein und dann zieh'n wa wieda um«, sagt Mama. Dabei kann das noch Monate dauern, bis sie wieder zurückkönnen.

Romy steigt über einen Teller mit eingetrockneten Ravioli hinweg. Sollen bloß nicht denken, dass sie hier immer diejenige ist, die aufräumt, schon gar nicht das Wohnzimmer, in dem ihre Eltern auf einer ausziehbaren Couch schlafen. Das heißt, wenn Papa es bis zur Couch schafft.

Sie hatte den Käfig auch nur mit in die Küche genommen, damit die Meerschweinchen mal wieder etwas Licht und Luft bekamen. Dass Mama die Herdplatte angelassen hatte, konnte sie ja nicht wissen. Und dann klingelte ihr Handy und sie war auf den Balkon gegangen, hatte mit Labbes gequatscht und sich eine gedreht, hat noch den Rest Gras reingekrümelt und erst mal ordentlich einen durchgezogen. Gleich nach dem Aufstehen knallt es immer am besten. Labbes, am Telefon, wurde schon ganz neidisch. Aber das Gras hätte eh nicht mehr für zwei gereicht. Sie rauchte den Stick so weit runter, bis die Glut ihre Fingerspitzen berührte. Dann schnippte sie ihn vom Balkon. Als sie sich umdrehte, schlugen ihr schon die Flammen entgegen und Mama schrie von drinnen: »Es brennt!«

Unten sitzt Labbes beim Fahrradstand auf dem Geländer. Kapuze bis tief ins Gesicht. Sie sieht es trotzdem sofort: Er hat ein blaues Auge. Deswegen war er nicht in der Schule. Oder er ist später gekommen, als sie schon weg war. Sie begrüßen sich per Handschlag. Er spuckt neben ihr aus. Auf dem Boden sind schon viele Rotzflecke.

»Was'n mit dir?«

»Ach, halt's Maul.«

Er sieht öfter so zugerichtet aus. Romy weiß auch von wem. Sie schwingt sich neben ihn aufs Geländer, sammelt Spucke im Mund, drückt sie durch die breite Zahnspalte ihrer Schneidezähne und guckt zu, wie sie auf den Boden platscht, neben der Spucke von Labbes.

Die Sonne scheint, der Himmel ist blau – ein klarer, milder Herbsttag. Romy zieht auch ihre Kapuze auf und die ausgefransten Ärmel ihrer schwarzen Jacke bis über die Fingerknöchel.

»Lass mal Promme chillen.«

»Keen Bock.« Er spuckt wieder aus.

»Nur ma kieken, ob Akin da is.«

»Haste noch wat zu barzen?«

Sie zieht ein halb volles Grastütchen aus der Socke und hält es ihm hin.

»Dreh du.«

Akin steht neben dem runden Spritzbeton-Blumenbeet. Nur ein paar vertrocknete Gräser wachsen da zwischen leeren Hamburger-Schachteln, Plastiktüten und Pappbechern. Er trägt eine schwarze Lederjacke mit grauer Kapuze. Schwarze Turnschuhe. Labbes und Romy beobachten, wie er mit ein paar Typen spricht, Geld entgegennimmt, einsteckt und sich mit Handschlag von ihnen verabschiedet. Romy kennt sie vom Sehen, sie hängen öfter mit den Buffern am U-Bahnhof ab.

Es kommen noch ein paar Typen und kaufen was von Akin. Ist ja echt was los hier! Romy und Labbes warten noch. Muss ja nicht jeder mitkriegen, was sie von Akin wollen.

Akin will heute 40 Euro für die kleine, braune Flasche *Tilidin*, doppelt so viel wie letztes Mal.

»Bist du bescheuert?«

»Ey, ich muss das jetzt aus Tschechien holen.«

»Wieso ’n aus Tschechien?«, fragt Labbes.

»Mann, Alter, liest du keine Zeitung, oder was?«

Akin faselt was von Problemen und verschärftem Betäubungsmittelgesetz. Wie ist der denn drauf! Romy versteht nur Bahnhof und dass es *Tilidin* in Deutschland nicht mehr auf Rezept gibt. Scheiße noch mal, heißt das, sie kann dann keine Rezepte mehr verticken? Ging doch so easy bei Doktor Escher, mal eben über den Schreibtisch langen und ein paar Rezepte abgreifen, wenn man schon mal im Sprechzimmer Platz nehmen durfte, bevor Doktor Escher dann durch die Nebentür im weißen, knitterfreien Kittel reingehuscht kam. Okay, das letzte Mal war sie nicht mehr allein im Sprechzimmer gewesen, deshalb hat sie auch heute keine Rezepte für Akin dabei.

Für zwei Blanko-Rezepte und 20 Euro gab's sonst ein Fläschchen *Tilidin*.

»Ich kann immer noch Rezepte gebrauchen, okay?«

»Ick hab aber nur'n Pfund jetzte.« Sie hält ihm den 20 Euroschein hin.

»Kostet aber zwei Pfund.«

»Mann, Alter, ey, hab dir mal nich so!«

»Besorg mir ein paar Rezepte, dann geb ich dir was.«

»Wie viel?«

»Vier, plus dein Pfund.«

»Mann, ey, dit is voll der Wucher.«

»Nee, ganz normale Preissteigerung. Ich hab echt keine Vorräte mehr. Tili kriegste am Alex nicht mehr unter'm Fuffi.«

Romy sieht Labbes an. Was machen sie denn jetzt?

»Was haste sonst noch da?«, fragt Labbes. Er sieht voll Scheiße aus mit seinem blauen Auge.

»Ihr könnt 'n paar Benzos, Oxys oder Speed für euer Pfund haben.«

Romy verdreht die Augen. Sie ist doch nicht bescheuert und gibt 20 Euro für den Scheiß aus, erst recht nicht für Speed. Von Speed kriegt sie Paranoia. Letztes Mal war sie sich sicher, es stünde ein Alien mit Schlagring hinter der Wohnungstür und wollte ihr den durchs Gesicht ziehen. Sie war zwei Tage nicht aus der Wohnung gegangen. Nee, Speed ist Scheiße. Benzos und Oxys auch. – Tilis kann nichts toppen. Wenn sie zehn bis fünfzehn Tropfen auf nüchternen Magen nimmt, knallt das voll rein, dann scheint die Sonne in ihr, ist sie leicht, fit und glücklich. Alles ist easy, selbst das Quatschen. Und sie hält Papas Ausbrüchen stand. Damit hatte ja alles angefangen, als sie merkte, dass ihr mit *Tilidin* nichts passieren kann. Schließlich ist es ein Schmerzmittel für Krebspatienten im Endstadium. Die Tropfen dämpfen jeden Schmerz, auch den von Schlägen. Seitdem hat sie immer welche im Bad versteckt und kann sich schnell noch welche reinballern, bevor er loslegt. Kündigt sich ja meistens früh genug an. Dann wird Papa unruhig, ist am Meckern, schnauzt Mama an, was für ein Saustall das ist. Zeigt im Wohnzimmer auf die vielen Flaschen, die neben dem Sofa stehen oder liegen und unters Sofa rollen, zu leeren Pommes-Pappen, Pizzaschachteln und alten Socken. Dabei darf keiner »seine Flaschen« anrühren. Die sammelt er alle paar Tage selber ein, um das Pfandgeld zu versaufen.

Wenn er nicht über die Unordnung im Wohnzimmer meckert, dann übers Essen oder über siffige Fenster. Echt, es wird immer schlimmer mit ihm. Sonst hat Mama es immer abgekriegt.

»Du Schlampe, Dreckstück!«, schrie er sie an. »Du bist sowas von zum Kotzen!« Mama fing immer gleich an zu wimmern, woraufhin er sie erst herumschubste und ihr dann voll ins Gesicht klatschte. Wimmern kann er nicht ertragen, auch kein Weinen. Warum rafft Mama das nicht? Bislang hat sie es aber immer noch geschafft, nach einer Weile aus dem Raum zu laufen, raus aus der Wohnung. Papa ist schließlich nicht der Fitteste mit seinem riesigen Bierbauch. Er flucht dann hinter ihr her, brüllt ins Treppenhaus, und auf der Etage gehen die Türen auf und schnell wieder zu und dann tratschen die Nachbarn, dass es bei Krauses wieder was gegeben hat. Dabei sieht es bei den Nachbarn nicht viel anders aus.

Mama läuft dann alle Treppen runter, bis in den Keller, wo sie sich ausheult, und wartet so lange, bis Papa ins *Bierbums* geht. Dann hat sie Ruhe. Vor Morgengrauen kommt er nicht wieder zurück, völlig abgefüllt. Manchmal schafft er es nicht mal mehr bis zum Sofa und bleibt im Flur oder im Wohnzimmer auf dem Teppich liegen, vollgepisst, in seiner eigenen Kotze.

Früher wollte Romy Mama helfen, ist dazwischengegangen, schon beim Schubsen. Dann hat er bei ihr weitergemacht, hat sie rumgewirbelt und dabei geschrien: »Du bist auch so ein Miststück wie deine Mutter. Zu nichts nütze. Kommst genau nach ihr. Du widerliches Stück Scheiße!« Und bevor sie auch nur einen Schritt machen konnte, hatte sie schon eine sitzen. Neuerdings macht er sich gleich über sie her. Mama hält sich dann die Ohren zu und verschwindet in die Küche, stellt das Radio laut, damit Marta und Konrad nichts hören. Die verstecken sich, quetschen sich zu zweit in den Schrank unter die Spüle, ahnen wohl, noch zwei oder drei Jährchen, dann sind sie auch dran. Jetzt findet Papa sie ja noch niedlich und tätschelt ihre Wangen nur.

Seit dem Brand geht Papa gezielt vor. Sie spürt seine Unruhe und weiß, sie kann ihm nicht entkommen. Er findet immer etwas, wofür er sie bestrafen kann. Sie muss dann mit ihm ins Wohnzimmer, dort schließt er sich mit ihr ein, damit sie nicht abhauen kann wie ihre Mutter, das Miststück. Aber wegrennen bringt eh nichts, weil er dann nächstes Mal brutaler zuschlägt. Man muss ihm sein Ritual lassen, wenn man einigermaßen durchkommen will.

Wie sie bestraft wird, hängt nicht nur von ihm ab. Es kommt auf ihre Bereitschaft an, die Schläge tapfer und einsichtig entgegenzunehmen. Weinen und Lachen wirken sich ungünstig aus. Am besten, sie guckt ihm geradewegs in die trüben, blauen Augen und sagt: »Ja, Papa. Du hast recht, Papa. Ich tu es auch nie wieder.« Es hat sie viele Striemen und Blutergüsse gekostet, bis sie gelernt hat, dass er das hören will.

Er schlägt sie nie ins Gesicht, nur auf den Rücken, die Arme, den Hintern und die Beine. Da er »kein Unmensch ist«, darf sie die Jeans anlassen. Er hofft, dass sie das zu schätzen weiß, denn er sei früher auf »nacktem Arsch« ausgepeitscht worden, mit einer Weidenrute. Ob sie wisse, was eine Weidenrute sei?

»Ja, Papa«, sagt sie, und da schreit er sie an. »Du verlogenes

Aas! Du hast doch keine Ahnung! Ich werde dir schon noch zeigen, was eine Weidenrute ist!«

Wenn er sie schlägt, kriegt er einen knallroten Kopf. Das kommt vom Bluthochdruck. Er haut sie erst mit der flachen Hand, dann mit Fäusten, tritt ihr mit dem Fuß in den Hintern, aber nur, wenn sie schon am Boden liegt, kriegt ja sein Bein nicht so hoch.

Er zieht sein Programm durch, egal wie sehr sie ihn anfleht, aufzuhören. Am besten, sie sagt gar nichts und steckt einfach ein, dann hört er am schnellsten auf und geht ins *Bierbums*, sich die Kante geben.

Seitdem er dieses Programm für sie hat, nimmt sie *Tilidin*-Tropfen. Sie darf vorher noch mal auf die Toilette. Er kann es nicht ertragen, wenn sich seine Kinder einnässen. Wenn er sich einnässt, merkt er es nicht.

Sie hat die kleine braune Flasche hinter einer losen Kachel neben dem Klo versteckt, nimmt sie raus, schraubt sie auf, legt den Kopf in den Nacken und tropft sich direkt aus der Flasche in den Rachen, schluckt, spült mit Wasser nach. Papa ruft meistens schon, wo sie denn bleibt, er hätte nicht ewig Zeit.

»Komme gleich«, ruft sie zurück und rennt heftig auf der Stelle, um das Anfluten zu beschleunigen. Wenn sie sich vorher nicht gerade den Bauch vollgeschlagen hat, geht es auch ganz fix, bis es anfängt, in ihren Adern zu kribbeln, und dann schießt pure Sonne in ihren Körper, breitet sich ein Panzer über sie aus, geht sie mit gesenktem Kopf zu ihrem Vater ins Wohnzimmer und lässt es über sich ergehen – die Schläge, sein Grunzen, Hecheln, Stöhnen, Schwitzen, Schnaufen.

Anschließend, völlig außer Atem, ist er schweißgebadet, muss er sich einen Moment hinsetzen, hustet, stinkt aus allen Poren nach halb verdautem Alkohol und Nikotin.

Sie weiß, was sie zu tun hat, um so schnell wie möglich

aus dem Raum zu kommen: Aufstehen, zu ihm gehen, wie Marta, wenn sie ihm gehorsam »Gute Nacht« sagt und er ihr »Schlaf gut, meine Süße« antwortet, mit rauchiger Stimme, leicht geflüstert, wobei in »Süße« schon etwas Bitteres mitschwingt.

Wenn Romy also nach der Schlacht – noch immer mit gesenktem Kopf – vor ihm steht, muss sie die Hand ausstrecken, ihn dabei reuevoll ansehen und »Entschuldigung« sagen. Sie haben es oft genug geübt. Er gibt ihr dann auch seine Hand und nimmt die Entschuldigung an, räuspert sich, legt den Kopf ein bisschen schräg und sagt in weinerlichem Ton, mit wässrigen Augen, er wolle schließlich anständige Kinder haben und sie könne ihm dankbar sein, dass er sich um ihre Erziehung so bemühe.

Dann darf sie gehen, mit Sonnenbrand auf dem Rücken, auf den Beinen, im Nacken. – Mit Tilis alles auszuhalten. Dass man mit den Tropfen auch mega abfeiern und nebenbei noch Fidschis klatschen kann, hat sie erst später erfahren, mit Labbes.

»Also was jetzt? Speed, ›K‹ oder was zu buffen?«

Mit »K« meint Akin K.o.-Tropfen. Gras hat sie noch. Romy schüttelt den Kopf, spürt, wie es warm in ihr aufsteigt, sieht auch, dass Labbes auf seiner Unterlippe rumkaut, als wäre sie ein Kaugummi. Sie muss die Tropfen kriegen! Am liebsten würde sie Akin in die Eier treten. Blitzschnell, von unten, volle Kanne. Und mit dem Knie in den Magen. Labbes würde dann den Rest erledigen: die Faust auf die Nasenwurzel setzen. Sie kann das Nasenbein schon krachen hören.

Aber es kracht nichts. Akin guckt sie an mit seinen dunklen, abschätzenden Augen und weiß genau, dass man zu seinem Dealer nett ist. Er grinst sogar ein bisschen, legt den Kopf schräg, sagt, dass er ihnen entgegenkommen würde, wenn sie ihm ein paar Blanko-Rezepte bringt.

»Ick hab aber grad keene Quelle«, sagt Romy.

»Tja dann … kann ich echt nichts machen.« Akin starrt Labbes aufs blaue Auge. Wenn er jetzt eine Bemerkung macht, rastet Labbes aus. Aber das weiß Akin selber. Ist ja nicht doof. Es gibt Grenzen. Er hat hier noch nie was aufs Maul gekriegt, nicht mal von den Glatzen. – Irgendwann muss man das auch mal ändern, denkt Romy. Sie will jetzt Blut sehen. Akin lässt nicht locker. Mit drei Rezepten und ihrem Pfund wären sie dabei.

»Bin noch bis sechs da«, sagt er. »Morgen und übermorgen in Tschechien.«

Romy und Labbes gehen über die Promenade, am Spielplatz vorbei. Romy hat die Hände in den Jeanstaschen. An einer Gürtelschlaufe ihrer Jeans hängt ein kleines Kuscheltier. Gerade so groß wie ihre Hand und so weich wie das Fell der Meerschweinchen, als sie noch richtiges Fell hatten. Unter ihrer Jacke sieht das keiner, wenn sie es anfasst. Manchmal nimmt sie es mit ins Bett und kuschelt sich mit der Wange an das weiche Fell. Es fühlt sich gut an, vielleicht bringt es auch Glück.

»Lass mal Doktor Escher gehen.« Labbes guckt sie von der Seite an. Sein blaues Auge ist noch ganz frisch, wie ein Welpe sieht er aus, nur nicht so niedlich.

Doktor Escher hat Urlaub, es ist eine Vertretung da. Umso besser. Das Wartezimmer ist voll. Mütter mit Kindern und Babys sitzen da, zwei sich zankende Omas und so'n Alki aus dem Nachbarhaus. Dem hängt der Kopf schräg wie eine Laterne; er kippt gleich vom Stuhl. Es riecht nach Kacke und Butterkeks. Ein Baby schreit wie am Spieß, weil die Mutter es gerade in einen Schneeanzug stopft. Dabei scheint die Sonne und es sind bestimmt 15 Grad. Das Baby hat schon einen knallroten Kopf. Die Mutter auch. »Ey, du Monster, nu halt mal stille!«

Romy hat für einen Augenblick das Gefühl, als würde sie selber in den Anzug gezwängt. – Es surrt. Der Reißverschluss ist zu. Das Baby zappelt, schreit wie am Spieß, aber kommt nicht raus. – Sie kommt auch nicht raus, aus dem Wohnzimmer. Der Vater hat den Schlüssel in seiner Jogginghose. – Romy fasst sich an den Kragen, ihre Jacke ist schon auf, trotzdem ist alles zu eng am Hals – kein Platz zum Atmen. Herzklopfen – bloß das jetzt nicht! Sie hält die Luft an, aber davon hört die Panikattacke nicht auf. Sie schaut zur Tür. Wenn sie will, kann sie einfach rausgehen aus dem Wartezimmer. Niemand hält sie hier zurück, niemand sperrt sie ein. Aber sie kann nicht gehen. Wenn das Herz so anfängt zu rasen, lösen sich die Beine auf. Dann muss sie sitzen bleiben, sonst kippt sie um oder stirbt, weil das Herz einfach aus ihr herausrennt und sie als leere Hülle zurücklässt.

Schweiß kriecht ihr den Nacken hoch, der Mund ist trocken. Jetzt ganz ruhig bleiben. Sie weiß doch, es geht vorbei.

»Wat'n jetze?«, fragt Labbes und mustert sie mit dem gesunden Auge. Sie darf keine Schwäche zeigen. Es muss alles klappen, so, wie sie es vorhin besprochen haben. Er hat seine AOK-Karte dabei. Er ist der Patient. Er muss die Rezepte besorgen. Romy wischt sich mit dem Handrücken den Schweiß von der Stirn.

»Du hast keinen Termin für heute«, sagt die Arzthelferin.

»Dafür hab ick ooch keenen Termin jehabt«, sagt er und zeigt auf sein blaues Auge.

»Hast du dich geprügelt?«

Romy leckt sich über die Oberlippe. Sie schmeckt salzig.

»Ick hab tierische Schmerzen im Bauch.«

Die Arzthelferin guckt ihn skeptisch an. Labbes krümmt sich.

»Echt, er ist eben fast umgekippt«, sagt sie. »Konnte nich ma mehr jrade stehen.«

Die Arzthelferin führt die beiden in ein Zimmer. Romy checkt sofort, ob irgendwo Rezepte liegen. Mist, es ist ein

 Behandlungszimmer mit Liege und einem kleinen Schrank, auf dem ein Monitor, Geräte und Zeugs stehen.

»Leg du dich da mal auf die Liege und du ...«

»Ick bleib bei ihm.«

»Frau Doktor kommt gleich.« Die Arzthelferin macht die Tür zu. Romy stellt ihren Fuß seitlich vor die Tür, dass keiner so einfach rein kann. Labbes springt auf, hechtet zum Schrank, zieht die Schubladen auf. Gummistöpsel, Mullbinden, Einwegspritzen. Keine Rezepte. Unten im Schrank: Kartons mit Kanülen.

Vor der Tür Stimmen. Ruckzuck liegt er wieder auf der Pritsche, Romy sitzt auf dem Hocker neben ihm.

»Hallo«, sagt die Ärztin. »Behrens, mein Name.« Sie schaut Labbes an. »Ach du meine Güte, wie ist das denn passiert.« Es ist eine ganz junge, schöne Ärztin, mit Ohrringen und Lippenstift, und wie es sich anhört, sicher nicht aus Berlin. Super, dann haben sie leichtes Spiel.

»Darüber möchte ich nicht reden«, sagt Labbes und quetscht sich doch tatsächlich eine Träne aus dem gesunden Auge. »Hab ooch Tritte inn Bauch bekommen.«

Die Ärztin schaut mitleidig und drückt vorsichtig auf Labbes' Bauch herum, horcht ihn ab, begutachtet sein Auge.

»Hör mal, wenn du Probleme hast ... du kannst mit mir darüber reden.«

Labbes tut schwer gerührt, quetscht noch eine Träne nach, möchte nichts erzählen. Da könnte selbst Romy neugierig werden, obwohl sie weiß, woher er das Veilchen hat. Von seinem Alten, von wem sonst. Sein Vater und ihr Vater gehen in dieselbe Kneipe.

»Kann ick bitte erst mal ein Schmerzmittel haben?«, sagt Labbes – höflich, wie er sein kann. Das wird er auch bekommen, aber erst macht die Ärztin noch ein Ultraschall. Sie schmiert ihm blaues Gel auf den Bauch, freut sich, dass sie Labbes aufmuntern kann. Er kichert, weil es so kühl ist, und weil es in seinem Bauch so laut gluckert.

»Zum Glück keine inneren Verletzungen«, sagt die junge Ärztin. »Willst du mir nicht doch sagen, was passiert ist? Ich habe Schweigepflicht.«

»Nee, allet jut. Ick brooch nur wat jejen die Schmerzen und dann erhol ick mir wieda. Ach ja, und 'ne Entschuldigung für die Schule.« Er lächelt sie an, ihr Herz schmilzt.

Die Arzthelferin führt sie in ein Sprechzimmer. Na also.

Romy wartet draußen. Bei ihr knistert jeder Schritt. Die Socken sind prallvoll mit Einmalspritzen und Kanülen. Sie wartet vor dem Haus auf ihn, zündet sich eine Kippe an, raucht, guckt – am Himmel weiße Wolken. An der Birke hängt gelbes Laub. Herbst ist ja noch okay, aber auf den Winter kann sie echt verzichten. Sie würde so gern mal irgendwo in den Süden. Schwer vorzustellen, dass es sowas wirklich gibt – immer blauer Himmel, Palmen, Swimmingpool ... Hoffentlich können sie bald in ihre alte Wohnung zurück. Da hat sie wenigstens ein eigenes Zimmer. Sie hat die Faxen dicke, mit den Kleinen in einem Zimmer zu pennen. In der alten Wohnung ist sie vor zwei Jahren ins Jungszimmer gezogen, seitdem Chris Vater geworden ist und Jason auf einer Bohrinsel in der Nordsee arbeitet. Da soll es voll krass sein, windig, kalt und gefährlich. Chris sagt, als Vater hätte man es auch nicht leichter, besonders, wenn die Mutter so eine durchgeknallte Alte ist. Ihre Brüder haben nicht die geringste Ahnung, wie ätzend es ihr geht, wenn ihr Vater durchdreht.

Ihr Vater ist nicht Jasons Vater und Chris hat keinen Vater, nur einen Erzeuger, sagt Mama. Von seinem Erzeuger weiß Chris nicht mal den Namen. Den weiß Mama auch nicht. Hat sie vergessen.

»Dein Vater ist ein hochanständiger Mann«, hat sie früher mal zu Romy gesagt, als er sie noch nicht geschlagen hat. Wahrscheinlich, weil er der einzige Erzeuger war, der geblieben ist. Jetzt sagt sie gar nichts mehr, ziept und kämmt ständig an den Kleinen herum, macht Marta Zöpfe und wickelt Konrad, als wäre er noch drei. Dabei ist er schon sieben und kackt sich immer noch in die Hose. Mama hat sich die Vornamen von all ihren Kindern auf den Arm tätowieren lassen. Romy steht mit Chris und Jason auf dem rechten Arm, Marta und Konrad auf dem linken. Sie hätte so gern noch ein Baby.

Labbes kommt raus.

»Und?«

»Zwei.«

»Nur zwei?«

»Mann, ick konnte nur einmal schnell rüberlangen, da war die Alte schon wieder da.«

»Und was hat sie dir aufgeschrieben?« Er hält ihr das Rezept hin. »Kenn ick nich.«

»Ejal. Verticken wir Akin.«

Am Nachmittag hat sie ein neues, kleines braunes Fläschchen *Tilidin*. Sie haben den Rest mit Einwegspritzen, Kanülen und Alkoholtupfer bezahlt. Das Rezept mit dem pflanzlichen Schmerzmittel wollte Akin nicht. Mannomann, was für eine schwierige Geburt diesmal! Scheißegal, jetzt können sie sich erst mal ’n paar gute Tropfen reinballern und es sich gut gehen lassen.

Labbes muss seine fast volle Schachtel Kippen an sie abdrücken und schuldet ihr noch eine volle. Schließlich war das ihr Pfund.

Sie sitzen auf dem Geländer vor der Haustür und spucken auf den Boden. Man sollte vielleicht mal an die Zukunft denken, meint Labbes. Ihm geht's gerade so gut wie ihr: sie könnten Bäume ausreißen. Das letzte Mal, als es ihnen so ging, haben sie einen Fidschi geklatscht, blitzschnell, einfach ein paar Schellen verteilt und gut war's. Alter, haben sie sich bepisst vor Lachen, als der völlig verstört wegrannte. Aber Labbes will heute nicht nur Spaß, sondern überlegt, ob man nicht ein bisschen Kohle ranschaffen könnte, damit man Akin nächstes Mal easy bezahlen kann.«

»Jute Idee. Und wie?«

»Lass mal 'n paar Fidschis abziehen.«

»Wie jetzte?«

Labbes spuckt auf den Boden. »Paar Kippen abnehmen.«

»Nee«, sagt sie und spuckt auch auf den Boden. Den Vietnamesen ihre Zigaretten wegzunehmen, ist keine ungefährliche Sache. Das weiß doch jeder.

»Oder 'n kleener Bruch im Beerdigungsinstitut?« Labbes grinst sie mit dem offenen Auge an.

»Alter, du hast ja voll Unternehmergeist.«

Sie überlegen scharf, wägen ab, was sie noch machen könnten. In Supermärkten oder an der Tanke was abzugreifen, kommt auf keinen Fall infrage, überhaupt läuft gar nichts, wo es Kameras gibt. Das konnten sie sich mit elf erlauben, aber nicht mehr mit 15. Labbes hat letztes Wochenende gerade den Rest seiner 72 Sozialstunden geschoben. »Freizeitarbeit« nennt man das auf dem Sozialamt.

»Dit tu ick mir nie wieder an.« Er musste im Altenheim mithelfen. Da sei ihm kotzübel geworden, weil es so nach Verwesung gerochen hat.

»Ha'm die Kohle da?«

»Wie? Die Zombies im Altenheim?«

»Nee, dit Beerdigungsdingsda.«

»Klar. Gloobste eene Beerdigung ist umsonst? – Nüscht is umsonst, nich mal der Tod.«

»Boah, Alter, was'n mit dir? Wirste poetisch jetzte oder wat?« Sie boxt ihn gegen die Schulter. Er fällt fast vom Geländer.

»Mann, ey, geh kacken.«

Als Kind war sie mit irgendeiner sozialen Truppe für eine Woche in Polen, auf dem Land. Jemand hatte das gesponsert, damit arme Kinder auch mal verreisen können. Sie war schon fast acht und immer noch nicht in der Schule – auch nie in einem Kindergarten gewesen. Damals hatte sie sich doch tatsächlich auf die Schule gefreut, noch keinen blassen Schimmer gehabt, dass das so ein Absturz wird.

In Polen wohnten sie auf einer Art Bauernhof, es gab jede Menge Viehzeugs: Hühner, Gänse, zwei Hunde, sogar ein Schwein und eine Kuh. Vor den Gänsen hatte sie Angst, weil die laut schimpfend anschlugen und mit ausgebreiteten Flügeln auf einen zurannten, wenn jemand auf den Hof kam. Die beiden Hunde hingegen, mittelgroße Kurzhaarköter, bellten nicht. Sie lagen faul in der Sonne und überließen den Gänsen den Wachdienst.

Einmal waren sie spazieren gegangen, die ganze Gruppe, mit den Hunden, als sich am Wegrand etwas bewegte. Sie sah noch, dass es eine Katze war, vielmehr mehrere Katzen, noch ganz junge. Die Hunde hoben die Köpfe, spitzten die Ohren und liefen plötzlich los. Erst nebeneinander, dann trennten sie sich, machten einen Halbkreis und sprangen gleichzeitig aufeinander zu. Der eine hatte ein Kätzchen von vorn gepackt, der andere von hinten, sie rissen daran und schüttelten sich, dann flogen zwei blutige Hälften ins Gras.

Alle hatten geschrien. Die Erwachsenen, um die Hunde zurückzurufen, aber sie hörten nicht, dann die Kinder, die um das tote Kätzchen weinten. Die anderen Kätzchen konnten zum Glück entkommen. Es war ein dunkles Durcheinander, die Erwachsenen kreisten die Kinder ein, umarmten sie, nahmen ihnen Licht und Sonne weg, nur Romy machte sich los und wollte die tote Katze sehen.

Dieses Bild von den blutigen Fetzen hat sie heute noch vor Augen. Es poppt manchmal einfach hoch – und dann muss sie es sich noch mal anschauen und noch mal und muss nicht mehr weinen, stattdessen kriegt sie dieses Kribbeln in den Fingern und in den Beinen, weil sie auch gern mal etwas Lebendiges zerreißen möchte. Dazu braucht sie aber einen anderen Hund. So einen wie Labbes.

Sie ziehen los, doch Fidschis abziehen. Labbes meint, das könne gar nicht so schwer sein. Na gut. Sie ist ja kein Spielverderber, fasst an das kleine Kuscheltier an ihrem Gürtel, würde es sich jetzt am liebsten an die Wange halten, aber dann macht Labbes bestimmt eine blöde Bemerkung.

Er guckt hoch konzentriert, rechnet aus, wie viele Stangen Zigaretten sie für Tilis und Gras brauchen, kommt zu keinem Ergebnis, meint aber, egal, wie viel sie erbeuten, es reiche dicke.

»Ja, lass ma 'n paar Sternis bunkern«, sagt Romy.

»Nee, Sternis gibt's hinterher.«

Romy grinst, muss ihm erst mal verklickern, dass sie gar nicht das Bier gemeint hat, sondern die Währung bei *Animal Crossing*, dem Nintendo-Spiel, auf das ihre kleine Schwester Marta voll abfährt. Labbes hat auch eine kleine Schwester, die suchtet den gleichen Scheiß. Endlich rafft er es.

»Ja, wir vergraben Sternis, und wenn wir sie mit einer Goldkanne gießen, wächst ein Baum mit Sternis drauf.«

»Alter, wär dit geil! So'n Geldbaum, wa?« Labbes spuckt aus. »Oder 'n Baum, an dem lauter Bierflaschen hängen.«

Romy spuckt auch aus. Grinst. Cool, dass man mit Labbes so rumblödeln kann. Überhaupt alles cool im Moment.

Das alte Pärchen, das ihnen auf dem Bürgersteig entgegenkommt, hält inne, als sie sie sehen, wechselt dann die Straßenseite.

»Yeah!«, ruft Romy und springt in die Luft, klatscht sich mit der Faust in die Hand. Ruft noch mal: »Yeah!« Sollen ruhig alle sehen, wie gut es ihr geht!

An der Teupitzer kommen ihnen drei Vietnamesen entgegen. Kleine, dünne Menschen in großen Jacken. Romy glaubt es nicht. Ein gefundenes Fressen! Einfach hingehen und zulangen, wie letztes Mal.

»Nein«, sagt Labbes. »Es sind drei. Haben sicher keene Fluppen bei sich.«

Sie kaut auf der Unterlippe. »Jagen?«

Labbes nickt.

Okay. Sie traben an. Die Fidschis schnallen auch sofort, was Sache ist, traben auch an. Muss ihnen ja ganz schön die Muffe sausen. Romy und Labbes bleiben auf Abstand. Die Vietnamesen laufen über die Stendaler. Einer steigt in die Straßenbahn – da waren's nur noch zwei. Mit zweien wird sie auch allein fertig, wenn's sein muss. Braucht nur mit den Fingerknöcheln die Zahnwurzeln zu treffen, einen Tick über der Oberlippe. Dann brechen die Zähne. Nächster Schlag in den Magen, knapp über dem Bauchnabel. Dann fällt er anschließend von ganz allein mit der Nase auf ihr Knie. Allein der Gedanke an das kurze Knirschen, wenn das Nasenbein bricht, rieselt ihr wie Konfetti durch den Körper. Romy ballt die Fäuste. Sie fühlt sich leicht, jeder Schritt federt, gleich hebt sie ab.

Die beiden Schlitzaugen schauen sich um. Ein bisschen Vorfreude muss man ihnen schon lassen.

Ist doch immer dasselbe. Angst macht hirnlos. Die Fidschis gehen in den Park, wo sie ihre Zigaretten gebunkert haben – wollen wohl die Tüten holen und dann so schnell wie möglich abhauen. So würde es Romy machen, wenn man hinter ihr her wäre, aber doch nicht durch den Park weglaufen! Sie würde umkehren, frech an den Verfolgern vorbei, zurück auf die Stendaler. Da sind genug Leute auf der Straße, da kann man keinem so leicht an die Wäsche. Aber die Fidschis machen genau das Verkehrte: rennen tiefer in den Park, Richtung Beerenpfuhl.

Romy sieht, wie sich die beiden trennen. Jeder mit voller Alditüte. Ist ja wie Weihnachten!

»Lass den rennen«, sagt Romy, als Labbes hinter einem hersprinten will. »Wir schnappen uns den anderen, wenn er an der Zerbster rauskommt. Ick kenn 'ne Abkürzung. Da hört ihn keen Schwein.«

Es ist ein bisschen wie bei *Call of Duty*. Strategie ist alles, am Bildschirm und im richtigen Leben. Da muss man schon was im Köpfchen haben, sonst lebt man nicht lange.

Die Vietnamesen haben auch was im Kopf, sie sind nämlich weg, wie vom Erdboden verschwunden. Romy und Labbes haben keinen Schimmer, wohin. Wie konnte das passieren, scheiße noch mal! Und dann tauchen plötzlich fünf aus dem Nichts aus. Stehen da wie eine Mauer vor ihnen und sonst kein Mensch weit und breit. Einer hat ein langes Messer in der Hand mit gezackter Klinge – Alter, was geht denn hier ab!

Der Typ neben dem mit dem Messer kommt auf sie zu und rotzt sie an. Romy ist wie gelähmt. Labbes kriegt auch eine Ladung ab, voll auf die Jacke. Dann kommt der mit dem Messer auf Romy zu. Sie hört ihn noch was von »letzter Warnung« zischeln, ein anderer ruft mit hoher, kreischender Stimme: »Haut ab! Na los! Schnell!«

Und schon rennen sie weg, so schnell sie können. Einfach

 nur weg. Erst an der Jerichower stoppen sie, völlig aus der Puste.

»Kann nich sein«, sagt Romy, als sie wieder Luft hat. »Kann doch echt nich sein, oder?«

Labbes spuckt auf den Boden. Ihr Mund ist viel zu trocken. Im Hals ein metallischer Geschmack. In ihrem Kopf blinkt es gelb, als hätte jemand seinen Blinker nicht ausgestellt. Sie schüttelt den Kopf, aber das Blinken geht nicht weg. Scheiße noch mal, heute läuft aber auch alles schief! Und es geht gleich weiter: Die Buffer von der U-Bahn kommen ihnen entgegen, völlig zugedröhnt. Na, denen werden sie es jetzt mal zeigen!

Sie sieht sich schon die Schlappschwänze einkreisen – Labbes von der einen Seite, sie von der anderen, und dann einen nach dem anderen in Stücke reißen, und wie sie blutbespritzt nach Hause kommt. So richtig blutbespritzt!

In ihrem Kopf flackert Licht.

Ja, gib mir Laser, ich rotte alle Phantome aus.

Dann geht alles von allein.

»Wieso hast du dich nich gewehrt, du Kacknacken!« Sie stampft mit dem Fuß auf, dass es bis zum Knie wehtut. Scheiße noch mal, ist der doof! Jetzt hat Labbes noch ein blaues Auge. Romy kriegt sich gar nicht wieder ein. »Echt, ey!« Sie selbst hat nichts abgekriegt.

Labbes heult. Sie tritt ihn in den Arsch.

»Hau ab, du Weichei! Du bist echt zu nichts zu gebrauchen!«

Romy rennt los. Mit dem will sie nichts mehr zu tun haben. Sie will überhaupt mit keinem mehr was zu tun haben. Lässt sich doch nicht ihre gute Laune verderben! Diese Idioten! Dabei waren die Tilis so geil angeflutet, Romy war stark, so glücklich, dann der Stress mit den Fidschis und gleich danach tauchen die Buffer auf. Bevor sie auch nur einen von denen in Stücke reißen konnte, rempelten sie Labbes voll an.

»Pass doch uff!« – Mehr kriegte er nicht raus.

»Pass doch selber uff!« – Ungewöhnlich scharfer Ton von den Kiffern.

Und sie: »Kommt doch her, wenn ihr was wollt!«

Hätte ja keiner mit gerechnet, dass sie das wortwörtlich nehmen. Die Kiffer schlagen sich sonst nicht. Aber nun jagten sie Labbes zu dritt Richtung Müllcontainer. Diese Feiglinge!

»Kannst froh sein, dass du 'n Mädel bist«, sagte der Typ, der bei ihr geblieben war.

»Wat soll'n dit heißen?«

»Mädel schlag ick nich.«

»Voll der Ritter, oder wat?«

»Seh ick so aus?«

»Du siehst scheiße aus.« Sie rotzte haarscharf neben seine Füße. Da hielt er endlich sein Maul. Sie musste dann von Weitem mit ansehen, wie seine Kollegen Labbes anmachten. Und der Schisser ließ es sich auch noch gefallen!

Als sie hinrannte, mit so einer Wut im Bauch, zu allem bereit, war es schon zu spät. Die Buffer verdünnisierten sich, Labbes stand da, vornübergekrümmt, und blutete aus dem Auge.

Soll bloß 'n Abgang machen. Solche Opfer kann sie echt nicht gebrauchen. Will ihn nie wieder sehen! Lässt ihn stehen und geht.

Sie spuckt auf den Boden. Einmal, zweimal. Kommt nix mehr. Ihr Mund ist trocken. Es ist schon dunkel. Was macht sie denn jetzt? Muss unbedingt was trinken. Wo kriegt sie jetzt ein Bierchen her? Kann auch was anderes sein. Hat aber keine Kohle. Scheiße, sie muss jetzt dringend was trinken!

In ihrem Kopf fängt es wieder an zu blinken. Mein Gott, kann man das nicht mal abstellen! Ihr Herz fängt an zu rasen, treibt ihr wieder den Schweiß in den Nacken, da sieht sie diese kleine Bitch, muss voll abbremsen, sonst wären sie zusammengeknallt.

Hat die keine Augen im Kopf? Kann die sich nicht die Nase putzen? Grüner Rotz hängt bis über die Lippe. Sowas von widerlich!

»Rotznase!«, schreit Romy sie an.

Das Mädchen, einen ganzen Kopf kleiner als sie, leckt sich mit der Zunge über die Lippe. Ekelhaft! Plötzlich hat Romy ihre Hände um den Hals des Mädchens gelegt.

»Mach das nicht noch mal, klar!« Sie kann den Hals ganz umgreifen. Ihre Hände drücken zu. Die Augen des Mädchens weiten sich. Ihr Mund springt auf.

»Nie wieder, hörst du?«, schreit Romy ihr ins Gesicht und drückt fester zu. Sie spürt die Halsschlagader pochen, hört das Mädchen röcheln, schubst es weg. Hustend fällt es nach hinten, liegt auf dem Boden, mit großen, aufgerissenen Augen, aufgerissenem Mund.

»Steh auf!«

Das Mädchen fängt an zu weinen, keucht, würgt. Eine grüne Blase bildet sich unter ihrer Nase – und platzt.

»Ey, was machst du denn da?«, ruft jemand aus einem Fenster. Romy rennt. Das gelbe Blinken in ihr wird immer gelber, es ist, als hätte sie giftigen Rauch im Kopf. Es riecht auch so. Nach verbranntem Plastik, nach verbrannten Meerschweinchen. Und im Mund dieser eklige metallische Geschmack.

Keine Stunde später und sie ist schön breit. Quatscht ununterbrochen. Steht mit ein paar Pennern hinter den Paletten von Getränke Hoffmann. Auch alles Arschlöcher, aber wenigstens geben sie ihr ein Sterni ab. Sie haut ihre Flasche auf die Flasche von so einem Schmächtigen neben ihr. Schaum spritzt aus seiner Pulle. Er rafft das nicht so schnell. Es tropft auf seine Hose. Die anderen grölen: »Biersperma«, lachen. In ihrem Kopf blinkt es wieder. Sie hat die Luschis hier alle so satt! Wenn sie nur wüsste, ob Papa schon im *Bierbums* ist, dann könnte sie jetzt nach Hause.

Gut. Nur Mama ist im Wohnzimmer, sitzt auf dem Sofa vor der Glotze und dreht sich eine Zigarette. Im Fernsehen läuft *Das Messie Team*. Eine Frau sammelt alles. Die Klamotten stapeln sich bis einen Meter unter die Decke. Sie findet nicht mal mehr ihr Bett in dem Chaos.

»Sieht ja jenauso aus wie bei uns«, sagt Romy und grinst.

Mama guckt sie an, völlig entgeistert, schüttelt den Kopf.

»Dir ham se wohl ins Jehirn jeschissen, wa?«

»Haste 'n schlechten Tach jehabt?«

»Nee, du?«

Romy hat keinen Bock auf Stress, fühlt sich völlig ausgelaugt. Dass ihr dieses blöde Blag auch noch über den Weg laufen musste!

Neben ihr auf dem Sofa ein Wäschestapel. Romy zieht sich ein sauberes T-Shirt raus, schwarz, verknittert. Ihr steht immer noch der kalte Schweiß im Nacken. Bisschen schummrig ist ihr auch. Vielleicht sollte sie mal was essen.

»Sach ma, warste heute jar nich inne Schule?«, fragt Mama.

»Doch, wieso?«

»Ick meen nur. Weil du hast ja jesacht, dass de nich mehr schwänzen tust.«

Das fehlt ihr gerade noch, über die Schule zu labern! Sie war heute wirklich mal wieder da, allerdings nur kurz, aber das muss sie Mama ja nicht unter die Nase reiben. Kann sich eh kaum erinnern. Der Morgen liegt Lichtjahre zurück.

»Denn is ja jut«, sagt Mama. Das sagt sie immer, um sich selbst zu beruhigen. »Denn is ja jut.« Sie zündet sich eine Zigarette an, greift, ohne den Blick vom Fernseher zu nehmen, in den Wäschestapel, zieht eine rosa Leggings von Marta raus, faltet sie auf den Knien zusammen und packt sie auf die andere Seite vom Sofa auf einen krummen Stapel, der gleich umzukippen droht.

Das frisch gewaschene T-Shirt stinkt. Total muffig. Bestimmt ist die Wäsche wieder tagelang in der Maschine liegen geblieben. Kann man gleich noch mal waschen.

Romy holt sich River-Cola aus dem Kühlschrank, schmiert sich einen Toast mit Leberwurst, geht ins Kinderzimmer und scheucht die Kleinen raus. Großes Geschrei, aber sie braucht auch mal Zeit für sich!

Sie haut sich vor den Computer. Erst mal 'ne Runde zocken. Bürostuhl und Schreibtisch haben sie nach dem Brand geschenkt gekriegt. Computer und Spielkonsole gleich von der ersten Kohle, die die Versicherung abgedrückt hat, gekauft. Dem Bürostuhl fehlen zwei Räder. Darauf kann man schön hin- und herwackeln, als würde man in einem Panzer sitzen und durch ein Schlachtfeld fahren. – *Crysis 2* – Sie schnappt sich mit ihrer virtuellen Hand eine Maschinenpistole und schießt dem Soldaten hinter dem Container erst mal die Birne weg. Blut und Gehirn spritzt. Der kopflose Körper macht noch ein paar Schritte und sackt dann über eine übel zugerichtete Leiche, die verrenkt am Boden liegt, zusammen. Kakerlaken nähern sich. Im Hintergrund Flammen, schwarzer Rauch, Ruinen.

»Scheiße, sieht das geil aus!«, sagt Romy und ballert um sich. Der Hubschrauber über ihr ist zäh, schluckt einiges an Munition, bevor er explodiert. Sie schießt sich durch, ist schnell, geschickt und wird doch aus dem Hinterhalt erwischt. Als ihre Figur durchlöchert wird, blinkt es wieder in ihr, diesmal durch den ganzen Körper. Gelb – gelb – gelb. Das Gesicht der Rotznase blinkt vor ihr auf. Kalter Schweiß rinnt ihr über die Schläfe.

Labbes ist aber auch ein Vollidiot! Jetzt muss sie wieder Tage warten, bis sie sich mit ihm sehen lassen kann. Läuft doch nicht mit einem Spacko rum, der beide Augen dicht hat. Und zum Suchten kann er auch nicht rüberkommen, sieht ja nichts. So ein Dreck aber auch, sonst könnten sie jetzt auf Level *King of Hill* übergehen. Sie muss unbedingt noch ein paar Tropfen nehmen, um besser draufzukommen. Ist doch alles ein Kack hier!

Unter der Dusche geht es ihr schon besser. Das Wasser prasselt auf den Kopf, spült das gelbe Blinken weg. Die Tilis fluten nicht mehr so schön an wie heute Nachmittag, aber kommen trotzdem gut.

Dann steht sie wieder draußen. Nacht. 22 Uhr. Sie fühlt sich stocknüchtern und hellwach. Wind weht, Laub wirbelt durch die Luft. Um die Laternen wabern Nebelschwaden. Irgendwas muss heute noch abgehen.

Sie fasst an die Gürtelschnalle. Ihr Kuscheltier ist weg. Scheiße, wo hat sie das verloren?

An der nächsten Ecke rennt sie in Skof. Skof heißt eigentlich Marvin, hat kurz geschorene Haare und immer einen fetten Edding in der Jacke. Sein Sprayer-Name ist Skof. Er verewigt sich überall, sprüht auch manchmal was auf die Hauswände, Hakenkreuze oder Abkürzungen, wie WOTAN oder 88, traut sich wenigstens noch was. Die anderen taggen ja nur noch Paketscheine und kleben sie an Stromkästen oder U-Bahn-Automaten.

»Wo willst 'n hin?«

»Und du?«

»Udo. Kommste mit?«

Udo trägt eine schwarze Lederweste über seinem Thor-Steinar-Sweatshirt. Er ist der Wirt vom *Adlerhorst*, wo die Happy

Hour für Bier von 16 bis 0 Uhr geht und für Cocktails von 19 bis 1 Uhr.

Meier, einer der älteren Glatzen, gibt einen aus. Cool. Haben eine neue Arbeit, Security bei Amazon in Leipzig, müssen ab November da hinziehen für das Weihnachtsgeschäft.

»Kanaken überwachen«, sagt einer und lacht.

Udo, der Wirt, zwinkert ihr zu. »Ick hab nüscht jesehn, Mädel«, sagt er nun schon zum dritten Mal und stellt ihr ein Bier auf den Tresen. Sie sagt, sie wäre gestern 16 geworden. Stimmt zwar nicht, aber Udo muss trotzdem einen ausgeben, kommt er nicht drumrum, also noch 'n Bierchen.

Eigentlich ganz lustig, die Meute hier. Hätte sie nicht gedacht. Sonst machen die Glatzen eher Stress. Romy soll mal was erzählen.

»Wat'n?«

»Irjendwat.«

»Quatschen liegt ma nich so. Ick bin eher für Taten.« Sie klatscht die Faust in die flache Hand. Skofs Kumpels grölen.

»Ey, die Püppi hat's echt druff, wa?«

Meier drängelt sich zu ihr vor, hat ein Pitbull-Tattoo am Hals. Das ragt ihm aus dem Kragen seiner olivgrünen Bomberjacke. Quer über seinem Hinterkopf prangt der Reichsadler. Er hat einen Bullenring in der Nase. Er soll einige Fäden in der Hand haben, munkelt man. Geil, mit so einer Größe so locker quatschen zu können. Sie erzählt ihm, wie die Buffer sich heute ihren Kumpel geschnappt haben, hofft, dass Meier denen mal ordentlich einen Denkzettel verpasst. Aber Meier will keinen Krieg im Kiez. Der will lieber die Kanaken hier raus haben.

»Welche Kanaken?«

»Die, die hier Pillen und Zeugs verticken. Dit können wa selba.« Zustimmung im Hintergrund.

Romy fährt es eiskalt durch die Glieder. Meier meint Akin.

Aber Akin ist der Einzige, der ihr *Tilidin* besorgt. Auf das, was die Glatzen verticken, kann sie verzichten.

Sie kotzt unterwegs das ganze Bier wieder aus. Kann sich kaum noch auf den Beinen halten, nicht, weil sie breit ist, sondern vor Schwäche. 23:30 Uhr – der Tag war lang. Um diese Zeit ist Papa so hacke, dass er entweder schon auf dem Sofa liegt oder sonst wo. Oder noch gar nicht wieder da ist. Er ist aber da, fängt sie gleich an der Tür ab, friedlich wie ein Teddybär. Sein Bierbauch quillt ihm unten aus dem grauen Feinripp-Unterhemd – was auch mal weiß gewesen ist. Die schwarze Jogginghose ist ausgebeult und fleckig.

»Nu aber ab ins Bett«, sagt er zu ihr.

So einen Ton hat sie lange nicht mehr gehört. – Vielleicht verwechselt er sie mit Marta oder Konrad? Muss einen guten Abend gehabt haben, schwankt auch ganz harmonisch durch den Flur, an ihr vorbei, ins Wohnzimmer, in der Hand eine fast volle Plastikflasche Bier. Das lässt sie sich nicht zweimal sagen.

»Nacht!«

Die Kleinen pennen schon. Sie kann nicht schlafen, ist noch so aufgewühlt, muss sich noch ein bisschen strategisch beschäftigen. Sie setzt sich auf den wackeligen Bürostuhl, greift mit ihrer virtuellen Hand eine fette AK-47, Vollautomatik, und ballert los! Gleich zwei Treffer!

Hochhäuser brennen im Hintergrund, New York liegt in Schutt und Asche, nur die Freiheitsstatue steht noch. – *Willkommen in der Zukunft – Willkommen im Krieg.*

Sie hat Stahlmuskeln, springt auf einen Panzer, bricht die Kanone ab und ballert damit auf den Heli, der sie von oben abschießen will. Er explodiert. Flammeninferno, schwarzer Rauch, die Musik ist sowas von geil!

Join the Fight! Yeah!

Jetzt ist Tauchen angesagt. Mist. Tauchen ist nicht so ihr Ding, genauso wenig wie Klettern. Sie ist froh, als sie wieder an Land darf. Da kommen gleich panzergroße Monster ins Spiel, mit rasiermesserscharfen Stahlzähnen und grünen Augen, in Zeitlupe springt sie hinter einen umgekippten Lkw und feuert dem Monster voll was aufs Maul. Grüner Rotz fließt, Augen platzen. Dann ist sie tot. *Game over*. So weit ist sie noch nie gekommen. Geil. Gleich noch mal von vorn.

Am nächsten Morgen steht keiner auf, außer Marta. Romy sieht ihre Schwester wie durch Nebel an der Wii. Ihr Kopf ist so schwer, als hätte man ihn mit Steinen gefüllt. Sie blinzelt auf den Monitor, da rennt Anni, die eifrige kleine Figur aus *Animal Crossing* durch die Gegend und vergräbt 600 Sternis und gießt die Stellen mit einer Goldkanne.

Von dem Gewusel wird Romy schwindelig, sie muss mit einem Auge gucken, weil sie sehen will, ob ein Geld-Baum wächst. Wächst aber keiner.

»Ick will ’n Hund«, sagt Marta. »Weeßt du, wie man ’n Hund bekommt?

»Wat willste mit ’m Hund«, blafft Romy sie an. »Du hast dir ja nich mal um die Meerschweinchen jekümmat.« Romy dreht sich um und zieht sich die Decke über die Ohren. Konrad latscht über ihre Matratze und fällt neben ihren Kopf. »Mensch, kannste nich uffpassen!« Sie schubst ihn weg. Seine Schlafanzughose ist nass und kalt. Er stinkt nach Urin. Er brüllt.

Dann steht Mama im Raum und zieht an ihrer Decke. »Los, erheb dir mal! Es ist schon halb zwölf.«

»Ist doch nich mein Problem, wenn du verpennst.«

»Wieso, haste keen Wecker? Haste wieder nich jehört, wa?« Mama packt Konrads Arm und zieht ihn hinter sich her ins Bad. Und Marta soll endlich von der Wii wegkommen, sonst setzt es was. Papa schnarcht im Wohnzimmer.

Romy murmelt: »Ach lasst ma doch alle in Ruhe!«, und kriecht zurück unter die Decke. So ein Mist, dass ihr Kuscheltier weg ist.

Klingeln, Stimmen, Wohnungstürknallen. – Irgendwann wacht sie auf und es brennt höllisch auf dem Rücken. Ein schneidender Schmerz durchfährt ihren Körper. Sie krümmt sich, hört etwas zischen. Dann brennt es im Nacken. Im Nu ist sie aus dem Bett, steht dem Vater gegenüber, der einen dünnen Stock auf ihre nackten Beine niedersausen lässt.

»Dit is 'ne ordentliche Weidenrute!«, keucht er und trifft sie diesmal auf der Schulter. Ein knallroter Striemen neben dem T-Shirt-Träger. In ihr blinkt es. Gelb! Rot! Alarm! Mit einem Satz ist sie an der Tür, läuft auf den Flur, rennt zur Wohnungstür. Abgeschlossen. Kein Schlüssel in Sicht. Ihr Schlüssel ist in ihrer Jeans, im Kinderzimmer. Papa kommt in den Flur. Seine Haare kleben ihm in der verschwitzten Stirn. Die Weidenrute in der Hand.

Sie hastet ins Bad, schließt die Tür ab. Papa hämmert mit Fäusten dagegen.

»Ick werd dir zeijen, wo's langjeht!«, schreit er. »Mach die Türe auf. Sofort!«

»Wieso, wat ha ick denn jemacht?«

»Da fragste noch? Du hast die kleene Desiree jewürgt.«

Sie hört, wie er mit der Schulter dagegenrumst, einmal, zweimal – sie steht wie gelähmt neben der Badewanne. – Desiré, die kleine Rotznase, gewürgt? Sie hat doch nur … Die Tür zittert schon, knirscht. Es sind noch Tropfen da. Sie reißt die Kachel aus der Wand, nimmt die kleine braune Flasche, schafft es kaum, sie an den Mund zu halten, so sehr zittern ihre Finger. Desiré – Desiré – blinkt es durch ihren Kopf – was für ein bescheuerter Name!

Sie schüttet rein, was reingeht, und weiß, diesmal können

ihr die Tropfen nicht helfen. Da kracht auch schon die Tür auf. Der Vater hält die Weidenrute wie ein Schwert. Hoch erhoben kommt er damit auf sie zu.

»Mit mir nicht«, brüllt er. »Mit mir nicht! Ist das klar!« Wie aufgepumpt steht er vor ihr. Sie kann nicht an ihm vorbei. – Ein Peitschenhieb, quer über die Brust, noch einer, auf den Bauch. Der Schmerz schneidet tief ins Fleisch, sie weiß gar nicht, wo überall, hört es nur zischen und den Vater schnaufen und dann schreit jemand hinter ihr: »Nein, nicht!« Es ist Mama. Sie zerrt von hinten an seiner Jogginghose. Papa hat Schaum vor dem Mund, die Augen weit aufgerissen, dreht er sich um und verpasst Mama eine mit der Weidenrute. Blut spritzt auf sein Unterhemd, ihm sogar ins Gesicht.

Mama hockt auf dem Boden und hält sich den Kopf. Sie schreit.

»Hör uff zu kreischen!« Er hebt den Arm, als wolle er ihr die Rute quer über den Kopf ziehen, da hechtet Romy zum Fenster, reißt es auf, ist mit einem Satz auf dem Klo, von da steigt sie aufs Fensterbrett, hangelt sich nach draußen, hört Mama nur noch wie eine Bekloppte schreien: »Hilfe! Hilfe!«

Romy hängt im siebten Stock am Badezimmerfenster. Wenn Papa näher kommt, springt sie.

Ein richtiges Bett. Weiches Kissen, sauberer Bezug. Nichts tut weh. Wasser rinnt an der Fensterscheibe hinab. Es regnet. Sie ist im Krankenhaus.

»Bin ick jesprungen?«

»Dann wärst du wohl nicht mehr hier.« – Eine Schwester am Bett. Ihr weißer Kittel blendet sie. Romy fragt nach ihrer Mutter.

Als Mama ins Zimmer kommt, sieht sie, wie sie zurück ins Bad springt. Dann knallt es und ist dunkel.

Sie ist mit dem Kopf auf den Badewannenrand gefallen – schwere Gehirnerschütterung, hat man ihr gesagt.

Papa wurde von der Polizei überwältigt und mitgenommen. Kurz zuvor war die Polizei schon mal an der Tür gewesen und hatte nach Romy gefragt. Mama hatte gesagt, sie sei in der Schule. Jemand hätte Romy gestern Abend gesehen, wie sie ein Mädchen gewürgt hat, Desiré Hähnel, erklärten die Bullen. Wenn sie aus dem Krankenhaus raus ist, wird sie zur Polizeiwache gehen, sie hat eine Vorladung bekommen, ihre Aussage wird dringend benötigt.

»Wieso hast'n dit jemacht?«, fragt Mama.

Romy gibt keine Antwort. Mama ist sehr blass. Sie trägt einen Rollkragenpulli. Von den Hieben, die sie abgekriegt hat, sieht man nichts. Mama sagt, ihr tue nichts weh und nichts leid; endlich sei er weg.

»Wie weg?«

»Ick hab ihn anjezeigt. Keene Ahnung, wo der unterkommt, aber nich mehr bei uns.«

So entschieden hat sie ihre Mutter noch nie gehört. Romy schaut sie an – alt und aufgeschwemmt sieht sie aus, mit dunklen, knotigen Schatten unter den Augen und schulterlangen, fettigen Haaren. Kein Haarschnitt, kein Make-up. 39 ist Mama jetzt. Romy will nicht mal 30 werden.

Mama quatscht in einer Tour, voll hyperaktiv. Wahrscheinlich haben sie ihr nicht nur Schmerzmittel gegeben. Einen kleinen Hit könnte Romy jetzt auch vertragen. Als Mama endlich weg ist, reißt sie sich die Schläuche aus dem Arm und will mal gucken, ob sie noch etwas Gras in den Socken findet. Aber bis zum Schrank, in dem ihre Sachen sind, kommt sie gar nicht. Kaum steht sie, wird ihr übel, schwindelig, scheiß Gehirnerschütterung! Sie muss noch tagelang liegen bleiben. Und dann … dann wird alles ganz anders!

Nun ist es schon Wochen her, dass sie das letzte Mal zu Hause war. Da geht sie auch nicht mehr hin, jedenfalls nie mehr in diese Wohnung. Wenn ihre alte Wohnung fertig ist, wird sie Mama und die kleinen Geschwister vielleicht mal besuchen. Sie war auch schon bei der Polizei. Es war furchtbar. Sie saß einer Frau mit Pferdeschwanz und blauer Polizeiuniform gegenüber. Als Romy endlich zugegeben hat, dass sie Desiré gewürgt hat, fragte die Polizistin, warum sie das getan hätte.

Warum, warum? Was für eine dämliche Frage.

»Hättest du ein bisschen fester zugedrückt, wäre sie gestorben.«

»Hab ick aba nich.«

»Aber du hast zugedrückt.«

Romy verdreht die Augen.

»Willst du denn mit 15 schon eine Mörderin sein?«

»Nee! Mann, ick wollte dit jar nich.«

»Aber du hast es getan. Warum?«

Sie zuckt die Schultern. »Langeweile.«

Echt, die Sache mit Desiré stresst total. Dabei ist der doch gar nichts passiert. Und sie hat diese dämliche Anzeige am Hals.

Romy wohnt nun in einer Wohngruppe, in einem anderen Kiez mit anderen Leuten: sechs Jugendliche, na ja, zwei sind noch Kinder, beide eher stumm. Ihr Betreuer ist ein dünner, langer Typ mit Brille. Soll sie bloß in Ruhe lassen, sie hat keinen Bock aufs Quatschen. Mit den anderen will sie auch nichts zu tun haben, gar nicht wissen, warum die hier sind, geht ihr alles am Arsch vorbei.

Der dünne Betreuer heißt Markus und ist mit allen per Du. Schäkert mit jedem rum, gibt auch sein iPhone aus der Hand, wenn jemand mal kurz was checken muss. Voll am einschleimen, aber nicht bei ihr.

»Suchst du Freunde, oder was?«, sagt sie und guckt ihm mit zusammengekniffenen Augen voll ins Gesicht. Er grinst.

»Ja. Keine Freunde, kein Zuhause, keine Kohle. Ohne dich könnt ich einpacken.«

»Willste mich verarschen?«

»Nein. Überhaupt nicht, ich frage mich nur die ganze Zeit, was dir hier so mega auf den Keks geht.«

»Ach, echt?«

»Ja, echt.«

»Allet.«

»Und was könnte man da verbessern?«

»Häh?« – Hat sie richtig gehört? Sie wurde noch nie von einem Erwachsenen gefragt, was sie verbessern könnte. Sie schüttelt den Kopf, lässt den Betreuer stehen, kaut auf der Unterlippe, als wär sie ein Kaugummi, muss an Labbes denken. Alles hat sich verändert. Es gibt keine Tilis mehr, weil Akin nicht mehr da ist, aber nicht wegen den Glatzen, sondern wegen den Bullen. Die haben den ganzen Kiez aufgeräumt, als sie mit der Gehirnerschütterung im Krankenhaus lag. Haben sogar ein paar Fidschis hopsgenommen. Die ersten Wochen ging es ihr megadreckig ohne Tilidin: Schwindel, Übelkeit, manchmal auch so komische Krämpfe. Noch schlimmer als die Gehirnerschütterung. Hat echt alles versucht, um an Tropfen ranzukommen, aber es hat sich nichts aufgetan. Sie kennt auch keinen von den Türken oder Arabern, die Tilis am Alex verticken. Die kann man nicht einfach so anquatschen. Außerdem hatte sie eh kein Geld.

Jetzt geht es ihr schon besser, so vom Körper her. Ansonsten steckt sie ganz schön in der Scheiße. Hat einen Bescheid gekriegt, dass die Polizei einen Deal mit dem Staatsanwalt gemacht hat. Es kommt nun nicht zur Gerichtsverhandlung, sondern zu einem »Täter-Opfer-Ausgleich«. Ein Diversionsmittler wird eine Strafe mit ihr ausarbeiten.

»Häh?« Romy versteht nur Bahnhof.

»Du sollst mit dem Mädchen reden«, erklärt ihr Markus.

»Wat soll ick?« Panik kriecht in ihr hoch. Warum kann sie nicht schrubben gehen wie alle anderen auch oder von ihr aus sogar ins Altenheim.

Dann erfährt sie, dass Desiré gar nicht mit ihr reden will. Na prima. Dann kann man das doch auf sich beruhen lassen.

Mit Labbes war lange Funkstille, dann hat er sich bei ihr gemeldet. Fällt gleich mit der Tür ins Haus.

»Ick chill Arsche jetzte.«

»Arsche? Wat 'n ditte?« Das hat sie doch schon mal gehört. Das ist doch diese Einrichtung für arme Leute.

»Ganz cooler Laden. Haben ein Nightcafé mit Bar. Okay, da jibt et keen Alk und roochen kannste ooch nich, aba ins Internet oder Tischtennis spielen.«

»Alter, seit wann spielst du Tischtennis?«

»Ey nun mach doch nich immer allet runter. Is echt chillich da.«

»Ist das nich der Laden von die Christen.«

»Is doch scheißejal.«

»Nee, isset nich.«

»Da zwingt dir keener zum Beten.«

»Na, denn is ja jut.« Romy lacht laut auf. Labbes bleibt ernst.

»Ick will mein Schulabschluss machen. Die helfen mir.«

»Nee, echt jetzte?« Romy lacht.

»Musste dir jarnich drüber amüsieren. Ick will 'n richtijen Job haben. Jeld vadienen, 'ne eijene Bude haben.«

»Mann Alter, hör dir mal an, wie du redest!«

Einen Moment war es still, dann sagte Labbes: »Weeßte, du kannst ma wieda anrufen, wenn de dich nich mehr über mir lustig machen tust. Okay?« Dann legte er auf.

War der jetzt völlig durchgeknallt oder was?

In ihrer Wohngruppe gibt es auch einen Computer, den man benutzen darf, wenn man keinen eigenen hat. Man muss sich in eine Liste eintragen und darf höchstens eine Stunde am Stück ran. Keine Chance zum Suchten, es gibt kein *COD*, kein *WOW*, nicht mal ein paar Zombies darf man wegklatschen. Das geht ihr mega auf den Keks. Ansonsten hält sie es hier ganz gut aus. Sie hat ein eigenes Zimmer, wenn auch ohne Fernseher. Den besorgt sie sich schon noch, denn es ist echt ätzend, immer in den Gemeinschaftsraum zu latschen, wenn man mal *Berlin Tag und Nacht* sehen will. Komisch, auch beim Essen ohne Glotze mit allen am Tisch zu sitzen. Es hat ein Weilchen gedauert, bis sie pünktlich war. Dann hat sie jedes Mal einer von den anderen geholt, weil sie nie anfangen zu essen, bis nicht jeder da ist. Peinlich! Mittlerweise freut sie sich auf die Mahlzeiten. Das Schärfste ist das Frühstück. Jeden Morgen decken zwei Leute den Tisch in der Küche für alle. Es gibt Orangensaft, Schinken oder Käse, Marmelade, Müsli und Nugatcreme und am Wochenende sogar Rührei mit Speck! Das kennt sie nur aus dem Fernsehen, wenn die *happy people* da einen auf *happy family* machen.

Nachmittags liegt sie meistens auf dem Bett und surft mit dem Handy. Echt blöd, dass sie ihr Kuscheltier nicht mehr hat.

Markus versucht, ihr jeden Tag etwas Neues unterzujubeln. Manchmal wartet sie schon auf ihn. Heute klopft er an die Tür und fragt, ob sie Lust hat, beim Kochen mitzuhelfen. – »Kochen? Icke?« Er muss sie schon noch ein paar Mal bitten, bevor sie sich breitschlagen lässt.

»Okay, kann ick mir ja mal ankieken«, sagt sie, so gelangweilt wie möglich.

In der Küche trifft sie Kati und Dennis, zwei von den anderen Jugendlichen aus der Gruppe. Sie schneiden Gemüse.

»Magst du Zucchini?«, fragt Kati.

Romy zuckt die Schultern. »Weeß ick nich. Ha ick noch nicht probiert.«

Sie hat auch noch nie eine Zucchini gesehen.

»Biste sicher, det dit nich ne janz jewöhnliche Jurke is?« Sie hält Markus die Zucchini unter die Nase.

»Ey jurk hier ma nich so rum, wa?«, sagt Markus und bringt sie das erste Mal zum Lachen.

Die Zucchini schmeckt so lala, aber darauf kommt es auch nicht an. Sie fühlt sich eigentlich ganz wohl in der Runde, redet das erste Mal mit fast allen und keiner quasselt sie voll mit seiner Vergangenheit. Es fragt sie auch keiner nach ihrer. Das ist gut so. Geht ja keinen was an, was bei ihr abgelaufen ist.

Mama hat die Anzeige gegen Papa zurückgezogen. 14 Tage durfte er nicht in die Wohnung, hat bei Kumpels gepennt und ist dann mit einem Blumenstrauß zu Mama gegangen. Da ist sie wieder weich geworden. Bislang ist sie ja auch immer wieder zu ihm zurückgekommen – aus dem Keller, von Verwandten und auch schon mal aus so einem Frauenhaus. Für Romy ist klar, sie will ihren Alten nie mehr wiedersehen. Und nach Hause geht sie auch nicht mehr zurück. Labbes hat schon recht, wenn er sagt, dass man eine eigene Wohnung braucht, aber die müsste sie auch ohne Schulabschluss und ohne Job kriegen, mit Hartz IV.

Was total stresst, ist dieser Dingsda-Vermittler, der lässt einfach nicht locker. Der wollte sich jetzt schon zweimal mit ihr treffen, um mit ihr zusammen ihre Strafe auszuarbeiten. Aber sie hat jedes Mal einen auf extreme Bauchschmerzen gemacht. Nächste Woche Mittwoch ist der nächste Termin. Da wird sie nicht drum herumkommen.

Was auch gewaltig nervt, ist die neue Schule. Sie sind nur zu sechst in einer Klasse und Romy auch nicht länger als zwei Stunden am Tag. Sie kann ja nur »geringfügig beschult werden«. Andauernd hat sie diese übereifrige Lehrerin im Nacken.

Und von Labbes hat sie auch noch nicht wieder was gehört, meldet sich einfach nicht, der Sack. Soll mal vorbeikommen und ein schönes Piece mitbringen dann könnte sie endlich mal wieder ordentlich einen barzen und mit ihm ein bisschen Promme chillen. Hier heißt die City-Meile zwar nicht »Promenade« und sieht auch schicker aus als die in Hellersdorf, aber im Grunde ist das doch alles dieselbe Kacke, auch wenn es hier H&M, Pimkie und Tally Weijl gibt. Bestimmt lustig, mit Labbes loszuziehen, um zu gucken, wer da alles so rumhängt.

Okay, ruft *sie* ihn eben an. Labbes nimmt ab. Gut. Labert auch keinen Scheiß. Noch besser. – Treffen. – Wo?

»Kommste her?«

Damit hat sie ja nun nicht gerechnet. So schnell kommt man also wieder in die alte Heimat!

Sie steigt an der Zossener aus der Straßenbahn, es ist halb fünf Uhr und schon stockdunkel. Sie zieht den Kragen hoch, ein eiskalter Ostwind fegt um die Ecken. Auf dem Sand auf dem Spielplatz liegt ein Hauch Schnee.

Als sie an ihrem Haus vorbeigeht und hochguckt, sieht sie, dass Licht in ihrer alten Wohnung brennt. Mama hat ihr noch gar nicht gesagt, dass sie schon wieder eingezogen sind. Die Übergangswohnung ist dunkel. Da oben, am Badezimmerfenster, hat sie auf dem Sims gestanden. Ihr Magen krampft sich zusammen, nur vom Hingucken, und die Striemen, wo ihr Vater sie mit der Weidenrute getroffen hat, tun auch immer mal wieder weh. Rote, dünne Streifen sind übrig geblieben. Die Ärztin im Krankenhaus hat gesagt, das kann ein paar Jahre dauern, bis man nichts mehr davon sieht. Nur bei denen, wo die Haut aufgeplatzt ist, gibt es bleibende Narben. Die wird sie sich tätowieren. Hat sich schon Motive angeguckt: einen schwarzen Panther, der ihr über die Schulter springt und eine

Pistolenmündung, bei der man direkt in den Lauf guckt. Vielleicht noch ein paar Totenköpfe oder ein Alien, dem das Gehirn rausspritzt.

Labbes sitzt auf dem Geländer beim Fahrradstand und spuckt auf den Boden.

»Ey, Digga, wat jeht?« Sie haut ihm auf die Schulter.

Er grinst. Entblößt sogar seine schiefen Zähne. Dann freut er sich!

»Wat machen die Oojen?«

Er grinst noch mehr. Seine Augen sind okay – keine Spur von jar nüscht. Hält ihr eine selbst gedrehte Tüte hin. Jawoll, erst mal einen durchziehen.

Der Joint knallt gut, aber es wird ein bisschen kalt am Allerwertesten.

»Ick weeß, wo's warm is«, sagt er.

»Sach nich, inne Arsche.«

»Doch.« Er lässt Spucke auf den Boden fallen.

Romy stößt es sauer auf. Nun ist sie extra hergekommen und dann so ein Scheiß!

»Kannste mit. Sagt keener wat. Kann jeder hin.«

»Bin ick jeder oder wat?« Romy spuckt einen dicken Flatsch aus.

Sie ist schon oft an der Arche vorbeigegangen – eine ehemalige Schule, riesiger Kasten mit bunt beklebten Fenstern.

»Das Nightcafé ist cool«, sagt Labbes und grüßt so 'n paar Arche-Chiller, die ihm entgegenkommen. Ein Typ hat blaue Haare.

»Det is Wilf, een Betreuer.«

»Ick hab ooch 'n Betreuer«, sagt Romy, damit das mal klar ist. Obwohl, ein Chauffeur wäre ihr lieber. Der Blauhaarige begrüßt Labbes mit Handschlag.

»Dit is' n Kumpel«, sagt er und zeigt auf Romy.

»Kumpeline würde ich eher sagen«, sagt der Blauhaarige und grinst Romy an.

Häh? Kumpeline? Geht's noch?

Es geht sogar noch mehr. Wenn Romy vor zwei Wochen jemand gesagt hätte, sie würde bald täglich in der Arche chillen, hätte sie demjenigen aber was gehustet. Jetzt gehört sie schon fast dazu. Okay, keiner soll ihr auf die Pelle rücken, aber das macht auch keiner. Sie kommt jetzt zwei- oder dreimal die Woche in den Jugendbereich. Viele kennen schon ihren Namen. Labbes hat sogar einen Job in der Arche, ehrenamtlich. Er hat inzwischen gelernt, wie man Löcher in die Wände bohrt, wofür eine Wasserwaage gut ist und weiß, dass eine Rohrzange in erster Linie keine Waffe ist, sondern gut zu gebrauchen, um einen tropfenden Wasserhahn zu reparieren. Und dass das vordere kleine Stück davon Perlator heißt.

»Schick, schick«, sagt Romy. »Und wieso machst 'n dit allet?«

»Weil's Spaß macht.«

Labbes wird überall gebraucht. Er ist richtig stolz, dass ihn jeder in der Arche kennt, sogar die kleinen Kinder.

»Megapeinlich«, hat Romy noch vor einer Woche gesagt und sich über die christlichen Sprüche an den Wänden lustig gemacht: »Dankt Gott, denn er ist gut« oder »Ich, der Herr bin auch in diesem Jahr bei dir, um dir zu helfen.« Aber keiner hat sie beachtet. Ein Mädchen, das sie auch schon mit den Glatzen hat rumlaufen sehen, hat nur gesagt: »Chill mal!«

Seitdem sagt sie nichts mehr, kommt nachmittags angegurkt, hängt im Nightcafé ab und hat sogar schon Tischtennis mit Labbes gespielt.

»Alter, du bist sowas von schlecht«, hat sie gesagt, als sie auch mal einen Treffer landete und Labbes sich nach dem Ball bücken musste.

Und dann passiert die Sache mit Desiré. Die ist nämlich auch in der Arche, im Kinderbereich. Läuft ihr die kleine Rotznase plötzlich auf dem Flur über den Weg, bleibt stehen, bewegt sich nicht mehr vom Fleck, als hätte eine böse Hexe sie gerade verzaubert. Sie fängt an zu zittern, guckt Romy mit großen, angsterfüllten Augen an – sie ist die böse Hexe.

Romy kann ihre Angst riechen, sie kennt diese Angst, sie hatte dieselbe, wenn sie merkte, dass Papa gleich sein Programm durchziehen würde.

Wie konnte sie nur die Hände um diesen kleinen Hals legen? Romys Herz klopft schnell und laut.

»Ick tu dir nüscht.« Sie hebt die Hände. Das Mädchen zuckt zusammen. Der Blauhaarige ist jetzt da mit einer Frau.

»Was ist hier los?«, fragt die Frau. Es ist eine Betreuerin aus dem Kinderbereich.

»Ich ... ich wollte mich nur entschuldigen«, sagt Romy. »Bei Desiré«. Ihr Herz rast. Zuerst will sie wegrennen, aber ihre Beine machen nicht mit. Stehen da, als streikten sie. Auf Tili hätte sie sofort den Abgang gemacht. Aber sie nimmt keine Tropfen mehr. Sie muss sich stellen. Es ist, als hätte sie sich selbst überrannt. Ein Teil von ihr liegt am Boden, der andere steht da und sieht Desiré an. »Entschuldigung!«

Die Betreuer haben sich dann mit dem Diversionsmittler in Verbindung gesetzt und dann haben sie sich getroffen: Romy und Desiré und dieser Vermittler. Ein großer Mann mit Schnurrbart, total fröhlich, weil Romy sich so kooperativ zeige, wie er es ausdrückte.

Dabei war sie gar nicht koopera-dingsda, sondern echt erleichtert, dass sie sich entschuldigt und Desiré nicht mehr diese panische Angst vor ihr hatte. Sie will keine böse Hexe sein und erst recht nicht jemand, vor dem ein kleines Mädchen zittert.

Wenn sie jetzt manchmal in der Arche beim Essen zusammen in einem Raum sind, und Romy nach Desiré Ausschau hält, merkt Romy, wie Desiré sich nach ihr umsieht. Dann lächelt Romy ihr zu. Völlig bescheuert, so zu lächeln, aber es macht sich keiner lustig über sie. Desiré hat jetzt endlich mal zurückgelächelt. Gestern wollte sie Romy sogar etwas zeigen, als sie ihre Teller abgeräumt haben und voreinander standen. Desiré bekam rote Wangen. Sie hatte ihre Arme auf dem Rücken, zögerte ein bisschen und streckte einen Arm aus, da guckte was aus ihrer Hand heraus.

»Wat hast 'n da.«

»Sag ich nicht.«

»Zeig doch ma her.«

Und dann öffnete sich Desirés Hand – ganz schnell, und ging genauso schnell wieder zu, und Romy war, als hätte sie ihr kleines Kuscheltier darin gesehen.

»Der stinkt und sieht aus wie ein Mädchen«, sagt Rafa zu Sven, laut genug, dass Tim es mitkriegt. »Außerdem sind seine Klamotten räudig.«

Tim bleibt stehen, dreht sich um, steigt vom Pferd und geht breitbeinig auf Rafa zu, die Hand am Colt.

»Sag das noch mal, Rattengesicht.«

Rafa zittert, beißt sich auf die Lippen. Tim hat kein Erbarmen, er zieht den Colt und drückt ab. Die Kugel peitscht haarscharf an Rafa vorbei. Rafa kackt sich vor Angst in die Hose.

Tim geht, ohne sich umzudrehen, einfach weiter, tut so, als hätte er nichts gehört. Besser, als sich mit solchen Idioten einzulassen.

In der nächsten Straße fängt er an zu rennen. Sein Rucksack schwingt auf seinem Rücken hin und her, bremst ihn. Es ist ein bisschen wie in den blöden Träumen, in denen man nicht schnell genug vorwärtskommt. Tim rennt noch um die nächste Ecke, dann muss er verschnaufen. Er lehnt sich an die weiße Hauswand. Das Klingelschild ist aus Messing, die Tür mit dunklem Holz verschnörkelt. Durch die Scheibe sieht er einen roten Teppich über den Stufen. Eine blonde Frau in weißem Sommerkleid und cremefarbenen Schuhen schreitet die Treppe hinab, an der Leine einen Dalmatiner. Die Haustür geht auf, die Frau huscht an ihm vorbei und hinterlässt eine Parfümwolke. Tim schnuppert ihr hinterher. Ob er sich mal ein Deo kaufen soll?

Der Dalmatiner war gerade sein 49. Hund. Tim kickt einen Pfirsichstein vor sich her. Ein Dalmatiner kostet 1000 Euro, hat Lino heute gesagt, mindestens. Tim stand mit Lino und

Frederick in der großen Pause am Zaun, wo man einen guten Ausblick bis zur Kreuzung hat, und zählte Hunde. Wenn man fünfzig Hunde und drei Polizisten hat, darf man sich was wünschen.

»Und ein Golden Retriever kostet 1600 Euro.«

»Ich hätte total gern einen Collie«, sagte Frederick. »Aber ich kriege keinen.«

»Wieso nicht?«, fragte Lino. »Ein Collie kostet nur 800 Euro.«

Dass Tim einen Hund hatte, einen Mischling, der gar nichts gekostet hat, erwähnte er nicht. Geht hier auch keinen was an.

Plötzlich tauchte Rafa auf, mit Sven im Schlepptau. Er trug sein hellgraues *NY Yankee-Cap* und neue *Nike-Air-Vortex* und dann noch in Grün! Rafa mischte sich gleich ein:

»Der teuerste Hund der Welt kostet eine Million Euro.« Seine Ohren standen irgendwie noch mehr ab als sonst, fand Tim, wahrscheinlich lag das an der blöden Kappe. Oder weil er sich die Haare an den Seiten abrasiert hat. Für den neuen Haarschnitt war er heute schon mehrere Male bewundert worden. Bestimmt sieht Sven morgen auch so aus, so wie der Rafa nachläuft.

»Eine Million?« Frederick tippte sich an die Stirn. »Für einen Hund? Das glaubst du ja wohl selber nicht.« Fred bekam einen roten Kopf. Rafa hatte ihn aus der Reserve gelockt, normalerweise hielt sich Fred eher im Hintergrund bei solchen dämlichen Diskussionen – genau wie Tim.

»Doch. Eine Tibetdogge kostet eine Million Euro.« Rafa grinste.

»Tibetdogge? Was soll das denn sein?«

»Kennst du nicht? Ein Hund, der aussieht wie ein Teddybär, total wuschelig.«

»Wahnsinn«, sagte Lino.

»Wo soll's denn solche Tibetdoggen geben?«, fragte Fred.

»In China.«

Lino guckte Rafa bewundernd an. – Bestimmt der nächste Anwärter, diesem Großmaul hinterherzulaufen.

»Quatsch!«, sagte Fred und schüttelte den Kopf.

Rafas Gesicht verfinsterte sich. Er kann es nicht ertragen, wenn man ihm widerspricht. »Der Hund ist sogar für 1,1 Millionen verkauft worden!«

Fred lachte ihn aus. Keiner lachte mit.

»Halt's Maul oder ich hau dir eine rein, Frettchen«, sagte Rafa. Seine abstehenden Ohren unter seiner Kappe wurden knallrot. Fred hörte auf zu lachen.

Tim kickt den Pfirsichstein in einen Gulli. Blöder Rafa! Immer muss er herumstänkern oder einen herausfordern. Am liebsten würde Tim ihm mal das Maul stopfen, aber er hat keinen Bock, sich zu schlagen, hat er noch nie gehabt, auch keine Lust, Fußball zu spielen, sich zu raufen, Wettrennen zu machen oder anderen zu zeigen, wie weit er pinkeln kann. Und Rafa stinkt selber! Nach *Playboy*-Deo. Wahrscheinlich verbraucht er zwei Spraydosen am Tag. Und er ist noch lange nichts Besseres, nur wegen seiner Markenklamotten! Er trägt sogar *Calvin-Klein*-Unterhosen. Was für ein Angeber!

Jetzt wäre Tim beinahe an dem Dackel vorbeigelaufen. 50! Fehlen nur noch die drei Polizisten. Sie müssen zu Fuß unterwegs sein, sonst gilt es nicht, das ist ja der Mist bei dem Spiel. Mitunter wartet man Wochen, bis mal ein Bulle aus dem Auto steigt oder welche über die Straße schlendern. Politessen oder Leute vom Ordnungsamt gelten nicht. Die Regel ist nun mal: 50 Hunde und drei freilaufende Polizisten. Dann darf man sich was wünschen.

Die Stufen bei ihm im Treppenhaus sind mit rissig-grünem Linoleum überzogen, ab dem vierten Stock knarren sie, ab dem fünften Stock sind sie schmaler und aus Holz, ausgetreten. Es riecht stickig. Hier, auf der letzten Etage, gibt es nur ein winziges Fenster, deswegen staut sich die Hitze und die Gerüche ziehen nach oben. Heute riecht es nach Blumenkohl und Sonnenmilch. Er holt seinen Schlüssel aus der Hosentasche und schließt die Wohnungstür auf.

»Hey, Schnüppel, bist du schon da?« Mama hockt barfuß vor dem Kühlschrank.

»Ich bin nicht Schnüppel.«

Sie nimmt eine Packung Quark heraus. Tim sieht ihre schwarzen Fußsohlen und den runden Hintern. »Hey, was 'n mit dir?«

»Nichts!«

Mama steht auf. Sie trägt ihr blaues Sommerkleid, bei dem sie die Träger an der Schulter verknotet hat, weil sie schon so ausgeleiert sind. Dadurch ist das Kleid auf einer Seite länger als auf der anderen. Ihre Haare sind mit einem Band zu einem dicken Zopf zusammengebunden, aus denen ein Rest Rastazöpfe kreuz und quer abstehen. Die Rastazöpfe lässt sie gerade rauswachsen, deswegen sieht der Zopf auch eher aus wie ein Vogelnest. In ihren Augenbrauen, Ohren und dem linken Nasenflügel glitzern Ringe und Stecker.

Tim wirft seinen Rucksack in die Ecke und trottet zum Tisch. Vor ihm steht eine gelbe Flasche Sonnenmilch. Mama kommt, schlingt von hinten ihre Arme um ihn und drückt ihm einen Kuss auf die Wange. Sie riecht nach der Sonnenmilch – und nach Mama.

»Hat dich dieser Spacko wieder geärgert?«

»Welcher Spacko?«

»Na, dieser Kleine mit den Segelohren.«

»Er ist nicht klein.«

Auf dem Tisch liegen Sonnenstrahlen. Tim ist auf einer Insel, sein Ruderboot liegt am Strand. Vögel zwitschern, Palmenblätter wehen. Er geht am Strand entlang. Das Meer glitzert, kein Schiff in Sicht. Über ihm fliegen Fregattenvögel. Dann kracht etwas hinter ihm. Er dreht sich blitzschnell um, die Hand am Messer. – Nur eine Kokosnuss, die von einer 30 Meter hohen Palme gefallen ist.

»Kommste mit, Schnüppel?«

»Hör doch mal mit deinem blöden Schnüppel auf!«

»Hey. Es ist so ’n super Wetter draußen!«

»Klar. Drinnen kann ein Wetter ja auch nicht sein.«

»Hoho! Werden wir wieder philosophisch?« Mama grinst breit. Tim reicht’s. »Was ist denn daran philosophisch? Du hast doch selbst gesagt, beim Philosophieren stellt man Fragen, die man nicht beantworten kann.« Er nimmt die Sonnenmilch vom Tisch und schraubt sie auf.

»Genau«, sagt Mama.

»Dann war das, was du eben gesagt hast, nicht philosophisch, sondern einfach nur falsch.« Tim schraubt die Sonnenmilch wieder zu. Auf der Nähmaschine in der Ecke türmen sich Stoffe. Hoffentlich näht Mama nicht wieder Shorts für ihn.

»Okay, Mister Oberschlau. Kommste nun mit?« Mama lächelt immer noch so dämlich. Wieso ist sie nur so fröhlich? Er kann sich nicht mal mit ihr streiten.

»Wohin denn?«, brummt er.

»Raus, an den See. Anbaden. Rudi und Babsi kommen gleich vorbei.«

»An welchen See?«

»Na, an unseren See. In Alt-Schmalewitz!«

Natürlich weiß Tim, welchen See sie meint. Er hat dort schließlich schwimmen gelernt und ihn später mit Chispa, seinem Hund, durchquert. Tim schraubt die Sonnenmilch noch mal auf und schnuppert an der Flasche. Auf der Haut von Mama riecht sie viel besser.

»Dann siehste Anja auch mal wieder.«

Tim schiebt die Unterlippe vor und schraubt die Sonnenmilch wieder zu.

»Ich habe Hunger.«

Sie essen die Reste vom gestrigen Abendbrot, Pellkartoffeln mit Quark. An der Pinnwand gegenüber hängen Fotos. Auf den meisten ist er drauf, noch als kleines Kind. Viele wellen sich schon. Vielleicht kann Tim Mama ja mal einen Bilderrahmen schenken. Welches Bild sie wohl auswählen würde? Bestimmt das, wo er als Baby an ihrer Brust saugt. Eigentlich peinlich, wenn er es länger betrachtet. Gut, dass es keiner aus seiner Klasse sieht. War auch noch nie jemand hier, und muss ja auch keiner sehen, wie sie wohnen in zwei winzigen Zimmern mit einer winzigen Küche, Außenklo, Ofenheizung und ohne Dusche. Aber bei ihm war ja schon immer alles anders. Das ist ihm erst richtig bewusst geworden, seitdem er in Berlin wohnt. Total krass war, als er nach und nach mitkriegte, wie andere Leute so wohnen, zum Beispiel Lino. Der hatte ihn zu seinem letzten Geburtstag eingeladen.

Tim war ganz schwindelig geworden von den riesigen, hellen und hohen Räumen und dem Platz! Fünf Zimmer nur für Lino und seine Eltern. Mit Garage und Garten! Sowas hat er überhaupt noch nie gesehen. Der Rasen war ganz kurz und grün – ohne Gänseblümchen, Spitzwegerich oder Löwenzahn. Total weich unter den Füßen. Tim war als Einziger die ganze Zeit barfuß gelaufen und seine Füße sind nicht mal schwarz geworden, jedenfalls nicht vom Rasen. Sie waren vorher schon schwarz. Das ist natürlicher Dreck, der stört keinen, behauptet Mama immer, aber Tim hatte das Gefühl, dass es Linos Mutter sehr wohl gestört hat.

Er hatte sich dann vor dem Abendbrot heimlich die Füße gewaschen, in so einem witzigen Teil, neben dem Klo. Sah ähnlich aus wie eine Kloschüssel mit zwei Wasserhähnen. Wahnsinn, ein Becken extra zum Füße waschen!

So sauber waren seine Füße noch nie gewesen, bis auf die schwarzen Ränder unter den Zehennägeln ging wirklich alles weg! Allerdings kriegte er später mit, wie Linos Mutter irgendwas über eine Schweinerei im Badezimmer sagte. – Okay, wenn man sich wäscht, bleiben im Becken immer Dreckspuren. Aber hatte er die nicht weggewischt? Dann fiel ihm ein, dass er vorher ja noch auf der Toilette war – einer Toilette, die an der Wand hing, mit heller Holzbrille und einem Holzdeckel mit Absenkautomatik, damit er nicht zuknallte. Tim hatte es mehrere Male ausprobiert – es funktionierte. Egal, wie schwungvoll man ihn zuklappte, der Deckel schloss sich sanft und leise. Nicht zu vergleichen mit dem Klo bei ihm zu Hause, das im Treppenhaus in einem zugigen Kabuff stand, auf welligem PVC, eine halbe Etage tiefer, nur mit wackliger, schwarzer Plastikbrille.

Hatte er etwa vor lauter Spielerei mit dem Klodeckel vergessen, sein »Geschäft« wegzuziehen? Wie peinlich!

Mama hat sich kaputtgelacht, als er ihr erzählte, dass er sich in so einem »Pseudoklo« die Füße gewaschen hatte.

»Das war ein Bidet«, erklärte sie ihm. »So ’n Teil, mit dem sich die Spießer den Hintern waschen. – Und du schrubbst dir da drin die Füße. Du kommst vielleicht auf Ideen!«

Mama wäscht sich nie die Füße, jedenfalls nicht im Sommer, weil sie eh barfuß läuft, von Mai bis Oktober. Sie hat sogar einen Kumpel, der auch im Winter keine Schuhe trägt, nicht mal wenn es friert. Olli heißt der und war früher schon mal mit Tim barfuß rodeln. Er behauptete, er spüre die Kälte nicht mehr. Mama hat auch schon eine ganz dicke, schwarze Hornhaut, durch die nicht mal Scherben dringen.

Tim ist bis zu seinem sechsten Lebensjahr auch fast nur barfuß gelaufen, aber als er in die Schule kam, hat Mama ihm im Secondhand-Laden für 3 Euro ein Paar Turnschuhe gekauft, viel zu groß, aber sie sagte, er würde schon reinwachsen, was er ja dann auch getan hatte.

Die Schuhe, die er jetzt trägt, hat er von Oma. Grüne *Asics-Tiger* mit weißen Streifen. Er hätte ja so gern die *Nike-Air-Vortex* gehabt, auch in Grün, aber die kosteten 90 Euro und Oma hatte ihm nur 70 Euro geschickt, was ja auch schon total cool war. Mama versteht sich nicht mit Oma und will auch nichts von ihr geschenkt haben. Aber Oma will wenigstens ihrem Enkel was schenken dürfen, außerdem soll der Junge anständige Kleidung tragen, sagt sie immer und regt Mama jedes Mal total damit auf, weil sie »anständige Kleidung« megaspießig findet.

Oma ist Mamas Mutter und wohnt im Sauerland. Früher hat Tim gedacht, das Sauerland sei ein richtiges Land, wie Deutschland, und dass da die sauren Zungen aus Weingummi und die Gum-Powder-Kaugummis herkommen, die auf der Zunge knistern – die legt Oma nämlich immer in die Pakete, die sie ihm schickt, mit Sachen, die er von Mama nie kriegen würde. Die kauft nur in solchen Läden, in denen es nach Mottenpulver müffelt und man Klamotten kiloweise bezahlt. Leider ist von Oma erst wieder zu Weihnachten ein Paket zu erwarten.

»Kommste nun mit, oder nicht?« Mama steht mit einer verfleckten, ehemalig hellen Jutetasche an der Tür. Barfuß natürlich.

Er guckt sie an. Sie guckt ihn an.

»Ja«, sagt er. »Dann lass ich mir von Rudi die Haare schneiden.«

»Haare schneiden? Spinnst du?«

Tim guckt sie mit zusammengekniffenen Augen an. Hinter ihm ertönt eine Mundharmonika: *Spiel mir das Lied vom Tod*. Sein Ledermantel weht ihm an die Stiefel; der Hut sitzt ausgezeichnet auf seinem Kopf. Sein Gesicht ist überzogen mit dunklen Bartschatten. Wo er langgeht, macht man lieber die Türen und Fenster zu.

»Aber nicht zu kurz«, sagt Mama.

»Was?«

»Die Haare.«

»Das lass mal meine Sorge sein«, sagt Tim und schnappt sich seine Badesachen.

Die Stadt hört plötzlich auf. Eben standen da noch Häuserblocks, jetzt nur noch Sonnenblumenfelder und Himmel bis zum Horizont. Die Sonne knallt aufs Autodach.

»Stehen bleiben oder ich schieße!«, ruft Tim und rennt durch die Felder, dem Mörder dicht auf den Fersen. Er hat seine Pistole dabei, Blätter peitschen ihm ins Gesicht. Er schießt in den Himmel, es knallt. Vögel fliegen kreischend auf. Der Mörder stolpert vor Schreck, fällt hin. Im Nu ist Tim bei ihm, dreht ihm die Hände auf den Rücken und legt ihm Handschellen an. Dann kommen seine Kollegen angerannt, völlig außer Atem. »Gut gemacht, Chef«, sagen sie und schauen ihn bewundernd an. »Sie sind super!«

»Tim?« Rudi hält ihm einen Keks hin. Babsi sitzt am Steuer, Mama neben ihm, hinten.

»Ist ja wohl keiner von deinen Haschkeksen, oder?«, sagt Babsi, nicht zu laut, damit er es nicht versteht, aber er hat es schon verstanden.

»Nee.« Rudi grinst. Auf seinem rechten Arm ist ein Hobbit tätowiert. Auf dem anderen Arm ein kleines, rotes Teufelchen mit einem Joint in der Hand, in der anderen hält er einen Dreizack. Mama hat auch ein kleines, rotes Teufelchen tätowiert, aber nicht auf dem Arm, sondern am Hintern, weiter oben, sodass er aus der Unterhose grinst, ohne Joint, nur mit Dreizack.

Tim isst den Keks. Aus den Boxen *The Buzzcocks*, eine Punkband aus den 70ern. Mama, Babsi und Rudi hören nur so ein Zeug. Die Schrammelei geht Tim manchmal ganz schön auf die Nerven, besonders, wenn sie so laut ist wie jetzt und er keine Chance hat, seine Musik über Kopfhörer zu hören. Mama singt mit: *Ever fallen in love* … total schräg.

»Hände hoch, dies ist ein Banküberfall! – Füllen Sie diese Tasche randvoll mit 500-Euroscheinen und machen Sie keinen Quatsch, sonst erschieße ich Sie!«

Manchmal stellt Tim sich vor, wie es wäre, ganz viel Geld zu haben, Millionen! Er sieht sich schon in einem grau-schwarzen Anzug über eine hügelige Straße gehen. Wahrscheinlich ist er in San Francisco. Da gibt es solche steilen Straßen, da will er unbedingt mal hin. Und einen Anzug möchte er auch mal haben, anthrazitfarben, von *Armani*. Auf einen Schlips würde er vielleicht verzichten, aus Rücksicht auf Mama, weil die sonst einen Herzinfarkt kriegt.

»*Ever fallen in love* …«, grölt sie und kneift ihn in die Seite.

»Aua!«

»Geht's dir gut, Schnüppel?« Sie strahlt ihn an.

Er wirft ihr einen bösen, verachtenden, atomverseuchten Blick zu.

Sie fahren durch grüne Alleen, auf seiner Seite klappert die Tür, eigentlich rappelt das ganze Auto. Besser, er lehnt sich nicht zu nah an die Tür, sonst sitzt er gleich auf der Straße. Bei Babsis Karre ist alles möglich.

Er dreht den Gashahn auf, full speed, schießt mit seiner 750 Suzuki an Babsi vorbei. Mama sieht ihn nur noch von hinten.

Er legt sich in die Kurven und stemmt den Kopf gegen den Fahrtwind, und dann noch mal full speed …

Tim hat echt keinen Bock mehr, im Auto zu sitzen. Ihm ist heiß, es riecht nach schalem Bier und Schweiß. Rudi raucht eine selbst gedrehte Zigarette. Die Scheibe ist runtergekurbelt, seine Haare flattern wild im Wind. Er freut sich schon darauf, wenn Rudi ihm gleich die Haare schneidet. Echt, er hat es sowas von satt, »Mädchen« genannt zu werden. Keiner aus seiner Klasse hat so lange Haare wie er. Natürlich will er sie nicht abrasiert haben wie Rafa, aber schön kurz und den Pony ein bisschen ausgefranst.

Komisch, nach so langer Zeit den Bauwagen wiederzusehen – fast ein Jahr wohnt er nun schon in Berlin. Er guckt sich um, nach Chispa. Pfeifen nutzt auch nichts, Chispa kommt nicht, Chispa ist nicht mehr da.

Hier ist er aufgewachsen, mitten in einer Wagenburg. Er hatte einen eigenen Bauwagen, ganz für sich alleine, in einem Tal zwischen Rübenfeldern und einem Waldstück. Neben seinem Bauwagen stand der von seinen Eltern, völlig zugesprüht mit Sprüchen, wie: »Ob Ost, ob West, nieder mit der Nazipest« oder: »Deutsche Waffen, deutsches Geld, morden mit in aller Welt!« und jede Menge Anarchie-Zeichen. Papa hat den Wagen vor knapp zwei Jahren mit nach Hamburg genommen. Mama und er wohnten dann noch eine Weile in Tims Wagen, bevor sie nach Berlin gezogen sind und Mama ihn an ein Pärchen aus Spanien verkauft hat. Von dem Geld hat sie die Kaution für die Wohnung bezahlt.

Ein schwarzer Hund liegt im Gras. Er guckt Tim freundlich an, schnuppert an seinem Bein. Er trägt kein Halsband, nur ein schwarzes Piratentuch um den Hals. Chispa hatte auch ein Halstuch, ein grünes. Er war so groß wie ein Schäferhund, mit kurzem, feuerrotem Fell und Schlappohren. Chispa lief frei herum. Manchmal war er auch tagelang unterwegs, aber immer wiedergekommen, bis auf das letzte Mal.

Das alte, krumme Sofa unter der Trauerweide steht auch noch da. Darin haben früher schon die Mäuse gewohnt und sind rausgekommen, wenn er und Anja auf den Polstern rumgehopst sind. Hier hat er auch öfter mit Papa gesessen. Papa hat in die Luft geraucht und er hat den Fröschen beim Quaken zugehört – wie lange das alles schon her ist. Dann ist Papa nach Hamburg gezogen, mit einer neuen Freundin, mit der er aber schon lange nicht mehr zusammen sein soll. Wieso kommt er dann nicht zurück? Das wollte Tim ihn eigentlich fragen, als er ihn in den Winterferien mit Otto, einem alten Kumpel aus der Wagenburg, besucht hat.

Es war sehr kalt und Papa stand mit ein paar Typen auf einer Brachfläche um eine brennende Tonne und wärmte sich, in der Hand eine Bierflasche. Er hatte keinen grünen Iro mehr, dafür wilde, pechschwarze Haare und noch seinen Flesh-Tunnel im rechten Ohr. Früher, wenn Tim huckepack auf Papas Rücken saß, hat er immer durch das münzengroße Loch in seinem Ohrläppchen gelugt und gedacht, er gehe mit einer Karawane durch den Dschungel und spähe durch ein ganz spezielles Fernrohr, das wilde Tiere ausspäht. Papa trug auch noch seine dicke, schwarze Lederjacke, auf der in weißen Lettern: »Fuck the system« stand.

Tim und Otto hatten ihn überrascht. – Ging nicht anders, Papa hat ja kein Telefon. Computer sowieso nicht. Hat sich tierisch gefreut, seinen »Kleinen« mal wiederzusehen, aber »sein Kleiner« war ganz schön gewachsen, inzwischen fast so groß wie er.

»Und wie ist es, in einer richtigen Wohnung zu wohnen?«, hat er Tim gefragt. »Scheiße, oder?«

»Nee, ganz gut«, hat Tim gesagt.

»Und wie geht's der Andrea?«

»Auch gut.«

»Und die Schule? Kommste klar mit all den Spießern da?«

Tim sagte nichts mehr. Für seinen Vater gab es noch mehr Spießer auf der Welt als für seine Mutter – eigentlich alle, außer ihm und seinen Kumpels. Dann rief Papa plötzlich in die Runde: »Geil! Guckt mal, ihr Arschlöcher! Das ist mein Sohn!«, wuschelte ihm wild durch die Haare und prostete seinen Kumpels zu. Tim fand es cool, dass er sich so über seinen Besuch freute.

Tim geht zu seinem Kletterbaum, auf dem er früher mit Anja ganze Nachmittage verbracht hat. Anja wohnt im Dorf mit Susi, ihrer Mutter. In der Wagenburg gab es außer ihm keine anderen Kinder. Anja war das einzige Kind aus dem Dorf, das mit ihm spielen durfte. Zum Glück hatte er noch Chispa und die anderen Hunde; es gab auch Hühner, eine Ziege, zwei Schafe und das Schwein Hildegard, eine riesige Sau, die einmal sogar zwölf Ferkel geworfen hat.

»Hi!« Anja steht vor ihm, blond, im blauen Badeanzug, mit Handtuch um die Hüfte. Der Badeanzug hat Löcher am Bauch, ihre helle Haut schimmert durch, sieht aus wie weiße Punkte. Mann, sie ist sogar ein Stückchen größer als er! Und wo kommen denn die Brüste her? Er mag gar nicht richtig hingucken. Ansonsten scheint Anja die Alte geblieben zu sein. Sie quasselt gleich drauflos. Es ist heiß. Er schwitzt. Sie gehen zu Fuß zum See.

Der schmale Waldweg ist schattig, es riecht nach Moos und wilden Erdbeeren. Anja erzählt, was so los war die letzte Zeit und dass das Seil, mit dem man sich ins Wasser schwingen kann, noch an dem Baum hängt. Vögel zwitschern. Jetzt bloß nicht stehen bleiben, sonst kommen die Mücken. Er kennt den Weg, er kennt den See. Anja zupft bei jedem Schritt an ihrem Badeanzug herum, ist wohl wieder zu klein und rutscht ihr beim Gehen in die Poritze. Das war früher schon so, dass sie ewig an sich rumzupfte, weil ihr alles zu klein oder zu eng war. Tim erinnert sich noch gut an ihre Strumpfhosen, bei denen die großen Zehen durchkamen und ihr der Schritt knapp über den Knien hing. Was Mama ihm zu groß kaufte, kaufte Susi Anja zu klein – natürlich auch gebraucht. Susi half manchmal beim Bio-Bauern auf dem Feld, Salat pflücken, um ihr Hartz-IV-Geld aufzubessern und hatte Mama schon öfter gefragt, ob sie sonntags mitpflücken wollte. Aber für so eine Knochenarbeit macht Mama sich nicht krumm. »Dann lieber voll abharzen.«

Der See glitzert schon von Weitem durch die Bäume. Sie hören Stimmen. Tim sieht, dass auf der Ebene vor dem See lauter Leute aus der Wagenburg sitzen. Die Männer mit freiem Oberkörper und hochgekrempelter Jeans, die Frauen in Bikinis, abgeschnittenen T-Shirts oder in bunte Tücher gewickelt. Vorn, am Ufer, steht eine Bierkiste im Wasser.

»Hey, Tim!«, rufen sie ihm zu.

Tatsächlich, das Seil hängt noch an dem Ast der Linde. Anja knotet ihr Handtuch auf, wirft es auf die Erde, und bevor Tim wieder auf ihre Brust gucken muss, packt sie das Seil, nimmt Anlauf, schwingt sich übers Wasser und lässt sich mit einem Kreischen in den See plumpsen. Es platscht ganz schön.

»Los, komm!«, ruft sie, als sie wieder auftaucht, und zappelt wild im Wasser. »Ist gar nicht kalt!«

Tim weiß, wie arschkalt der Waldsee ist. Er möchte erst mal mit den Füßen rein, er war noch nie so eine Wasserratte wie Anja. Sie drängt ihn. Na gut. Jetzt kommt Tarzan, packt sich die Liane und … nein, Tarzan ist doof, war er schon immer. Tim nimmt das Seil, holt Schwung, beißt die Zähne zusammen – und platscht in den See. Er muss gleich loskraulen, damit ihm das Herz nicht stehen bleibt. Anja schwimmt neben ihm. Sie kraulen bis auf die andere Seite.

Später sitzen sie am Lagerfeuer und essen Kartoffeln. Auf einem selbst gebauten Grill schmurgelt ein Hähnchen. Hat Günther frisch geschlachtet. Günther ist schon älter, und hat mal Schlachter gelernt. Er wohnt auch im Dorf und ist am ganzen Körper tätowiert. Im Sommer läuft er nur mit einem Lendenschurz herum. Günther weiß, wie man schlachtet, ohne Quälerei. Der kann sogar von der Regionalbahn überfahrene Wildschweine noch appetitlich zubereiten.

Die Hunde liegen im Schatten und haben den Grill im Auge. Tim und Anja halten Stockbrot ins Feuer. Schwimmen macht hungrig.

»Bleibt doch ein paar Tage hier«, sagt Susi. »Ihr könnt auch bei uns wohnen.«

»Nee, Tim muss zur Schule«, sagt Andrea.

»Ach, der kann doch mal einen Tag fehlen.«

»Ja«, sagt Tim. »Gern!« Er hätte wirklich kein Problem damit, ein paar Tage auf Rafa und die anderen zu verzichten. Er erzählt Anja von den Angebern. Sie sagt: »Ach, solche Vollpfosten gibt es doch überall. Solange du dich nicht mit ihnen schlagen musst.«

»Auf meiner Schule schlägt man sich mit Worten«, sagt er, obwohl Rafa ja jedem echte Schläge androht, wenn er nicht mehr weiterweiß.

»Das kann doch nur ein armes Würstchen sein. Vielleicht wird er zu Hause misshandelt.«

»Ich glaube, der hat Eltern, die immer nur arbeiten. Jedenfalls haben sie irgendwelche wichtigen Jobs und richtig viel Kohle, wie fast alle aus meiner Klasse.«

»Bisschen Kohle ist schon nicht schlecht«, sagt Anja und zupft an ihrem Badeanzug herum.

Jetzt, raus aus Berlin, hier am See und mit Anja neben sich, kommt ihm Rafa sowas von lächerlich vor! Wenn Tim doch nächstes Mal, wenn er wieder blöde Bemerkungen macht, nur was einfiele.

Rudi steht auf und schnippelt mit einer Schere in der Luft. »Wem soll ich jetzt die Haare schneiden?«

»Mir!«, sagt Tim.

»Ach nö. Doch nicht deine schönen Locken!«, sagt Susi und zieht ein langes Gesicht.

Rudi macht das richtig gut, schneidet alles ab. Schön kurz, genau so, wie er es haben will, da können Mama und Susi jammern, wie sie wollen.

Tim muss noch mal ins Wasser springen, denn die abgeschnittenen Haare kitzeln ihn auf der Haut. Als er wieder aus dem Wasser kommt, steckt Mama im Vorbeigehen einen Arm aus, zieht ihn an sich. »Hab dich auch mit kurzen Haaren lieb«, sagt sie leise. »Obwohl du ja jetzt echt bescheuert aussiehst.« Sie kneift ihn in die Seite. Er lacht, rupft ihr das Handtuch aus der Hand und springt zur Seite.

Anjas blauer Badeanzug hat auch hinten Löcher. Sie wickelt sich in ihr Handtuch. Die Träger drücken sich in ihre Schulter. Wahrscheinlich hat Susi den wieder irgendwo gefunden. Sie ist noch schlimmer als Mama, was Klamotten anbelangt, und jubelt Anja alles unter. Anja kann nur froh sein, dass sie mit solchen Sachen nicht in Berlin zur Schule gehen muss. Obwohl, es ist nirgendwo toll, so uncool rumzulaufen. Wenigstens lässt sie sich von ihrer Mutter nicht mehr die Haare schneiden. Tim kann sich noch genau daran erinnern, als Susi ihr die Haare einfach abrasiert hat, nur weil sie Läuse hatte. Da waren sie immerhin schon in der vierten Klasse. Anja hat sich total geschämt, mit einer Glatze rumzulaufen.

Mist, nun fahren sie doch heute Abend wieder zurück, weil Mama gerade einfällt, dass sie morgen zum Amt muss. Sonst gibt's keine Kohle. Susi fragt Andrea, warum sie nicht woanders in Berlin wohnt.

»Du bist ja mitten in so einer Schickimicki-Gegend. »Kannste nicht in 'n cooleren Bezirk ziehen?«

»Nee, die Wohnung ist in so einem Abrisshaus und total günstig. Tim muss auch nicht mit der U-Bahn zur Schule. Das spart auch 'ne Menge. In Kreuzberg oder Neukölln kann ich mir keine Wohnung leisten.«

»Bezahlt doch das Amt.«

»Nee. Dann krieg ich irgend so eine Sozialwohnung. Wir sind super untergebracht, haben sogar einen Dachboden. Außerdem will ich nicht in einer Spießerwohnung wohnen und dafür noch wer weiß was bezahlen.«

Tim hätte nichts gegen eine »Spießerwohnung« – mit richtigem Klo und einem Bad, in dem er duschen kann und nicht immer ins Schwimmbad muss oder mit zu Mamas Freunden. Er macht die Tür auf, geht mit nacktem Oberkörper, ein Handtuch über seinen muskulösen Rücken geschwungen, ins Badezimmer, über die cremefarbenen Fliesen zum Spiegel, streicht sich Gel ins Haar und wuschelt ordentlich in ihnen herum, bis sie richtig männlich aussehen. Dann nimmt er das Deo von der Konsole – Body spray von *adidas*, hebt einen Arm – sprüht. Hebt den anderen Arm – sprüht. Ganz verschwommen sieht er sich im Deo-Nebel. Sein Kinn ist schwarz – oh Gott, er muss sich schon wieder rasieren …

»Tim, kommst du was essen?«

Er braucht ein paar Sekunden, um vom Luxus-Bad umzuschalten, zum See, zum Feuer, zu Mama.

Klar kommt er essen! Nachher, zu Hause, gibt's nichts mehr. Sie haben alle Reste aufgegessen und ihre sieben Euro heute auch schon ausgegeben. Das ist die Summe, die Mama pro Tag für Essen zur Verfügung steht. Vorhin, auf der Hinfahrt, haben sie sich an der Tanke Eis, Zigaretten und Cola gegönnt. Zu Hause gibt es nie Cola, jedenfalls nicht die richtige. Nur die billige in der anderthalb Liter-Flasche vom Discounter und die auch nur ganz selten. Mama steht nicht auf Zuckerzeug, wie sie sagt. Auch mit wenig Geld könne man sich gesund ernähren. Zu Hause trinken sie Wasser aus der Leitung, »Hahnenburger«, denn das Wasser in Berlin ist gut und lecker und kostet sie nichts.

Tim öffnet die Alufolie von seiner Kartoffel. Die Kartoffel ist von außen schwarz verbrannt, innen weich und gelb. Lecker, aber noch viel zu heiß. Sie dampft. Wenn man jetzt noch einen Klecks Butter hätte, wäre sie perfekt. Ihm läuft das Wasser im Mund zusammen. Er nimmt einen Löffel voll von dem Weichen im Inneren, wartet, bis sich der Bissen ausgedampft hat und nimmt ihn in den Mund.

Auf dem Nachhauseweg spielt Tim mit seinem Handy. Schade, er hat kein iPad, worauf man Filme gucken kann, wie die meisten aus seiner Klasse, wenn sie in die Ferien fahren. Wenigstens hat er ein cooles Handy. Hat Oma ihm gekauft, ein *HTC One S*.

»Wir wollen nicht so ein bescheuertes Smartphone haben«, hat Mama Oma am Telefon angeschnauzt.

»Doch. Ich schon!«, hatte er dazwischengerufen. Zum Glück bezahlt Oma die monatliche Handyflatrate, sonst wäre er ganz arm dran. Seine Eltern haben dafür keinen Cent übrig. Papa besitzt nur das, was er am Leib trägt, sagt er immer ganz stolz. Mehr brauche er nicht. Mama hat immerhin ein Handy für 12 Euro und eine Prepaidkarte von Aldi, telefoniert aber am liebsten mit Tims Handy, weil er ja eine Flatrate hat, was ihm echt auf die Nerven geht.

Anstrengend, zu Hause die ganzen Treppen hochzulatschen. Er fällt gleich auf seine Matratze. Mama packt noch das Gemüse aus, was sie von Susi gekriegt hat, die Eier und den Honig.

Am nächsten Morgen kein Polizist weit und breit. Echt doof, dass man ewig braucht, bis man drei Polizisten sieht, die zu Fuß sind. Auf Vorrat zählen, gilt nicht, leider, sonst hätte er bei Demos genug für die nächsten Jahre.

Er würde sich so gern jetzt schon was wünschen. Vielleicht sollte er es einfach tun, und der Wunsch geht auch ohne Bullen in Erfüllung? Er kneift die Augen zusammen und wünscht es sich ganz fest.

Am Schuleingang stehen Rafa, Sven und Lino. Rafa lacht schon, als er ihn kommen sieht.

»Wie siehst du denn aus?«

Tim sagt nichts. Sein Herz klopft.

»Alter, bei welchem Friseur warst ’n du?« Rafa prustet los. »Bei einem Behindertenbarbier, oder was?«

Tim geht einfach an ihm vorbei. Bestimmt fällt ihm gleich was ein. Aber Tim fällt nichts ein. Lino grinst auch so blöd, als er ihn anguckt. Gestern hat er noch mit ihm Hunde gezählt.

In der Klasse kommt sein neuer Haarschnitt gut an. Laura flüstert mit Anastasia. Sie kichern. Er dreht sich um und lächelt ihnen zu, wie Ian Sommerhalder, zieht dabei lässig eine Augenbraue hoch und schreitet in Zeitlupe an ihnen vorbei. Draußen stehen Mädchen am Zaun wie die Karnickel, stehen auf ihren Hinterpfoten und machen »hübsch«, kreischen, wenn er vorbeikommt. Reihenweise fallen sie in Ohnmacht. Security-Guides umringen ihn, schirmen ihn ab von der hysterischen Menge.

»Na, willst du mit den Mädchen spielen?«, fragt Rafa. Es ist Pause. Lino steht neben ihm. Frederick ist heute nicht da. »Du spielst doch so gern Mädchenspiele. – Hunde zählen … so ein Schwachsinn. Voll der Weiberkram. Willst de mal wissen, welche ich schon klargemacht habe?«

Lino und Sven schauen Rafa bewundernd an. Rafa steht da wie ein kleiner, kläffender Köter.

»Was ist, bist du schwul, oder was?« Alle prusten los vor Lachen.

Was soll Tim dazu sagen? Das ist so doof, ihm fällt echt nichts dazu ein. Er lässt die beiden einfach stehen und geht.

Zu Hause sitzt Mama am Küchentisch und blättert Prospekte durch, Einkaufsprospekte von Lidl, Aldi und Netto. Sie weiß immer, wo was billiger ist, rennt in drei Läden, um 15 Cent zu sparen, denn auch »Kleinvieh macht Mist«, sagt sie.

»Warum gehst du eigentlich nicht arbeiten?«, hat Tim sie schon mal gefragt. Immerhin hat sie, im Gegensatz zu Papa, einen richtigen Beruf: Floristin. Papa hat nicht mal einen Schulabschluss. Hat ja sowieso alles keinen Zweck, sich für dieses Schweinesystem krumm zu machen – war sein Standardspruch.

»Welches Schweinesystem?«, hatte Tim ihn mal gefragt und an die süßen kleinen Ferkel von Hildegard gedacht. Wie gern hätte er eins mit nach Berlin genommen. Aber Mama hat gesagt, in der Stadt halten wir uns keine Tiere.

»Das Schweinesystem – der Kapitalismus. Die Reichen werden immer reicher und die Armen ärmer.«

Tim hätte gern mit jemandem darüber geredet, ob man denn nichts dagegen machen könnte, dass die Armen immer ärmer und die Reichen immer reicher werden, aber sein Vater war da nicht der richtige Gesprächspartner für ihn, der kam über seine Parolen nie hinaus. Außerdem hätte Tim viel lieber von ihm gewusst, warum er damals unbedingt mit seiner neuen Freundin nach Hamburg abhauen musste? Damit fing ja alles an – und endete damit, dass Tim jetzt in Berlin wohnt, wo es doch in der nächsten Kreisstadt auf dem Land auch ein Gymnasium gibt, auf das Anja geht.

»Eigentlich waren wir nie richtig zusammen«, sagt Mama dazu, wenn er sie fragt. »Nur wegen dir, als du klein warst.« – Was für eine aufschlussreiche Antwort! – Und dass er Papa in Hamburg doch besuchen könnte und Papa ihn in Berlin. Hamburg sei ja schließlich nicht aus der Welt. Aber Papa ist noch nicht ein Mal nach Berlin gekommen. Als Tim ihn das letzte Mal besucht hatte, nach fast einem Jahr, hatten sie die ganze Nacht um die brennende Tonne gestanden, Bier getrunken, geraucht, irgendwann hatte Papa ihn in seinen Wagen gebracht, wo er pennen konnte. Der sah mittlerweile total beschmiert aus und man konnte nichts mehr von den alten Sprüchen lesen. Dafür stand drinnen ein neuer, quer über die Wand: »Wenn dich das Leben ankotzt, kotz zurück«, in schwarzen, verlaufenen Sprühlettern.

Die Bettdecke hatte Brandlöcher und die Matratze roch ranzig. Das Kissen war fleckig und ohne Überzug, ein Laken gab es auch nicht. Überall standen schmutzige Teller und Tassen herum. Die Linsensuppe in dem Topf auf dem kleinen Campingkocher war verschimmelt. Tim war kalt. Er hatte die ganze Nacht gefroren, Autos gehört, Stimmen, Gelächter. Auch die S-Bahn, die immer dann durch die Nacht ratterte, wenn er gerade eingeschlafen war. Irgendwann war Papa gekommen, hatte sich zu ihm ins Bett gelegt, sich an seinen Rücken gekuschelt, einen Arm um ihn geschlungen und ihm ins Ohr geschnarcht. Er lag da noch bis fünf Uhr nachmittags. Um sechs haben sie dann zusammen steinharte Brötchen mit Marmelade gegessen, Papa hatte Kopfschmerzen und musste erst mal »richtig wach werden«. Dann war Tim mit Otto wieder nach Berlin zurückgefahren.

»Schreibst du auf?«, fragt Mama. Tim schnappt sich einen Stift und zieht Linien. Über die erste Spalte schreibt er Aldi, über die zweite Netto, über die dritte Lidl.

»Butter, Zucker, Eier, Kakao …«, sagt Mama und grinst.

»Geil«, sagt Tim. Mit den Zutaten backt Mama einen Kuchen. Marmorkuchen. Sein Lieblingskuchen. Niemand backt ihn so lecker wie Mama. Mit Butter schmeckt er noch besser als mit Margarine. Und Mama hat »Butter« gesagt. Er soll sie bei Lidl eintragen, dort ist sie heute im Angebot für 59 Cent. Die Frischeiernudeln sind bei Aldi am billigsten, aber die Fusilli – diese gedrehten Nudeln – um 4 Cent bei Netto.

Mama steht auf und geht zum Regal. Dort stehen Teller und Tassen, Schüsseln und Töpfe. Auch Gläser mit Rosinen, Nüssen und Körnern, in einem anderen Glas sammelt Mama Süßigkeiten. »Schlickerkram« hat sie draufgeschrieben. Das Glas ist leer.

»Sollten wir auch mal wieder auffüllen«, sagt sie und prüft, was sie sonst noch brauchen. Tim soll Frischkäse aufschreiben, Leberwurst und Dosentomaten. Dann gehen sie los, mit Rucksäcken und Einkaufstaschen.

Die billigsten Sachen liegen in den Läden immer ganz unten. Sie müssen auch nicht zickzack gehen, weil sie ja alles schon schön in die Spalten eingetragen haben. Lidl und Aldi liegen nah beieinander. Zu Netto gehen sie später und kaufen den Rest.

Sie schauen auch bei Edeka und Kaiser's vorbei, obwohl sie dort nichts kaufen, aber da gibt es immer was zu probieren: Käsewüfel, Brot mit Schmalz, Salzstangen, Salami, aufgeschnittene Orangen und Ananas. Sie gehen mit einem Einkaufskorb durch den Laden, packen ein paar Sachen ein, damit es nicht so auffällt, dass sie nur zum Probieren da sind, leeren den Korb kurz vor der Kasse wieder aus und stellen ihn ab.

»Das Brot war zu hart«, sagt Tim beim Rausgehen.

»Das Schmalz viel zu fettig«, sagt Mama.

»Der Käse hat gestunken«, sagt Tim.

»Die Salzstangen waren langweilig«, sagt Mama.

Und dann prusten sie los, Mama legt einen Arm um ihn, ihre Rasta-Reste wippen bei jedem Schritt. Die Leute gucken auf ihre nackten, schwarzen Füße. Sollen sie ruhig glotzen! In solchen Momenten ist Tim das scheißegal. In solchen Momenten ist er einfach nur glücklich. Mama drückt seine Schulter gegen ihn.

»Wir sind ja nicht arm, nur weil wir kein Geld haben.«

Mit dem Gemüse vom Land und den clever eingekauften Sachen kommen sie die ganze Woche aus. Dazu gibt es einen vorzüglichen Marmorkuchen und am Freitag sogar für jeden ein Eis. Samstag kann Mama sich dann ein paar Bier und neuen Tabak leisten und für Tim habe sie was ganz Besonderes.

»Was denn?«

»Du brauchst doch eine neue Jacke.«

Tim nickt.

»Tada!« Mama legt ihm ein in Zeitungspapier eingewickeltes Päckchen auf den Tisch. Tim reißt das Papier auf. Eine grüne Trainingsjacke kommt zum Vorschein.

»Das ist ja … eine echte *Nike*!« Tim bleibt die Luft weg.

»Jawoll!«, sagt Mama. Er umarmt sie so stürmisch, dass sie fast mit dem Stuhl nach hinten kippt. Die hat er sich schon lange gewünscht, da werden Rafa und die anderen aber Augen machen!

Er zieht die Jacke an, geht zu der großen Spiegelscherbe,

 die an der Wand lehnt, und guckt sich an. Cool, das ist er, in einer echten *Nike*-Jacke, und dann noch in Grün!

Eigentlich ist es viel zu warm, um eine Jacke anzuziehen, aber Tim muss damit jetzt zur Schule gehen. Er lässt sie offen. Auf der linken Seite, über der Brust ist das Logo: die Aufschrift *Nike* in Großbuchstaben und darunter der schwarze *Swoosh*. Lino und Frederick stehen am Zaun. Tim geht so langsam wie möglich auf den Schulhof, begrüßt die beiden mit Handschlag. Ihm entgeht nicht, wie Lino ihn von oben bis unten abcheckt, besonders die Jacke.

»Na, zählt ihr Hunde?«, fragt Tim.

»Nee«, sagt Lino. »Diese Mädchenkacke machen wir nicht mehr.« Frederick sagt nichts, hält sich, wie immer im Hintergrund.

»Wo hast 'n die Jacke her?«, will Lino wissen.

»Niketown.« Wie locker Tim das über die Lippen rutscht. »Am KuDamm.«

»Du meinst am Tauentzien«, verbessert ihn Lino. Rafa steht plötzlich neben ihm.

»Schick, schick«, mischt er sich ein. »War wohl 'n Restposten?«

Tim versteht nicht ganz. Restposten?

»Die neuen Sachen haben nur noch den *Swoosh* als Logo«, sagt Rafa. »Ohne Schriftzug.«

»Ja, aber die mit dem vollen Logo sind auch noch neu«, sagt Lino schnell. Auf seinem Cheyenne-Rucksack prangt nämlich das kombinierte Logo. Den Rucksack hat er noch nicht so lange, und wenn es um Wertschätzungen und Preise geht, hat Lino das letzte Wort. Seine Eltern haben schließlich die meiste Kohle von allen. Sein Vater hat sogar einen *Porsche Cayman*, Neuwagen, in platinsilbermetallic mit limegoldenem Innenhimmel.

Es klingelt. Nächste Stunde Geografie. Tim lässt die ganze Stunde seine Jacke an, obwohl er darin ziemlich schwitzt. In der nächsten Pause fragt Fred: »Kommst du heute mit zu mir?«

Tim fühlt sich erst gar nicht angesprochen, dachte, Fred hätte Lino gefragt, aber er schaut Tim an. Lino verzieht sich und albert mit Rafa und Sven rum.

Tim spürt, wie er rot wird, zieht endlich seine Jacke aus und wirft sie sich lässig über die linke Schulter.

»Wo wohnst du denn?«

»Lichterfelde-West.« Fred sagt ihm, wie er da am besten hinkommt. Erst mit der U-Bahn, dann mit dem Bus. »Ruf mich an, wenn du im Bus sitzt, ich hol dich dann von der Haltestelle ab.«

Hoffentlich gibt Mama ihm Fahrgeld. Er hasst Schwarzfahren!

Mama mault. »Mann, ey, in deinem Alter sind wir nur schwarzgefahren. Und getrampt … Reisen haben uns früher keine müde Mark gekostet …«

Wenn Mama von »früher« anfängt, verzieht er sich lieber. Mama gibt ihm 50 Cent, sagt, er soll sehen, dass er dafür einen gebrauchten Fahrschein bekommt.

Fred steht schon da. Der Bus hält. Tim ist noch nie von einem Kumpel abgeholt worden. Sie gehen nebeneinander her. Zwei Polizisten steigen vor ihnen aus einem Auto, überqueren die Straße und gehen in ein Haus. Nun geht sein Wunsch bestimmt in Erfüllung! Fred grinst, sagt: »Die beiden brauchte ich noch. Jetzt habe ich einen Wunsch frei und kann endlich aufhören mit dem Scheißgezähle.«

Tim würde ja zu gern wissen, was sich Frederick wünscht.

Das Haus in Lichterfelde-West ist ein moderner Kasten. Große Fenster, viel Glas, zwei Etagen, Dachterrasse. Am Eingangstor, neben der Klingel ist ein großes, weißes Schild: »Architekturbüro René Lichtermann & Partner.«

»Ist dein Vater Architekt?«

Frederick nickt. »Komm rein.«

Tim würde auch gern Architekt werden und dann Hausboote bauen, mit denen man von Berlin über die Mecklenburgische Seenplatte bis an die Ostsee fahren kann.

Sie gehen durch einen großen Flur in eine offene, helle Küche. Die Tür zum Garten steht offen, eine Frau liegt im Liegestuhl und liest.

»Hallo Mama!«, ruft Frederick. Die Frau steht auf. Ihre dunkelbraunen Haare sind verwuschelt, aber sehen trotzdem aus, als könnte man sie noch durchkämmen. Sie trägt ein blaues Sommerkleid, das gleiche Kornblumenblau wie Mamas, aber nicht so ausgewaschen. Es sitzt auch viel besser und ist vorn und hinten gleich lang.

»Das ist Tim«, stellt Fred ihn vor. »Wir gehen nach oben.«

»Hallo«, sagt seine Mutter und gibt Tim die Hand. Sie fragt, ob sie nicht erst was essen wollen. Leider sagt Frederick gleich Nein.

»Gar keinen Hunger?«, fragt Frau Lichtermann.

»Später«, antwortet Frederick, leicht genervt. Dann gehen sie nach oben. Tim versteht nicht, warum Tim so reagiert, er hätte sehr gern was gegessen.

Freds Zimmer ist gigantisch, mit großem Schreibtisch, eigenem Computer und Balkon. Auf dem Balkon baumelt von Wand zu Wand eine Hängematte.

»Wollen wir uns ein paar Clips angucken auf YouTube?«, fragt Fred.

»Von mir aus.«

Fred holt einen Hocker und stellt ihn neben seinen Schreibtischstuhl. »Kennst du *Drake*?«

»Ne, wer iss 'n das?«

»Mann, du kennst *Drake* nicht?«

»Nein.«

»Ist ein kanadischer Rapper. Total beliebt. – Hier, guck mal.« Fred klickt das Video an. Hoffentlich ist das nicht so einer wie *Farin Bang* oder *Bushido*. Auf solchen Rap steht Tim überhaupt nicht. Was er da sieht und hört, gefällt ihm.

»Ja. Cool«, sagt er. »Ist ja ganz chillige Musik.«

»Der featured jetzt gerade was mit *Weeknd*. – Kennst du *Weeknd*?«

Tim lacht. Nein, kennt er auch nicht, aber es ist gar nicht schlimm, das zuzugeben. Frederick klickt ein anderes Video an, sie hören *Enemy* von *Weeknd*. Dann klopft es an der Tür. Freds Mutter kommt rein, mit einem Tablett.

»Ich dachte, ihr könnt jetzt eine kleine Stärkung gebrauchen«, sagt sie und stellt das Tablett auf die andere Ecke des Schreibtischs. Tim sieht einen Teller mit diesen runden Brötchen, die ein Loch in der Mitte haben. Sie sind mit Salatblättern und Streichkäse belegt, auch mit Schinken. Zwei Coladosen und eine Glasschüssel voller Kirschen stehen ebenfalls auf dem Tablett. Ihm läuft das Wasser im Mund zusammen. Fred guckt nicht mal vom Bildschirm hoch, bedankt sich aber.

»Und denk dran, dass du um fünf zum Kieferorthopäden musst«, sagt seine Mutter. »Ich muss dann auch in den Laden, kann dich mitnehmen – oder euch. Tim, wo musst du hin?«

»Steglitz«, sagt Tim.

Sie haben noch über eine Stunde Zeit, essen die Bagels. Frederick isst nur einen, gibt seinen zweiten Tim. Er isst auch die meisten Kirschen – Kirschen im Mai, das gibt es nur in der Stadt. Früher, auf dem Land, ist er mit Anja in die Kirschbäume geklettert und hat sich den Bauch vollgeschlagen. In Berlin muss man die Kirschen kaufen. Er geht jeden Tag an den türkischen Gemüsehändlern vorbei, wo sich Kirschen in Kisten türmen. Ein Kilo für 7,99 Euro. »In zwei Monaten werden sie billiger«, hat Mama gesagt, aber letzte Woche hat sie eine Handvoll für ihn gekauft. Da hätte er fast geheult. – Nur eine Handvoll Kirschen! Dann lieber gar keine.

»Mann, du hast ja einen Kohldampf.« Fred lacht. Es ist überhaupt schön, dass er so viel lacht. In der Schule ist er eher still.

»Was für Musik hörst du denn so?«, fragt er.

»Ich mag die Kalkbrenners total gern.«

»Oh ja, ich auch. Fritz Kalkbrenner noch lieber.«

»Ich auch. *Facing the sun.*«

»Wollen wir hören?«

»Ja. Darf ich dann mal in deine Hängematte?«

»Klar!«

Um halb vier sitzt Tim mit Fred im Auto seiner Mutter, einem Mini Cooper, mit Bordcomputer und Navi. Tim saß noch nie in einem Auto, das man mit einem Knopf statt eines Schlüssels startet. Und alles so sauber! Keine Risse in den Polstern, kein Müll auf dem Boden, nichts rappelt oder ist kaputt und die Außenspiegel sind sogar elektrisch verstellbar. Er muss die ganze Zeit vorn auf den Bildschirm am Armaturenbrett starren. Per Kamera sieht man, was hinter einem ist.

»Das ist praktisch beim Einparken«, sagt Frau Lichtermann. Tim sagt, sie hätten kein Auto, nur die Freundin seiner Mutter, aber da müssten sich alle immer die Köpfe verdrehen und mitgucken, wenn sie einparkt. Frau Lichtermann lächelt ihm über den Rückspiegel zu. »Das kenne ich auch noch. In meiner Studentenzeit hatte ich einen alten VW-Käfer. Tolles Auto.«

»Ich hätte ja gern ein MG Coupé.«

»So einen alten, englischen Sportwagen?«

»Ja. Den MAG 1600, Baujahr 1960.«

Frederick gibt die Daten in sein iPhone und zeigt seiner Mutter an der nächsten Ampel das Foto.

»Schicker Wagen. Du hast echt Geschmack.«

Frau Lichtermann hält direkt vor dem Haus. Gut, dass Mama ihm nicht über den Weg läuft. Sie würde bestimmt die Nase rümpfen, wenn sie ihn aus so einem »Spießerauto« aussteigen sieht.

In der Schule sind jetzt nur noch Tim und Fred zusammen. Fred hat eine Zahnspange bekommen und wird von Rafa doof angequatscht. Er kann sich nicht wehren. Tim spürt genau, wie es Fred dabei geht. Er kennt ja die blöden Sprüche von Rafa. Seitdem Tim die neue Jacke hat, fühlt er sich irgendwie sicherer, Rafa gegenüber. Rafa macht sich schon die ganze Zeit über Freds Aussprache lustig, schiebt die Zunge unter die Lippe und äfft ihn nach. Sowas von kindisch! Tim reicht's jetzt.

»Sag mal, was hast du eigentlich für Probleme?«, rutscht es ihm raus. »Bist du neidisch, weil du keine Zahnspange hast, oder was?«

Da verstummt Rafa und guckt völlig verdattert aus der Wäsche. So hat ihn Tim noch nie gesehen. Allerdings hat Tim auch noch nie mitgekriegt, dass Rafa mal jemand an den Karren fährt.

»Häh? Was willst du?«, bringt Rafa nur heraus, aber sein Gesicht hat sich verfinstert. Tim ist jetzt voll in Fahrt.

»Echt mal. Keiner hat so schiefe Zähne wie du«, setzt er noch eins drauf und bereut im selben Moment, sich auf so ein Niveau herabzulassen. Rafa kommt ihm auch sehr schnell sehr nahe. Jetzt stehen sie voreinander, Auge in Auge. Tim will sich nicht schlagen, aber wenn er jetzt eine verpasst kriegt, schlägt er zurück. Irgendwie tut er es für Fred und das ist gut zu wissen. Aber Rafa schlägt nicht zu. Er starrt ihn verachtend an, guckt an ihm runter und posaunt dann durch die Gegend:

»Du bist so ein Loser! Sogar deine Jacke ist gefaked.«

Tim versteht nicht. Rafa zeigt mit dem Finger auf ihn und

 fängt an zu lachen: »Ey, ich fass es nicht, Alter, guckt euch den an. Das ist irgend so ein scheiß Teil, made in China, was er anhat, aber sicher kein *Nike*, sonst wäre das Logo auch auf dem Zipper vom Reißverschluss!«

Tim guckt auf die Metalllasche seines Reißverschlusses. Da ist tatsächlich kein Logo. In ihm steigt es heiß auf. Von wegen: »Made in China«, rauscht es ihm durch den Kopf – »Made by Mama«. Da hat sie ihm also eine faked Jacke untergejubelt!

Wut kocht in ihm auf, bestimmt ist er jetzt knallrot. Und das Schlimmste, ihm fällt nichts mehr ein, wie immer – sobald es ihn betrifft, weiß er nichts zu sagen. Lino grinst ihn auch so dämlich an. Da hört er Freds Stimme:

»Das Teil heißt nicht ›Zipper‹. ›Zipper‹ heißt auf Englisch ›Reißverschluss‹. Das Metallteil zum Auf- und Zumachen nennt man ›Schieber‹.«

Rafa dreht sich um, brüllt gleich los: »Wer hier wohl ein Schieber ist, du oberschlaues, kleines Arschloch mit Spange!« Und schon hat Fred eine sitzen. Es ging ganz schnell, man hat kaum Rafas Faust gesehen, dafür umso mehr das Blut, das Fred aus der Nase schießt. Dann läuft Rafa weg.

Tim ist stocksauer. Auf Rafa, dass er Fred eine gelangt hat, aber noch mehr auf seine Mutter. Auf der Toilette hat er sich die Jacke näher angeguckt und gesehen, dass das Logo auf der Brust auch nur aufgenäht ist. Mama ist sehr geschickt im Nähen. Wie konnte sie ihn nur so verarschen?

Freds Nase hat aufgehört zu bluten. Er wäscht sich das Gesicht mit kaltem Wasser. Es kamen sofort zwei Lehrer angerannt und wollten wissen, was los ist. Gleich haben sie alle einen Termin beim Schulleiter.

Freds Nase ist geschwollen und rot. Zum Glück hat die neue Zahnspange nichts abgekriegt. Fred sagt: »Das mit der Jacke ist doch scheißegal. Wenn du willst, kannst du von mir eine *Nike*-Jacke kriegen. Ich hab bestimmt fünf. Ich steh gar nicht so auf *Nike*.«

Jetzt fängt Tim auch noch an zu heulen. Fred hat ja keine Ahnung, wie sie jeden Cent umdrehen müssen, was es für ihn bedeutet, auch mal Markenklamotten zu tragen. Ob *Nike* oder *adidas* ist ihm eigentlich völlig wurscht. Aber dass Mama ihn so anlügen konnte, ist wirklich die Höhe! Er schluchzt wie ein kleines Kind. Wie peinlich! Dabei hat Fred ihn gerettet, sein erster, echter Freund, den er nicht mal mit nach Hause nehmen kann, weil er dann bestimmt nichts mehr mit ihm zu tun haben will. Und jetzt tröstet Fred ihn auch noch!

»Lass mich«, sagt Tim und schubst ihn weg. »Ich bin kein armes Weichei.« Er rennt aus der Toilette, wischt sich die Tränen ab, geht in die Klasse, holt seinen Rucksack und verlässt die Schule. Mama kann was erleben! Unterwegs zieht er die Jacke aus, zerknüllt sie und stopft sie im Park in einen Mülleimer. Fast rennt er in einen Polizisten. Ausgerechnet jetzt! Das treibt ihm wieder die Tränen in die Augen. Hoffentlich geht sein Wunsch in Erfüllung, möglichst schnell!

Tim ist außer Atem. Er schließt die Wohnungstür auf. Mama ist nicht da. In der Wohnung ist es stickig, er reißt die Fenster auf, setzt sich an den kleinen Nähtisch und fegt den Stoffberg auf den Boden. Am liebsten möchte er was kaputtmachen. Aber hier ist ja schon alles kaputt oder ausgeleiert oder abgebrochen. Keine Tasse, die noch einen Henkel hat, kein Stuhl, der nicht wackelt, kein Handtuch, das nicht verfärbt ist. Tim steht auf und geht in sein Zimmer: ein schmaler, enger Raum mit einer Matratze auf dem Boden, einem Brett an der Wand, das als Schreibtisch dient, und ein Stuhl, bei dem die Lehne abgebrochen ist. Mama hat ihn mit Susi mal auf der Straße gefunden, abgehobelt und ihm geschenkt.

Sein Handy surrt, das Display leuchtet auf. – Fred.

»Los, mach mal auf, ich steh unten vor der Tür.«

Tim hält die Luft an. Was soll er tun? Fred klingelt an der Haustür. Tim zögert, geht zum Öffner und drückt den Knopf. Jetzt ist sowieso alles egal. Soll Fred eben sehen, wie er wohnt.

Es dauert ein Weilchen, bis Fred die fünf Stockwerke geschafft hat. »Puh«, sagt er und wischt sich über die Stirn. »Echt anstrengend ohne Fahrstuhl.« Er muss erst mal verschnaufen. Tim freut sich, ihn zu sehen, vor allem, dass Fred nicht sauer auf ihn ist. Er ist echt erleichtert und auch gar nicht mehr wütend.

»Entschuldige, dass ich vorhin ...«

»Schon gut«, sagt Fred und kommt in die Küche.

»Sorry, dass hier gerade nicht so aufgeräumt ist.«

»Hast du mal was zu trinken?«, fragt Fred. »Ich habe immer noch Blutgeschmack im Hals.«

»Wasser?«

Zum Glück nickt Fred. Außer ein paar Dosen Bier hätte er ihm nichts anderes anbieten können.

Fred guckt sich um. »Ist ja geil hier.« Er schaut auf die unverputzten Wände, die Weinkiste über dem Herd, die als Regal dient und auf den alten Computer in der Ecke, neben der Nähmaschine, den er sich mit Mama teilen muss. Tim ist froh, dass er die Babyfotos an der Pinnwand nicht beachtet. Fred geht einfach daran vorbei, zum Fenster. »Alter, was für ein Ausblick!«

Später sind sie in Tims Zimmer.

»Ganz schön klein«, sagt Fred. »Aber cool. Ich hätte auch gern eine Matratze auf dem Boden.«

Tim ist plötzlich total egal, dass er keine Spielkonsole und keinen Fernseher hat wie alle anderen. Fred sitzt da total relaxed auf der Matratze, Kissen im Rücken und zeigt auf ein Foto an der Wand.

»Wer ist das denn?«

»Anja.«

»Deine Freundin?«

»Kumpeline.«

Fred grinst. »Die ist ja süß. Wohnt die auf dem Land?«

»Ja.« Tim zeigt ihm ein paar von den neuen Fotos, die er letztens am See gemacht hat.

»Kommt die dich mal besuchen?«

»Keine Ahnung. Bislang war sie noch nicht hier. Aber meine Mutter und ich wollen jetzt über'n Sommer öfter rausfahren. Da gibt's einen coolen See.«

»Oh, kannst du mich nicht mal mitnehmen?«

»Klar, gern. Vielleicht sogar schon nächstes Wochenende.«

Fred steht auf und geht ans Fenster. »Und hier ist auch so ein geiler Ausblick. Nur Dächer und Himmel. Von meinem Zimmer kann ich nur bis in den langweiligen Nachbargarten gucken.«

»Soll ich dir mal den Dachboden zeigen? Von da aus kann man die Flugzeuge sehen, die in Tegel starten.«

Sie laufen die Treppen hoch, mit dem Rücken dicht an der Wand entlang, Pistolen im Anschlag. Hinter ihnen zehn Männer vom Sonderkommando, in schwarzen Overalls, Sturmhauben und Maschinengewehren. Tim gibt Fred ein Zeichen. Fred springt zur Seite. Die Männer vom Sonderkommando stürmen an ihnen vorbei und rammen die Tür ein, rennen in den Raum. Tim und Fred hinterher. Auf einem Stuhl sitzt eine Frau, mit dem Rücken zu ihnen. Sie ist geknebelt und gefesselt. Das Sonderkommando checkt Ecken und Luken nach Gangstern ab. Aber es ist nur noch die gefesselte Frau da. Tim geht um den Stuhl herum. Es ist Mama. Ihr Mund ist zugeklebt, sie hat einen roten Kopf und aufgerissene Augen. Sie zerrt an ihren gefesselten Händen. Ein paar Männer vom Sonderkommando wollen sie befreien.

»Wartet mal«, sagt Tim und guckt seine Mutter an. »Eigentlich kann sie da ruhig noch ein bisschen schmoren. Immerhin hat sie meine Jacke gefälscht.«

Mama brummt und quiekt in ihren Klebestreifen.

»Wenn wir ihr den jetzt abnehmen, ist die Hölle los«, sagt Tim. »Dann verscheucht sie uns mit ihrem Geschimpfe die Gangster.«

Mamas Kopf wird noch roter. Tim beugt sich über sie.

»Hast du Schnupfen?«

»Mmmpf. Mmmmpf«, sagt Mama und schüttelt den Kopf.

»Gut. Dann kannst du ja prima durch die Nase atmen.« Er wendet sich seinen Leuten zu. »Klebestreifen dran lassen!«

Die Tür knarrt beim Aufmachen. Lichtsäulen fallen durch das Dachfenster auf die Holzbohlen. Auf der anderen Seite sind zwischen den beiden Balken Leinen gespannt und hängen voller Wäsche. Sie haben keinen Kleiderschrank und ziehen die Sachen frisch von der Leine an. Wenn alles abgepflückt ist, muss er mit Mama in den Waschsalon latschen. Sie trocknen die Wäsche zu Hause, essen lieber ein Eis für das Geld, das sonst der Trockner kosten würde, und aufhängen müssen sie die Klamotten ja sowieso.

Vor dem Fenster in der Wand vorn steht ein Sofa mit lauter bunten Kissen. Tim und Fred machen es sich gemütlich und beobachten die Flugzeuge, die alle paar Minuten in der Ferne starten.

»Wollen wir die zählen?«, fragt Fred. »100 Flugzeuge und drei Nonnen und dann kann man sich was wünschen?«

»Nonnen?«

»Ja, das wär doch mal ’ne krasse Kombi, oder?« Fred grinst.

»Ich bin froh, dass ich wieder ganz normal an einem Hund vorbeigehen kann, ohne mir merken zu müssen, ob das nun der 34. oder 35. ist.«

»Ich hatte mal einen Hund«, sagt Tim.

»Wirklich? Was denn für einen?«

»Soll ich mal ein paar Fotos holen?« fragt Tim.

»Klar. Zeig mal her!«

Tim läuft runter in sein Zimmer und holt einen Stapel Fotos aus einem Karton.

»Das ist er.« Tim hält ihm ein Foto hin. Ein Mischling mit rotem Fell und Schlappohren guckt mit leicht schrägem Kopf in die Kamera.

»Ist er süß! Und wie heißt der?«

»Chispa. Das ist Spanisch und heißt ›Funken‹.«

»Cool. Und wo ist er jetzt?«

Tim zuckt die Schultern. »Er war eines Morgens nicht mehr da.« Tim schluckt. »Ich glaube er hat gewildert und ist dann von den Jägern abgeknallt worden.«

»Krass«, sagt Fred. »War bestimmt schlimm für dich.«

»Ist immer noch schlimm«, sagt Tim und beißt sich auf die Unterlippe.

»Wann ist das passiert?«

»Vorletzten Herbst.«

»Willst du keinen neuen Hund?«

»Wollen schon. Und du? Was ist mit deinem Collie? – Zu teuer ist er bestimmt nicht, oder?« Tim hört selbst den leicht spöttischen Unterton in seiner Stimme, aber Fred geht gar nicht darauf ein.

»Mir ist es scheißegal, wie teuer ein Hund ist. Rafa und Lino sind immer am Prahlen, was wie viel kosten muss. Ich wäre um jeden Hund froh, kriege aber keinen, weil meine Mutter allergisch ist gegen Hundehaare.«

»Oh. Das ist ja echt blöd. Und da kann man nichts machen?«

Fred schüttelt den Kopf.

»Und dir wäre jeder Hund lieb?«

»Ja!«

Tim grinst. »Auch ein Pekinese mit Schleife?«

»Blödmann«, sagt Fred und zieht ihm ein Kissen über den Kopf.

Den ganzen Abend spricht Tim kein Wort mit Mama.

»Ach, Schnüppel, nun sei doch nicht so.«

»Nenn mich nie wieder ›Schnüppel‹, okay?«

Mama presst die Lippen zusammen. »Okay.«

Tim spricht trotzdem nicht mit ihr.

»Ich wollte doch nur, dass du auch mal eine coole Jacke hast, deswegen habe ich das Logo aufgenäht. Was meinst du, was das für eine Arbeit war! Erst mal so ein olles Logo finden, dann abtrennen, wieder aufnähen …«

Er lässt sie einfach stehen und geht in sein Zimmer.

Am nächsten Tag findet er seine Jacke wieder. Muss jemand aus dem Abfallkorb gefischt und auf die Bank gelegt haben. Da liegt sie jedenfalls, als Tim mit Fred aus der Schule kommt.

»Krass«, sagt Fred. »Hat bestimmt ein Flaschensammler aus dem Mülleimer gezogen.«

»Komm«, sagt Tim und will schnell an der Bank vorbeigehen. Fred zögert. »Ehrlich gesagt, finde ich die Jacke cool. So eine hat keiner. Kann ich die haben?«

»Ne, echt jetzt?«

»Ja. Die ist wirklich geil! Du kannst dir eine von meinen aussuchen. Fairer Tausch, oder?«

»Okay.« Tim schnappt sich die Jacke. Sie ist nicht mal richtig schmutzig.

»Kannst ja froh sein, dass keine Pommesreste rot-weiß auf ihr gelandet sind.«

»Nee, du.« Tim drückt seinem Freund die Jacke in die Hand. »Ist ja jetzt deine.«

Der Schulleiter hat Rafa und Fred dieselbe Arbeit aufgebrummt: Sie müssen aufschreiben, was genau vorgefallen ist, weil Rafa behauptet hat, Fred hätte ihn beleidigt. Zwei DIN-A4-Seiten, mit der Hand.

Total ungerecht, finden Fred und Tim, aber Tim hilft ihm. Er tippt es in Freds Computer und nachher schreibt Fred es mit der Hand ab. Sie haben eine Woche Zeit dafür, weil gerade so viele Arbeiten geschrieben werden. Frau Lichtermann weiß von alledem nichts, sie bringt Chips und Limo ins Zimmer und freut sich, dass Fred jetzt endlich einen Freund hat. Dass Tim eine von Freds Jacken trägt und umgekehrt, hat sie noch gar nicht gemerkt, auch nicht, dass Tim bei Fred duscht, wenn keiner zu Hause ist.

Am übernächsten Wochenende wollen sie zusammen zu ALBA gehen, dem Berliner Basketballteam. Die spielen in der O2-World an der Warschauer Brücke. Zuerst hat Tim einen Schreck gekriegt. O2-World? ALBA? Woher soll er denn das Geld für den Eintritt nehmen? Er kann sich ja nicht mal Kino leisten. Fred hat dann ganz schnell gesagt, dass er ihn einladen würde. Das wollte Tim aber nicht.

»Ach komm, ist doch kein Problem. Dafür nimmst du mich mit aufs Land.«

»Okay.«

»Können wir da nicht übernachten?«, fragte Fred. »Ich würde so gern mal in einem Bauwagen schlafen.«

»Ich habe keinen Bauwagen mehr. Aber wir können uns mit einem Schlafsack an den See hauen, nur gibt es da verdammt viele Mücken.«

»Scheißegal. Gegen Mücken kann man sich doch einreiben. Wir haben da noch so ein Zeug, das macht jede Mücke im Umkreis von hundert Metern platt.«

»Klar«, sagte Tim und grinste. Er sieht Fred mit einer Laserpistole auf Mücken zielen. Jeder Schuss ein Treffer. Sie versengen sirrend am lebendigen Leibe in der Luft und lösen sich in Nichts auf.

»Und kannst du der Anna dann Bescheid sagen, dass sie auch vorbeikommen soll?«

»Sie heißt Anja«, sagt Tim und grinst noch mehr.

Tim ist froh, so froh wie schon lange nicht mehr. Ist das toll, endlich einen Kumpel zu haben, vor dem man nichts verheimlichen muss. Fred schockt gar nichts, nicht mal seine Mutter.

»Meine Mutter geht mir auch öfter tierisch auf den Geist«, sagt er nur dazu. »Dann könnte ich sie in die Tonne stecken.«

»Bio oder Plastik?«, fragt Tim.

»Sondermüll«, sagt Fred.

Die nächste Woche zieht sich Rafa völlig zurück, hängt nur mit Lino, Sven und noch ein paar Jungs aus der Parallelklasse ab. Der Schulleiter hat Freds Bericht gelobt und ihm gesagt, dass er zukünftig Konflikten aus dem Weg gehen soll.

»Kann man doch gar nicht«, hat Tim gesagt, als sie wieder auf dem Schulhof standen.

»Will man auch gar nicht«, sagte Fred und zeigte über den Zaun.

»Guck mal, ein Bulle, zu Fuß.«

»Hör bloß auf!«

»Bist du sicher, dass dir nicht doch noch einer fehlt?«

Tim zögerte, dann erzählte er Fred, dass er sich tatsächlich schon was gewünscht hat, bevor seine Polizisten vollzählig waren.

»Und was hast du dir gewünscht?«, fragt Fred.

»Das kann ich doch nicht verraten.«

»Klar kannst du das. Du hast ja auch bei den Bullen geschummelt oder bist du etwa abergläubisch?«

»Nee. Du?«

»Quatsch!« Tim lacht. »Verrätst mir dann auch deinen?«

»Natürlich!«

»Na gut. Wann denn?«

»Heute Nachmittag, um drei, bei dir auf dem Dachboden?«

Tim pustet in den Lauf seiner Pistolenmündung und steckt den Colt zurück in das Halfter, das an seinem Gürtel baumelt. Mit einem Satz ist er auf seinem Pferd. Neben ihm steigt Fred auf seinen Gaul. Zusammen preschen sie los, in vollem Galopp und lassen eine tierische Staubwolke zurück.

Es ist, als hätte sie eine schalldichte Rüstung an. Nichts dringt zu ihr durch, keine Blicke, keine Bemerkungen, keine Schlagzeilen. Sie merkt nur, dass sie geht, weil die parkenden Autos an ihr vorbeiziehen.

Familiendrama in Neukölln:
Der schöne Micha – zerfleischt!
Schülerin hetzt Hunde auf ihn.

»Du bist sowas von raus!« André knallte ihr die Tür vor der Nase zu. Pearl stoppte sie mit dem Fuß, blieb im Rahmen stehen. Ihr kleiner Bruder stürmte zurück an die Spielkonsole. Aus seinem Handy dröhnte *Big Boss* von *Kollegah*. Er spielte sich selbst auf wie »Big Boss«. Wurde Zeit, dass er mal eins auf den Deckel kriegte.

»Ich hab keinen Bock, hier alles allein zu machen, nur weil du schon wieder am suchten bist. Los, du putzt das Bad!«

»Nö. Is Weiberkram.«

»Weiberkram?«, schrie sie ihn an. »Ey, das Klo ist völlig zugeschissen.«

»S'mir doch egal!«

Jetzt reichte es ihr. Sie stampfte ins Zimmer und packte André am Kragen, wirbelte ihn von der Konsole weg und zog ihn aus dem Zimmer. »Du schrubbst jetzt das Klo. Waschbecken und Dusche.«

André boxte und trat nach ihr, aber Pearl hielt den tobenden Bruder auf Abstand, bis er sich beruhigt hatte. Dann drückte sie ihm die Klobürste in die Hand und kickte ihm die Scheuercreme vor die Füße. *WC-Ente* war schon seit Wochen alle.

»Mann. Kinderarbeit ist verboten. Außerdem stinkt's!«

»Halt die Klappe!« Pearl knallte die Badezimmertür zu und ging in die Küche.

»Das werde ich Micha sagen!«, rief er ihr hinterher.

Unter der Küchentheke lagen Sniff und Askur, ihre Hunde. Sie hoben den Kopf, als sie sie sahen und wedelten mit dem Schwanz, Askur gähnte jaulend. Das machte er immer, wenn er verlegen war oder es laut wurde. Sniff vergrub dann seine Schnauze unter einer Pfote. Pearl hatte ihnen beigebracht, sich nicht in Familienangelegenheiten einzumischen. Wenn ihr draußen einer an die Wäsche wollte, fingen sie an zu knurren oder fletschten die Zähne. Ein Wort von ihr und sie waren wieder still. Jetzt schauten sie sie erwartungsvoll an.

»Alles gut«, sagt sie. Askur gähnte noch einmal.

André war wirklich unerträglich, kaum 11 Jahre alt, aber schon den dicken Macker markieren. Und Mama nahm ihn auch noch in Schutz, sagte, Pearl solle nicht so schroff mit ihm umgehen.

»Den werden die Mädels bald umschwirren wie die Motten das Licht.« – Als wenn man sich dafür was kaufen könnte. Sollte er sich etwa mit den runtergeladenen Pornos auf seinem Handy schon mal auf die »Motten« einstimmen, oder was? Hatte Mama das noch nicht mitgekriegt? Würde sie, wenn Pearl sie darauf ansprach, etwa nur ihren typischen Spruch ablassen: »Hab dich man nicht so. Ist ja nur Sex?«

André wütete im Badezimmer. Gut so. Sie wagte einen Blick. Er hob gerade die Abdeckung vom Spülkasten auf, der schon seit Wochen nicht mehr auf dem Kasten saß und irgendwo im Bad rumflog. Der Drücker war kaputt und die Spülung musste von Hand betätigt werden. Wo man nun genau dran ziehen musste, damit das Wasser kam, schienen einige in diesem Haushalt einfach nicht zu kapieren – die Kleinen sowieso nicht. Kein Wunder wenn das Klo ständig verstopft war. Micha sollte längst eine neue Aufhängung gekauft und den Kasten repariert haben, statt dessen pinkelte er ins Waschbecken.

»Und schön scheuern!«, rief Pearl ins Bad. »Sonst scheuer ich dir eine.« André sprang gegen die Tür und knallte sie ihr vor der Nase zu. Sollte er ruhig kochen, dann hatte er mehr davon. Wurde höchste Zeit, dass der ganze Müll nicht immer an ihr hängen blieb. Rührte ja sonst keiner einen Finger, außer ihr und Mama. Aber die hatte seit Mai einen neuen Job an der Kasse, bei Norma, von 8 bis 14 Uhr und nachmittags ging sie noch putzen.

Pearl steckte zwei Weißbrotscheiben in den Toaster – ihr Mittagessen. Die Hunde spitzten die Ohren. Jetzt hörte sie es auch: Micha war aufgestanden. Zwanzig nach eins. Ganz schön früh dran heute. Sonst lag er bis halb drei im Bett, bis Mama wiederkam. Dann kroch sie zu ihm und sie trieben's erst mal 'ne Runde.

Michas Haare waren verwuschelt, gähnend ging er an der Küche vorbei, nur im ärmellosen Shirt, und tapste mit nacktem Hintern über den Flur, Richtung Bad.

»Hey, André, was machst 'n für 'n Stress?«

»Hab das Klo fit gemacht. Kannste wieder benutzen.«

»Okay, du Saubermann.« Pearl hörte ihn lachen. »Und sonst? Alles chic? Wie war's in der Schule?« Die Klospülung übertönte Andrés Antwort. Interessierte Micha doch sowieso nicht. Ihn interessierte nur, dass er's mit Mama treiben konnte. Hatte sich von Anfang an bei André eingeschleimt, auch bei Fee und Kimberly, den Kleinen. Nur sie und Dennis, ihren älteren Halbbruder, wollte er rausekeln. Dachte er etwa, sie kriegte das nicht mit?

Seit einem Monat wohnte er jetzt hier, »der schöne Micha«, voll am abharzen, rührte keinen Finger, zog sich nur Fußball und Pornos rein, ging jeden zweiten Tag in die Muckibude pumpen und fraß den Kühlschrank leer. Mama bediente ihn von vorn und hinten, obwohl sie erst ganz groß verkündet hatte: »Wenn der Micha bei uns wohnt, kümmert er sich um den Haushalt.« – Schön wär's!

Micha kam in die Küche.

»Kannste dir nich mal was anziehen?«, fragte Pearl. Seine ganze Pracht kam zum Vorschein. Ekelhaft! Jetzt streckte er sich auch noch demonstrativ. Klar, musste ja zeigen, dass er sich von ihr nichts sagen ließ. Rund um seine linke Schulter, den ganzen Arm hinab bis zum Ellenbogen prangte ein *Maori-Tattoo*. »Sowas Edles kannst du dir hier gar nicht stechen lassen«, hatte er damit vor Mama geprahlt. »Nur in Neuseeland.«

Neuseeland … Was für eine Labertasche! Der war doch noch nie über den Hermannplatz hinausgekommen!

Seine Gelenke knackten. Kein einziges Haar am Körper. In seiner Vorhaut steckte ein Ring. Pearl guckte voll an seinem durchtrainierten Körper vorbei. Mit Nichtbeachtung strafte sie ihn am meisten.

»Der schöne Micha« – den Namen hatte er im Kiez weg, weil er sich in Kneipen als Schlagersänger versuchte und eine gewisse Ähnlichkeit mit dieser Mallorca-Schwuchtel hatte, dessen uralter Hit: *Ein Bett auf Wolke Sieben* dauernd in Mamas Stammkneipe *Zum Goldenen Hammer* dudelte. Pearl kannte ihn aber schon aus dieser Reality-Serie, über die Familie Pöllmann, den Millionären mit den drei Söhnen, denen man zugucken konnte, wenn sie Jachten und Palmen und so einen Scheiß kauften, oder eben abgehalfterte Schlagerstars auf Mallorca besuchten. Solche Leute kennen sich natürlich. Gleich bei der Begrüßung hatte der Typ schon Frau Pöllmanns neue Silikon-Brüste bewundert und durfte auch mal anfassen. Mama wollte sich dann auch gleich solche Ballons machen lassen, und rechnete ernsthaft aus, ob sie so viel Kohle bis Weihnachten zusammenkriegte. Micha hat daraufhin gesagt, dass er sämtliche Kosten übernähme, wenn er erst mal den Durchbruch als Sänger schafft. Bis dahin musste Mama halt noch die Möpse von Frau Pöllmann bewundern. Echt, Mama fühlte sich schon selber prominent, nur weil sie sich den »schönen Micha« geangelt hatte. – Was an dem wohl schön sein sollte, möchte Pearl ja zu gern mal wissen. Aus seiner Schlagerkarriere war bis jetzt auch noch nichts geworden. Ab und zu sang er Karaoke im *Goldenen Hammer* und hielt das Mikro dann genauso nah an den Mund wie die Schwuchtel von Mallorca.

Pearl pfiff ihre Hunde zu sich, stampfte aus der Küche und verließ das Haus. Die *Action*, die ablief, wenn Mama nach Hause kam, wollte sie nicht schon wieder mitkriegen.

Die Polizistin führt sie in ein Büro, rückt ihr einen Stuhl zurecht. Das grüne Stoffpolster hat Flecken. Auf den Tischen rauschen zwei PCs, dahinter Regale mit Ordnern, Mappen, ein Ventilator auf dem Boden. Die Polizistin setzt sich ihr gegenüber.

»Du musst nicht gegen deine Mutter oder deine Geschwister aussagen. Dies ist auch kein Verhör, sondern eine Anhörung. Ich möchte gern von dir hören, was an dem Tag passiert ist.«

Pearl kaut auf ihren Lippenpiercings rum. Sie kriegt kein Wort raus, aber sieht alles ganz genau vor sich.

Sie wollte ihre Mutter von der Arbeit abholen. Es war kurz vor 14 Uhr, die Gelegenheit, Mama ein halbes Stündchen für sich zu haben. Vielleicht konnte sie ihr heute mal verklickern, dass André langsam aber sicher überschnappte, Micha keinen Finger im Haushalt krümmte und sich wenigstens was anziehen sollte, wenn sie oder die Kleinen da waren. André tat es sicher auch nicht gut, ständig einen gepiercten Schwanz vor Augen zu haben. Hoffentlich sagte Mama dann nicht wieder: »Es gibt wirklich Schlimmeres als einen nackten Mann im Haus« und stempelte sie als verklemmt ab.

Im Treppenhaus roch es nach Meister Proper und *Chicken Wings*. Sie sah Kirstin und Ramona Kinderwagen in den Fahrstuhl schieben. Ramona wohnte unter ihnen. Sie hatte gerade Zwillinge gekriegt. Die schrien die ganze Nacht. Ramona hatte die Kinder schon öfter auf den Balkon ausgesperrt, damit sie sie nicht mehr schreien hört, und den Fernseher lauter gemacht. Mama und Micha haben dann von oben mit Kleiderbügeln auf den Boden gehauen, damit da unten Ruhe ist. Pearl musste jedes Mal ihre Hunde beruhigen, damit die nicht auch noch anfingen zu bellen.

Pearl nahm die Treppe. Als sie die Stufen runterhüpfte, öffnete sich die Fahrstuhltür. Kirstin und Ramona kamen heraus. Timo, Ramonas Ältester, stand auf dem Kinderwagen-Trittbrett. Er hatte sich auf dem Spielplatz vor Kurzem die vorderen Schneidezähne rausgekloppt. Hatte die Schaukel volle Pulle ins Gesicht gekriegt. Pearl hatte gesehen, wie ihm das ganze Blut aus dem Mund gespritzt ist und er wie am Spieß geschrien hatte. Was für ein Albtraum! Sie schafft sich später keine Blagen an.

Sie sah zu, dass sie wegkam, nicht, dass die noch dachten, sie hielte ihnen die Tür auf.

Die Polizistin heißt Frau Wagner. Sie ist groß, dunkelhaarig und hat eckige Schultern. Wie ein Schrank. Sie stellt ein Glas Wasser vor Pearl auf den Tisch. Sie muss an Sniff und Askur denken, wie sie ihnen beigebracht hat, Wasser aus der Flasche zu trinken.

Auch an dem Tag hatte sie eine Wasserflasche dabei. Die Sonne knallte vom Himmel, das war schon nicht mehr schön. Pearl kniff die Augen zusammen. Scheiße, war das hell! Sie wusste gar nicht, wohin sie ging, rammte eine Oma. Ihre Einkaufstasche fiel runter, eine Dose kullerte heraus. »Kannste nich aufpassen!«, keifte die Oma hinter ihr her. Mein Gott, Rentner müssten verboten werden!

Sniff und Askur balgten miteinander. Sniff sprang Askur in den Nacken und wenn Askur sich umdrehte und ihn abwehren wollte, biss Sniff ihm blitzschnell in die Vorderläufe. Wenn Askur einknickte, stürzte er sich mit seinem vollen Gewicht auf ihn und dann rauften und rangelten sie, mal war Askur unten, mal Sniff und zwischendurch sprinteten sie plötzlich los und rannten wie die Bekloppten weg, kratzten die Kurve und zogen Kreise, bis Sniff es schaffte, Askur wieder in den Nacken zu springen. Pearl konnte stundenlang zugucken, wenn ihre Hunde spielten.

An der Straße pfiff sie sie zurück, und schon kamen sie hechelnd angetrottet. Wenn sie so guckten, sahen sie aus, als lachten sie. Vielleicht lachten sie ja auch. Hund müsste man sein, dann ginge einen dieser ganze Scheiß hier nichts mehr an.

Sie überquerte die Straße. Sniff und Askur bei Fuß. Sniff drängte sich an ihr Bein, er hatte Angst vor Autos. Ein dunkler Wagen kam um die Ecke und fuhr mit quietschenden Reifen vor ihr her.

»Ey, du Arsch, was rast du hier rum. Hast 'n kleinen Puller, oder was?«, rief sie dem Fahrer hinterher. Leute guckten sich nach ihr um. Sollten ruhig glotzen, kriegten sie wenigstens mal keine Tussi zu sehen. Wie sie diese aufgeschicksten Bräute hasste, die hier rumrannten, in Leggings, ohne was drüber, sodass die Arschbacken gut sichtbar nur so aus den megaengen Slips quollen. Dazu Push-up und Make-up und *Volume*

Million Lashes Mascara, wobei Pearl sich fragte, wer ernsthaft Millionen von Wimpern haben wollte. Dabei sahen diese »Volumen-Wimpern« aus wie fette, hochgeknickte Spinnenbeine. Askur machte mit jeder Spinne kurzen Prozess: ein Haps und schon war sie weg.

Hoffentlich waren Sniff und Askur nicht den ganzen Tag in einen Zwinger eingesperrt. Bestimmt hatten sie Panik, wieder in eine Tötungsstation zu kommen, obwohl es sowas ja in Deutschland zum Glück nicht gibt. Aber das wussten die Hunde ja nicht.

Vor Norma war ein Rehpinscher angebunden. Er zitterte, kläffte jedem hinterher. Pearl streichelte ihren Hunden über den Kopf und sagte ihnen, sie sollten sich hinsetzen und schön auf sie warten. Die Hunde gehorchten, guckten zu dieser kleinen kläffenden Töle. Askur schüttelte sich und gähnte.

Mama machte Kassensturz, da durfte man sie nicht stören. Aber sie schaute kurz hoch, sah Pearl und lächelte. Manfred, der Abteilungsleiter, stand hinter ihr und kontrollierte sie. Der Umgang mit Zahlen war nicht gerade ihre Stärke.

»WC-Ente ist alle«, sagte Pearl, als Mama aus der Kassenklappe kam.

»Kauf ich morgen.« Mama wollte nicht noch mal durch die Gänge latschen, nur raus aus ihrem Kabuff, nahm ihre Tasche und sagte zu Manfred und ihrer Kollegin: »Tschüs.«

Die Hunde wedelten mit dem Schwanz, freuten sich, Mama zu sehen und Pearl dachte schon, Mama freute sich auch endlich mal. Tat sie ja auch, allerdings nicht über die Hunde.

»Was ’n geiles Wetter!«, sagte Mama und blinzelte in den blauen Himmel. »Da könnte man direkt ins Schwimmbad gehen, wenn man Zeit hätte.« Sie seufzte. Um 17 Uhr fing schon ihr Putzjob an. »Ist Micha schon auf?«

Vielleicht hätte Pearl die Klappe halten sollen, einfach nur die Zeit mit Mama genießen, ab und zu haute das ja ganz gut hin. Aber es nervte sie schon, dass Mama nicht mal zur Begrüßung die Hunde tätscheln wollte, sie warteten doch darauf! – Und dass sie wieder mal nur Micha im Kopf hatte – wahrscheinlich sah sie sich mit Micha im Schwimmbad liegen, irgendwo ganz weit hinten, auf der Wiese hinter Büschen, wo sie niemand störte.

Pearl verzog das Gesicht. »Schwimmbad ist ja megaätzend.« Allein der Gedanke, mit Hunderten von Leuten im selben Wasser zu sein, ekelte sie an. Sie gingen durch den kleinen Park. Die Hunde kackten. Eine ältere Frau meckerte im Vorbeigehen, ob sie nicht die Hundehaufen einsammeln wollte.

»Nee, aber können Sie gerne haben.«

Mama kicherte. Wenigstens etwas, was Mama toll an ihr fand: ihre Schlagfertigkeit.

»Ist doch wahr«, sagte Pearl und kostete den Moment voll aus. »Ich lass mich doch nicht von der Seite anquatschen.«

Mama trippelte durch die Sonne. Pearl konnte nicht schnell genug wieder in den Schatten kommen. Sie waren echt total verschieden, ihre Mutter und sie. Mama liebte Sonne und Männer. Pearl Schatten und Hunde. Männer fand sie ätzend. Überflüssig. Von ihr aus konnten sie alle aussterben. Wenn sie endlich die Schule packte und einen Job hatte, wollte sie mit ihren Hunden in eine einsame Waldhütte ziehen und von dort Rettungsaktionen für die Befreiung von gequälten Tieren planen und durchführen.

Mama ging langsam. Wenn sie zwei Schritte machte, machte Pearl einen. Manchmal kam sie sich vor, als wäre sie die Mutter und Mama das Kind. Mama war einen halben Kopf kleiner als Pearl, ganz schön schlank, aber nicht so muskulös wie Pearl und sah von Weitem tatsächlich aus wie ein Kind, mit

Pferdeschwanz und Minirock. Okay, bei den Schuhen hörte es dann auf: mörderisch spitze High Heels. Die ließ sie auch im Bett an. Micha stand auf sowas. Einer ihrer Ex, »Bretter-Dieter«, stand auf Plüsch-Handschellen, womit er sie an die zwei dünnen Heizungsrohre fesselte, die längs an der Schlafzimmerwand entlangliefen. Dafür haben sie sogar das Bett verschoben und den Spiegel-Kleiderschrank umgestellt, dass sie sich weiterhin selber zugucken konnten. Zugucken, was läuft – das war beim Vater von Fee nicht anders als beim Vater von Kimberly gewesen und kein Geheimnis. Mama vergisst ja immer die Schlafzimmertür zuzumachen.

Von Andrés Vater hatte Pearl gar nichts mitgekriegt, von Dennis' auch nicht. Es gab auch keine Fotos, jedenfalls hatte sie die noch nicht gesehen. Nur von »Bulli«, ihrem Vater, gab es Fotos, sogar Papierabzüge. Zwei hatte sie mal im Wohnzimmerschrank gefunden, zwischen losen Papieren, Rechnungen und Impfausweisen. Manchmal guckte sie sie an: Ihr Vater, der eigentlich Karsten Hotte hieß, aber nur »Bulli« genannt wurde, weil er so stark war, mit kurzen, blonden Haaren und gepiercter Augenbraue – Ringe dicht an dicht, wie sie sie in den Lippen hatte. Was für ein Zufall! Sie konnte sich auch noch an seine Hände erinnern, große, raue, warme Hände, die sie festhielten, aber nie zu fest zupackten und sie bis in den Himmel heben konnten. Manchmal meinte sie sogar, seine Stimme zu hören, sein tiefes Seebärlachen.

Als sie dreieinhalb war, ist er mit so einer Polen-Bitch nach Bayern gezogen und hat inzwischen neue Kinder. Seitdem hat er sich bei ihr nicht mehr gemeldet. Ob er auch so war wie die anderen Typen von Mama, Hauptsache, gut im Bett? Aber dann wären sie doch nicht dreieinhalb Jahre zusammengeblieben. Mama schoss jeden Checker ab, wenn der Sex mit ihm langweilig wurde, was spätestens nach ein, zwei Monaten der Fall war. Dennis, ihr großer Bruder, merkte sich nie die Namen

von Mamas Lebensgefährten, redete nur von ihren »Stechern«
oder »Ex-Stechern«.

Anscheinend war Sex wirklich das Wichtigste im Leben und Pearl war unnormal, weil sie es ekelhaft fand, diese nackten Körper vor dem Spiegel zu sehen, die ineinander auf- und niedergingen, sich aneinander abarbeiteten, in einer Geschwindigkeit, die sie an gut geölte Maschinen erinnerte. Im Grunde genommen war es ihr scheißegal, ob Mama und Micha es trieben, Hauptsache, sie kriegte davon nichts mit. Wenn sie mal eine Bemerkung machte, dass Mama doch wenigstens die Tür zumachen könnte, sagte ihre Mutter gleich wieder, sie solle sich nicht so anstellen. In ihrem Alter hätte sie schon die besten Typen gehabt. Pearl konnte das echt nicht mehr hören, ihr Geprahle, wie toll und begehrt Mama angeblich schon mit 13 war. Warum ließ sie sich dann auf solche Rammelkerle ein? Kimberlys Vater war der Oberstecher, hat ja dann ganz schnell den Abflug gemacht, als er ein Porno-Star geworden ist. Irgendwo nach Bulgarien. Mama hatte noch einen Film von ihm, in dem er die Hauptrolle spielte. Den zog sie sich manchmal mit Micha rein, natürlich ohne ihm zu sagen, dass Kims Vater da mit von der Partie war.

Vor Micha hatte Mama jede Menge Typen, die mal kürzer, mal länger geblieben sind. Zu einigen sollten Pearl und ihre Geschwister auch »Papa« sagen. Als würde sie zu einem fünf Jahre älteren Kerl »Papa« sagen. So weit kommt's noch! Je älter Mama wird, desto jünger werden ihre Lebensgefährten. Seitdem sie über 30 ist, sind ihre Männer Anfang 20, wie Micha.

Schülerin wegen schwerer Körperverletzung angeklagt!

Die Zeitung mit den fetten Schlagzeilen liegt auf dem Tisch. Die Polizistin dreht sie um. Auf der Rückseite prangt eine nackte Frau mit riesigen Titten – Daneben eine Anzeige: »Blonder Engel will mit dir sündigen.«

Pearl guckt aus dem Fenster. Sie kann sich überhaupt nicht vorstellen, dass sie auch mal so rummachen wird wie ihre Mutter – obwohl sie schon von klein auf die verschiedensten Variationen und Stellungen mitgekriegt hat, dass sie es eigentlich ganz normal finden müsste. Alle Menschen haben Sex – warum wird ihr allein von dem Gedanken daran schon übel?

Vielleicht hat Mama recht und sie ist wirklich verklemmt. Mit ihr stimmt was nicht. Sie steht auch nicht auf Frauen. Die sind ja genauso geil und machen alles mit.

Pearl kaut auf ihren Piercings, bis es wehtut. An der Wand hängt ein orangefarbener Kalender von der Berliner Stadtreinigung. Lauter pralle Männer mit prallen Mülltonnen.

»Wie geht es dir?«, fragt die Polizistin und guckt sie an. – Was 'n das für eine dämliche Frage? – Pearl kaut auf einen Ring, bis sie Blut schmeckt.

»Und deinen Geschwistern?«

Woher soll sie das wissen? Sie hat seitdem keinen mehr gesehen, auch nicht ihre Mutter.

»Willste ein Eis?« Mamas blond gefärbte Haare sahen in der Sonne weiß aus. Blond war das schon lange nicht mehr. Statt nur den Ansatz nachzufärben, klatschte sie sich die ganzen Haare mit dieser ätzenden Färbecreme voll. Dadurch wurden sie weiß und brüchig.

Sie kauften am Kiosk zwei Waffeltüten. Absoluter Luxus, denn für den Preis von zwei Waffeltüten am Kiosk gab's bei Norma eine Packung mit sechs Waffeltüten. Wenn Mama Geld hatte, gab sie es auch aus. Von ihrem ersten Gehalt hatte sie einen Flachbildschirm gekauft, fürs Schlafzimmer. Micha war vor Freude im Dreieck gesprungen. So einen 47 Zoll Smart-TV hatte er sich schon immer gewünscht. Mama hatte sich aufgeführt wie das Christkind persönlich und immer gesagt: »Ist ja schon gut, mein Tiger«. Und dann haben sie sich ganz heiß angeguckt und konnten es gar nicht abwarten, endlich wieder in die Kiste zu springen. 768,99 Euro hatte Mama dafür hingeblättert. Einen ganzen Monat hatten sie fast nur von Toastbrot und Tiefkühlkost gelebt, weil die 150 Euro, die Micha von seinem Hartz-Geld abdrückte, keine sechsköpfige Familie ernährten – mit ihm waren sie sogar sieben. Wenigstens konnten Mama und Micha jetzt ihre Pornos in 3D gucken.

Pearl hielt ihr Eis den Hunden hin. Sie schleckten abwechselnd, durften auch die Waffel anknabbern. Ganz vorsichtig, mit hochgezogenen Lefzen, bissen sie am Rand herum, damit sie bloß nicht ihren Finger erwischten.

»Is ja ekelhaft!«, sagte Mama. »Muss das sein?«

Pearl schaute zu, wie Sniff und Askur das Eis genossen. Das war fast so schön wie selber essen.

»Hunden Eis zu geben ist wie Perlen vor die Säue zu werfen«, meckerte Mama.

Pearl guckte sie an. »Ach ja?« Dass sie Schweinen Flachbildschirme kauft, verkniff sie sich lieber.

»Was bist ’n schon wieder so mürrisch?«, fragte Mama. »Und wie siehst du überhaupt aus?«

»Wie denn?« Pearl konnte sich denken, was jetzt kam.

»Die Haare immer so kurz und dann diese olle Camouflage-Hose. Der ausgeleierte Hoody könnte auch mal in den Müll. – Hat ja gar keine Farbe mehr.«

»Sonst noch was?«

»Ja, deine Piercings im Mund. Sieht aus, als hättest du da einen Reißverschluss. Haste dir schon wieder einen machen lassen? Darfst du gar nicht, ohne meine Erlaubnis.«

»Ach ja?«

»Eine Zungenperle kann ich ja noch verstehen, die kann ja ganz stimulierend sein bei gewissen Gelegenheiten …« Mama schmunzelte. »Aber diese vielen Ringe … wenn du die mal rausnimmst, hast du einen total verlöcherten Mund.«

»Na und?«

»Kein Wunder, wenn dir keiner hinterherguckt.«

»Woher willst du das denn wissen?«

Mama steckte ihren Waffelrest in den Mund. »Wer soll dir wohl hinterhergucken, wenn du aussiehst wie eine Hardcore-Lesbe.«

»Vielleicht bin ich ja eine.«

Mama lachte schrill auf. »Na, dann kannste damit ja wenigstens gut Geld verdienen. Männer stehen ja auf Lesben, zumindest zum Angucken.« Sie grinste vielversprechend.

»Du musst es ja wissen. Ich zieh mir so ’n Scheiß nicht rein.«

»Was iss ’n jetzt los?« Mama machte große Augen. »Ist dir ’ne Laus über die Leber gelaufen oder sind wir heute nicht so gut bei Laune?«

»Nichts.« Pearl ärgerte sich, dass sie sich von Mama volllabern ließ und selber keinen Ton über André und Micha rauskriegte. Sie wollte ihr doch sagen, dass Micha mit André nach der Schule Pornos guckte und ihm sogar welche aufs Handy lädt.

»Mann, ey, glotz nicht so!«, raunzte Mama.

»Wieso, wie glotz ich denn?«, raunzte sie zurück.

»Sowas von dämlich! Warum holste mich eigentlich ab, wenn du nur rumzicken willst?«

»Ich zick ja gar nicht rum«, platzte es aus Pearl raus.

»Doch. Merk ich doch. Bist völlig verpeilt. Mit dir kann man ja überhaupt nicht mehr reden. Noch voll in der Pubertät, oder was?«

Wenn Mama nicht mehr weiterwusste, musste immer die

Pubertät herhalten, auch bei ihren kleinen Geschwistern, obwohl die ja noch nicht mal aus der Trotzphase raus waren.

Zwei Kinder auf Fahrrädern fuhren vorbei. Ein Bauarbeiter kaufte einen Flachmann am Kiosk und leerte ihn in einem Zug. Eine Dohle saß auf dem Mülleimerrand und zog Schokoladenpapier aus dem Eimer. Sniff scheuchte sie weg.

»Micha holt die Mädchen um fünf von der Kita ab«, sagte Mama wieder im normalen Ton. Sniff und Askur kamen zu Pearl und drängten sich an ihr Bein. Sie kraulte sie hinter den Ohren. »Ich dreh eine Runde mit den Hunden. Du gehst ja jetzt eh nach Hause, oder?«

»Ist Micha nun schon auf oder nicht?«

»Ja. Ihr könnt es also getrost im Wohnzimmer treiben«, sagte Pearl auch wieder in normalem Ton, ohne Mama dabei anzugucken, drehte sich um und ging.

»Pearl, bitte. Es ist wichtig, dass du eine Aussage machst. Herr Krämer hat dich wegen schwerer Körperverletzung angezeigt. Ich möchte gern von dir hören, was passiert ist.«

Warum? – Selbst die Frage kriegt sie nicht raus, guckt Frau Wagner an. Frau Wagner guckt nicht weg. In ihrem Blick liegt nichts Lauerndes.

Pearls Hals brennt. Sie trinkt einen Schluck. Das Wasser, das Sniff und Askur noch bekommen haben, bevor sie im Polizeiauto in Käfigen abtransportiert wurden, hatte sich rot gefärbt.

Als sie ihre Hunde noch hatte, war sie oft auf das Brachland gegangen, an der Wuhle. Auch letzten Freitag, als sie Mama abgeholt hat und sie Eis gegessen haben – und alles noch nicht passiert war. Die Sonne knallte gnadenlos auf sie herab. Sie ließ Sniff und Askur aus der Flasche trinken, nahm selbst einen Schluck und ging mit ihnen in das angrenzende Waldstück. Dort suchte sie einen Stock. Sniff und Askur wurden schon ganz zappelig, als sie den Stock sahen, wollten, dass sie ihn endlich warf. Sniff war schneller als Askur und konnte stundenlang rennen. Das lag in seiner Natur. Er ist ein Husky-Labrador-Mix, mit weißem Kopf und fuchsrotem Körper. Seine Rute ist weiß-grau und buschig wie von einem reinrassigen Husky. Er hat ein hellblaues und ein dunkelbraunes Auge und er kommt aus Rumänien. Da ist er als halb verhungerter Welpe auf der Straße eingefangen und in eine Tötungsstation gebracht worden. Dort hatte ihn Uwe, ein deutscher Tierschützer, rausgeholt, nach Deutschland gebracht und aufgepäppelt. Pearl surfte öfter auf seiner Webseite und guckte, was der für Hunde anbot. Die meisten verschenkte er sogar. Von Sniff hatte sie auch ein Foto im Internet gesehen. Er hatte sie direkt angeguckt, mit seinem blauen und braunen Auge und sie hatte ihn tatsächlich bekommen, kastriert, gechipt, geimpft und entwurmt, für eine angemessene Spende.

Der Uwe fuhr nämlich regelmäßig nach Rumänien und holte Hunde aus Tötungsstationen. Da will sie ihm später helfen, Straßenhunde zu retten.

Mama hat gesagt, sie sei ja nicht ganz dicht. Immerhin hatte sie endlich erlaubt, dass sie sich einen Hund kaufte, und ihr sogar für die Herbstferien vorletztes Jahr einen Job bei Norma klargemacht: Regale auffüllen. 90 Euro hatte sie zusammengekriegt und 10 Euro aus der Haushaltskasse stibitzt. Bretter-Dieter hatte zu der Zeit bei ihnen gewohnt und pro Monat 200 Euro in die Haushaltskasse getan. Mehr ging nicht, weil er seine restliche Kohle in sein getuntes Auto steckte. Zum Glück hatte keiner die 10 Euro vermisst. Pearl war dann zur Bank gegangen und hatte die Scheine in einen total glatten Hunni eingetauscht. Bis dahin wusste sie gar nicht, dass die Hunderter grün sind. Der Schein sah aus wie Spielgeld, aber er war echt. Von Uwe hat sie dann noch einen Hund dazugekriegt: Askur, ein Bardino-Schäferhund-Mix, mit tiefschwarzem Fell und weißem Brustfleck. Bei Sonne schimmert sein Fell grünlich.

Mama hat den Schock ihres Lebens gekriegt, als sie mit zwei Hunden nach Hause gekommen ist. Ihr doch egal. Seit Jahren hatte Mama ihr einen Hund versprochen. Immer hieß es: »Wenn Dennis auszieht, haben wir mehr Platz.« Aber das war nur eine Ausrede, denn Dennis würde nie ausziehen, auch wenn er selten da war. Einen besseren Ort, um sein Gras zu bunkern, als im Kinderzimmer, gab es nämlich nicht. Davon wusste aber Mama nichts – hätte es auch nicht wahrhaben wollen. Sie war ja so stolz auf ihren Großen, der sich so gut selbst versorgte und immer chic angezogen war. Woher er die Kohle hatte, fragte sie nicht.

Wenn Dennis auftauchte, fraß er den Kühlschrank leer, holte sich im Wohnzimmer einen runter, duschte, zog sich um und ging wieder. In der Zeit, wenn Dennis da war, ließ Micha sich nicht blicken, ging entweder in die Mucki-Bude oder verschanzte sich im Schlafzimmer vor der Glotze.

Wenn Dennis doch nur endlich richtig ausziehen würde, dann könnte sie mit den Hunden in das Jungs-Zimmer ziehen und André zu Fee und Kimberley. Das würde zwar einen Riesenstress geben, weil André sicher nicht mit den Kleinen in ein Zimmer will, aber Pearl hatte damals auch keiner gefragt, wo und wie sie gern wohnen möchte. Ihr hatte Mama die Babys – eins nach dem anderen – einfach aufgedrückt. Okay, Fee und Kim liebten die Hunde von Anfang an und die Hunde waren immer um sie herum. Wahrscheinlich dachten sie, Fee und Kim wären Schafe und wollten sie beschützen. Askur ließ es sich sogar gefallen, dass sie ihm mit ihren Barbie-Pferden über den Rücken ritten. Er gähnte dann nur. Sniff war kitzelig und schüttelte alles ab, was sie ihm aufs Fell legten. Mama fand es unhygienisch, dass die Kleinen so nah bei den Hunden waren und sie sich übers Gesicht schlecken ließen, spielte sich dann auf, als würden sie in die Wohnung kacken. Das haben sie nicht ein einziges Mal getan. Nur im Wohnzimmer pinkelten sie manchmal ans Sofa. Rüden mussten nun mal ihr Revier markieren. Das war ja bei Mamas Männern nicht anders. Ihre Kerle pinkelten auch ins Waschbecken.

»Was hast du eigentlich da in dem schwarzen Pappkarton, Schuhe?«, fragt die Polizistin.

Pearl tippt vorsichtig mit dem Hacken an den Karton und lässt ihn weiter unter den Stuhl verschwinden. Sie muss den Deckel bald mal wieder aufmachen, Luft reinlassen.

»Also, was in der Zeitung steht, ist schon mal Schwachsinn«, sagt die Polizistin und dreht die Zeitung um, trotzdem springen Pearl die fetten Schlagzeilen ins Gesicht:

Familiendrama in Neukölln:
Der schöne Micha – zerfleischt!
Schülerin hetzt Hunde auf ihn.

»Schon allein, dass da Neukölln anstatt Marzahn steht«, sagt die Polizistin und tippt sich an die Stirn. »Das kommt nur, weil Neukölln gerade so in ist, weil der Bürgermeister diesen Bestseller geschrieben hat: *Neukölln ist überall.* – Hast du davon gehört?«

Pearl schüttelt den Kopf. Sie interessiert sich nicht sonderlich für Bücher.

»Das müssen die Zeitungsfritzen hier wohl falsch verstanden haben.« Die Polizistin hat eigentlich eine schöne Stimme, kräftig und warm. »Und zerfleischt worden …«, fährt sie fort, »ist Herr Krämer ja nun auch nicht gerade. Ist noch alles an ihm dran, soviel ich weiß.«

»Was ist denn mit ihm?«, platzt es aus Pearl heraus. Das hat sie sich schon die ganze Zeit gefragt.

»Er hat mehrere Bisswunden, besonders die linke Wade hat es erwischt, seinen Allerwertesten und die linke Hand. Die ist gebrochen.«

Als Pearl nach Hause kam, spitzten die Hunde schon die Ohren, wurden unruhig. Auch sie spürte, dass etwas nicht stimmte. Im Flur roch es nach Schweiß und Mamas süßem Parfüm, aber Mama war gar nicht da. Vor ihrer Schlafzimmertür lag der rosa Rucksack von Fee und Kims Barbie-Pferd. Askar schnupperte an dem Barbie-Pferd. – Warum lag das Pferd auf dem Flur, wo Kimberly es seit einer Woche nie aus der Hand gelegt hat?, dachte sie noch, dann hörte sie Fees und Kims Kichern, Michas Stimme:

»Na, das macht Spaß, was? Halt dich gut fest, jetzt macht das Pferdchen Hopp Hopp Hopp …«

Die Schlafzimmertür war wieder nur angelehnt. Sie lugte durch den Spalt. Ihr blieb die Luft weg.

»Pearl. Bitte sag mir doch, was wirklich passiert ist.«

Sie beißt sich auf einen Lippenring, dass es knirscht. Ein Kloß steckt ihr im Hals. Sie kämpft mit den Tränen. Scheiß Tränen. Die sollen bleiben, wo sie sind!

»Zuerst habe ich Kim und Fee rausgeschmissen.«

»Wo waren die?«

»Bei ihm auf dem Bett.« Sie schluckt.

Frau Wagner legt eine Hand auf ihre. Das hätte sie nicht machen dürfen. Ihr kommen die Tränen. Scheiße noch mal! Was ist denn los?

Sie hätte gar nicht gedacht, dass sie so viele Tränen in sich hat und sie so schluchzen kann. Sie kriegt kaum noch Luft, alles zittert und tut weh. Frau Wagner reicht ihr ein Taschentuch.

Micha lag auf dem Bett, nur mit Shirt und voll die Latte. Fee und Kimberley sollten sich gut daran festhalten. Sie saßen auf seinen Oberschenkeln, eine links, die andere rechts und spielten Pferdchen. Hopp – Hopp – Hopp … Und dann ist sie ins Zimmer gestürmt und hat blitzschnell die kleinen Geschwister geschnappt, sie ins Wohnzimmer gebracht. Sie wussten gar nicht, wie ihnen geschah, warum Pearl so sauer war, sie anschrie, sie sollten im Wohnzimmer bleiben. Dann ging alles ganz schnell: Die Hunde knurrten. Sie ließ sie ins Schlafzimmer. Micha stand neben dem Bett und zog sich gerade eine Unterhose an.

»Kannste nich anklopfen«, blaffte er sie an. Da ist sie wie eine Furie auf ihn los und hat ihn voll gegen die Brust geschubst und ihn angeschrien. Er ist halb aufs Bett, halb gegen den Nachtschrank geknallt, war blitzschnell wieder auf den Beinen, holte aus und wollte ihr gerade eine klatschen, da sprang Sniff auf ihn zu, mit gefletschten Zähnen und Askur fing an zu bellen.

»Fass!«, hatte sie gerufen, André noch aus dem Schlafzimmer laufen sehen – wo kam der denn her? Und dann sprangen die Hunde Micha an.

Er trat nach ihnen, boxte wild um sich und schrie, als Sniff ihn in die Wade biss. Micha hechtete aufs Bett, die Hunde hingen an ihm dran. Da war das ganze Bett schon voller Blut und Micha schrie und schrie …

Die Wörter sprudeln plötzlich aus ihr heraus, als hätten sie Kohlensäure, alles schießt nach oben, raus aus ihr, auch die Tränen. Frau Wagner nimmt ihre Hand, hält sie.

Eine Hand in ihrer Hand. – Eine große, spröde, warme Hand. Sie drückt leicht zu, nicht zu fest, hält sie.

Sie war zu Kim und Fee gelaufen, ins Wohnzimmer, schlang die Arme um sie, wollte sie trösten, aber sie wehrten sich, rannten weg von ihr und kauerten sich in einen Sessel. Saßen da, eng aneinandergedrängt, wie sonst, wenn Mama und Micha es nebenan trieben und es sich so anhörte, als täten sie sich gegenseitig weh. Mama hatte ihnen zwar schon öfter erklärt, dass sie nur miteinander spielten, trotzdem verkrochen sie sich immer wieder in den Sessel und hielten sich die Ohren zu. Wenn Pearl das mitkriegte, holte sie sie ins Kinderzimmer und stellte den Fernseher ganz laut. Jetzt wollten sie nicht mit ihr ins Kinderzimmer. Kim trat sogar nach ihr. Irgendwann, als Micha aufgehört hatte zu brüllen, hat sie die Hunde gerufen. Sie kamen aus dem Schlafzimmer getrottet, mit blutigen Lefzen, hechelnd, völlig erschöpft. Dann kam die Polizei und André hat immer wieder gerufen: »Sie hat die Hunde auf ihn gehetzt! Sie hat die Hunde auf ihn gehetzt! – Ich hab genau gesehen, wie die Schlampe ihre Hunde auf ihn gehetzt hat!«

Da fiel ihr wieder ein, wie sie ihn aus dem Schlafzimmer hat laufen sehen – hatte er sich etwa versteckt und zugeguckt, was Micha mit den Kleinen da machte?

Pearl schnäuzt sich die Nase. Ihre Hände zittern.

Sie dachte, Micha wäre tot, als die Sanitäter ihn da aus dem Schlafzimmer holten und ins Krankenhaus brachten. Überall Polizei, im Treppenhaus die neugierigen Nachbarn, auch Kirstin und Ramona, standen an der Tür und sagten zu einem Polizisten, dass es plötzlich so laut geworden wäre, jemand wie am Spieß geschrien hätte und die Hunde bellten. Total krass hätte sich das angehört.

Jede Menge Leute wimmelten in der Wohnung herum. Pearl saß auf dem Sofa, Sniff und Askur neben sich und beruhigte sie. Sie sollte den Hunden Maulkörbe anlegen und sie an die Leine nehmen, aber sie hatte nicht mal Halsbänder, geschweige denn Maulkorb und Leine. Sie ging dann mit ihnen zu Fuß nach unten, auf die Straße, von Polizisten begleitet. Da kam eine Beamtin im blauen Overall aus einem Kastenwagen, sie hatte einen Stock mit einer Schlinge dabei – eine Hundefängerin, dachte Pearl. Sie sagte ihr, dass die Hunde friedlich seien und sie sie selbst zum Wagen bringen würde. Sniff und Askur waren auch ganz brav mit ihr zum Polizeiwagen getrottet. Haben noch Wasser bekommen. Die Polizistin hat die Hecktüren mit einer Hand geöffnet, in der anderen die Schlinge im Anschlag. Keinen Schritt hatte sie sie aus den Augen gelassen und Pearl hatte sich noch gefragt, ob die Hundefänger in Rumänien auch so ein Teil hatten – was, wenn sich die Hunde wehrten, zog man die Schlinge dann zu?

Nur in die Käfige wollten Sniff und Askur nicht gleich. Pearl redete ihnen gut zu, und dann sprangen sie hinein. Sie wusste ja, wenn sie die Hunde nicht in die Käfige kriegte, würden es die Bullen tun, mit ihren Methoden.

»Ich hole euch da ganz schnell wieder raus«, flüsterte sie ihnen noch zu. Dann fuhren sie ab.

Es war, als würde man ihr den Boden unter den Füßen wegziehen, als sie sie wegfahren sah. »Wo bringen sie die Hunde hin? Es ist doch nicht ihre Schuld. Es ist alles meine Schuld! Die Hunde können nichts dafür!«

Eine Frau beruhigte sie. – Ihr Kopf schwirrte. So viele Leute – alle guckten sie an. Von Weitem zeigten einige mit dem Finger auf sie. Dann saß sie selbst hinten in einem Polizeiauto, mit einer Beamtin neben sich, André und die Kleinen wurden in ein anderes Polizeiauto gebracht. Mama tauchte auf, fuchsteufelswild, das Erste, was sie fragte: »Was hast du mit Micha gemacht?«

Eine Polizistin beruhigte sie. Pearl sagte: »Das Schwein hat sie angefasst.«

»Wen?«, fragte Mama.

»Kim und Fee, sie saßen mit ihm auf dem Bett und …«

»Halt deinen scheiß verlogenen Mund!«, schrie Mama sie an, und dann mischten sich schon die Polizisten ein und sie hörte Mama sagen, dass sie übertreibe, Pearl übertreibe immer. Micha sei ein ganz Lieber, auch die Kleinen liebten ihn. Er hätte ihnen doch nie was getan!

Dann klingelte es in Pearls Kopf. Sie konnte nichts mehr hören und nichts mehr reden, sie wollte nur noch Ruhe haben, und dass dieses Klingeln aufhörte.

Es hörte dann auch irgendwann auf, als sie auf dem Bett lag in dem Haus des Jugendnotdienstes. Dahin hatte man sie gebracht und akzeptiert, dass sie sich erst einmal ausruhte, bevor man mit ihr reden wollte, aber sie wollte mit keinem reden, auch später in der Wohngruppe nicht. Sie sollten sie alle in Ruhe lassen! Und ihre Hunde wollte sie wiederhaben!

Und jetzt hat sie doch geredet, alles gesagt, auch, dass Micha nackt war und Kim und Fee sich bei ihm festhalten sollten …

Die Polizistin schreibt, Pearl fühlt sich leer, wie ein Eimer, aus dem man den Schlamm ausgekippt hat. Sie hat eine Aussage gemacht. Frau Wagner sagt, das reicht, um ein Strafverfahren gegen Herrn Krämer zu eröffnen, obwohl er aussagt, er hätte mit den Kleinen nur auf dem Bett gespielt und eine Unterhose angehabt. Das bestätigen auch Kim, Fee und André. Aber da wären auch noch die Nachbarn von unten, die mit den Zwillingen. Die hätten erwähnt, dass »der schöne Micha« manchmal so komisch zu den Kleinen gewesen wäre, wenn er sie vom Kindergarten abgeholt hätte.

»Wir werden uns alles dazu anhören«, sagt Frau Wagner. »Der ›schöne Micha‹ ist ja kein unbeschriebenes Blatt.«

»Ich will meine Hunde wiederhaben«, sagt Pearl.

Die Polizistin nickt. »Das glaube ich dir gern, aber in der Wohngruppe sind Tiere verboten. – Und nach Hause zurück willst du ja nicht, oder?«

»Nein.«

»Du kannst sie im Tierheim besuchen, jeden Tag und mit ihnen rausgehen.«

Keiner versteht, was das für sie bedeutet, ohne Hunde zu sein, nachts zu schlafen, ohne Askur und Sniff vor dem Bett! Das versteht auch keiner in der Wohngruppe, wo es ansonsten ja ganz okay ist. Sie hat einfach keine Ruhe ohne ihre Hunde, ihr Körper spannt sich, ihre Lippe ist blutig gekaut. Montag war es ganz schlimm. Sie war kurz davor, sich einen Ring aus der Lippe zu reißen.

Letzte Nacht war sie dann ausgebüxt, aus dem Fenster geklettert, hatte auf einem Spielplatz, kopfabwärts auf der Rutsche gelegen, Füße hinters Geländer geklemmt und in den Himmel geguckt. Die scheiß Sterne haben geleuchtet, als wär's 'ne ganz normale Sommernacht.

Wo waren Kim und Fee? Mama hatte ihr auf die Mailbox gesprochen, sie wolle sie nicht sehen – nach allem, was sie Micha angetan habe …

Als all ihr Blut in den Kopf geflossen war, hat sie die Füße losgelassen und ist in den Sand gerutscht. Schade, dass sich kein Loch in der Erde aufgetan hatte, worin sie hätte verschwinden können.

Sie ist dann durch die Gegend geirrt. Die Sonne schien, Kinder gingen zur Schule, Lieferwagen parkten vor Geschäften und luden palettenweise Ware ab. Der kleine Kläffer, der immer vor Norma angebunden war, lief nun mit seinem Frauchen an ihr vorbei.

Ob Mama arbeitete? Sie traute sich nicht, bei Norma durchs Fenster zu gucken. Sie steckte die Hände in die Hosentaschen und ging immer geradeaus, und wenn es nicht mehr weiterging, dann rechts und wieder geradeaus …

Es war, als hätte sie eine schalldichte Rüstung an. Nichts

drang mehr zu ihr durch, keine Blicke, keine Bemerkungen, keine Schlagzeilen. Sie merkte nur, dass sie ging, weil die parkenden Autos an ihr vorbeizogen.

Dann sah sie die Taube. Räudig und aufgeplustert sah sie aus, hinkte durch den Rinnstein, zog ein abgeknicktes Bein hinter sich her. Ein Flügel hing herunter. Neben ihr lag eine zerknüllte McDonald's-Pappe.

Pearl konnte nicht weitergehen. Sie musste diese kranke Brut tottreten. Auf der Stelle! Jetzt sofort! Scheiße, warum hatte sie auch nicht ihre Stiefel an. Alles nur wegen der Dreckshitze! In ihr brodelte es. Verdammte Hitzewelle! Mit den Turnschuhen konnte sie nicht zutreten. Nachher bohrte sich noch der Schnabel in ihren Fuß und sie verreckte an Taubenseuche.

Die Taube drängte sich dicht an den Bordstein. Kauerte da, genau wie Micha am Kopfende des Bettes gekauert hatte, als Askur an seiner Wade hing.

Ein Lkw donnerte vorbei, übertönte Michas Schreie, die sie noch in den Ohren hatte, besonders nachts – und all das Blut auf dem Bett …

Pearl suchte den Boden ab. Da. Ein Pflasterstein – aber zu klein. Dann fand sie einen halben Ziegelstein in den Büschen. Sie hob ihn auf, ihre Arme funktionierten, hoben sich – sie konnte die Luft nicht anhalten, weil ihr Herz so raste. Sie kniff die Augen zu und da fasst sie jemand von hinten unter die Achseln und wirft sie in den Himmel.

Sie ist drei Jahre alt und die Sonne blendet. Sie lacht und kreischt vor Vergnügen, fliegt hoch und landet in Papas Armen. Er wirbelt sie umher und wirft sie noch einmal hoch und fängt sie wieder auf. Er hat einen Zigarettenstummel im Mund. – Sie kneift die Augen zusammen. Es knallt. Der Stein landete mit voller Wucht neben der Taube – einen Meter daneben. Mindestens! Dabei hat sie genau gezielt.

Die Taube zuckt nicht mal, guckt sie an, gurrt.

Frau Wagner hat grüne Augen mit hellbraunen Punkten. Sie hat Pearl was gefragt.

»Bitte?«

»Nun verrat mir doch, was du da in dem Karton unter deinem Stuhl hast.«

Pearl rannte, so schnell sie konnte, den Bürgersteig entlang, Richtung Einkaufszentrum. Es war, als hätte sie vier Pfoten, als hinge ihr die Zunge aus dem Hals. Vor Deichmann blieb sie stehen, riss die Tür auf, ging schnurstracks an den Verkaufstresen. Es roch nach Wildlederspray und Schweißfüßen. Sie fragte nach einem Schuhkarton. Die Verkäuferin hatte lange, blutrote Fingernägel. Pearl spürte, wie ihr die Hitze in den Kopf stieg, weil sie von allen Seiten angeglotzt wurde, als würde sie eine Bank überfallen. Ihre Lippe blutete. Die Verkäuferin schob ihr ohne ein Wort einen schwarzen Karton über den Tresen. Pearl schnappte ihn sich und stapfte damit zur Tür. Kinder hielten inne, mitten beim Schuhe-Anprobieren, Köpfe drehten sich, Blicke folgten ihr bis zur Tür. Dann war sie wieder an der frischen Luft und lief zurück zur Taube.

Pearl zieht den Karton unter dem Stuhl hervor, macht den Deckel auf. Frau Wagner steht auf, damit sie besser sehen kann.

»Eine Taube?«

Pearl steht auch auf, stellt den Karton auf den Schreibtisch.

Sie hatte die Taube in die Wohngruppe geschmuggelt, Wasser in den Unterteller von der Pflanze auf ihrer Fensterbank gegossen und ihr gegeben. Die Taube fing sofort an zu trinken. Pearl hatte zugeschaut, wie sie ihren Schnabel ins Wasser pickte, den Kopf hob und schluckte. So ganz anders als Hunde tranken. Dann krümelte sie ihr das Stück Brötchen klein, das sie sich vom Frühstück eingesteckt hatte. Die Taube fraß alles auf. Ruckte mit dem Kopf vor und zurück, stand auf einem Bein und hielt den abgeknickte Fuß seitlich hoch, guckte Pearl mit ihren kleinen, runden Knopfaugen an. Krass, wenn sie jetzt sprechen könnte. Was würde sie ihr wohl sagen? Was mit ihr passiert war? Warum sie so verletzt im Rinnstein hockte?

Pearl überlegte, wie sie ihr das Bein schienen könnte. Vielleicht mit einem Streichholz und einer Mullbinde? Die Mullbinde hatte sie beim Mittagessen ergattert, weil sie sich extra mit dem Messer in die Hand gesäbelt hat. Nicht so schlimm, ein Pflaster hätte es auch getan, aber sie fragte nach einer Mullbinde, sagte, sie sei allergisch gegen Pflaster, auch gegen die für empfindliche Haut. Ihr Schnitt war nicht tief und die halbe Mullbinde reichte für sie aus. Die andere Hälfte wickelte sie der Taube ums Bein, versuchte, das Bein ein bisschen gerade zu biegen, um das Streichholz mit einzuwickeln, aber da fing die Taube plötzlich an zu flattern, sogar mit dem herunterhängenden Flügel und wurde ganz hektisch.

»Ist ja schon gut«, flüsterte sie und ließ das Bein los. Dann musste sie eben im Karton bleiben, um das Bein und den Flügel zu schonen. Würde schon wieder zusammenwachsen.

Pearl sammelte Gras und Zeitungen und fand auch noch Holzwolle im Müll. Sie stopfte den Karton schön weich aus, wie ein Nest. Jetzt konnte sich die Taube sogar hinlegen. Tat sie auch. Hockte da und ließ sich füttern. Sah nach zwei Tagen schon nicht mehr so zerrupft aus.

Pearl verbrachte jede Minute mit ihr und konnte sich nur schwer zurückhalten, ihr nicht den Rücken zu tätscheln, so, wie sie es gewohnt war, mit ihren Hunden. Sie nahm einen Finger und strich ganz vorsichtig über den Kopf der Taube. Sie hielt still. Die Federn fühlten sich kühl an, samtweich.

»Und du hast die Taube schon die ganze Zeit in der Wohngruppe?«, fragt Frau Wagner. Sie lacht, richtig laut. Pearl hat schon lange keinen mehr lachen sehen, jedenfalls nicht in echt, nur in der Werbung oder bei Leuten, die sich einschleimen wollen. Frau Wagner scheint sich tatsächlich zu freuen, über eine kranke, beschissene Taube!

»Ja«, sagt Pearl. »Wenn ich meine Hunde doch auch nur irgendwo bunkern könnte.«

Frau Wagner kann sich gar nicht von der Taube abwenden. »Mensch, die hast du aber gut gepflegt. Wo hast du die denn versteckt?«

Pearl lutscht an ihren Ringen an der Lippe.

»Ich verrate dich nicht. Großes Polizisten-Ehrenwort.«

»Auf ein Polizisten-Ehrenwort gebe ich, ehrlich gesagt, nicht so viel«, sagt Pearl und guckt Frau Wagner fest in die grünbraunen Augen.

Frau Wagner schmunzelt. »Okay. Dann auf mein Ehrenwort.«

Pearl stützt sich am Schreibtisch ab.

»Unterm Bett«, sagt sie. »Wenn ich rausgehe, nehme ich sie mit, stopfe den Karton in eine Plastiktüte. Dann fällt das nicht auf.«

»Clever«, sagt Frau Wagner. Pearl steigt die Hitze in den Kopf. Clever – das hat noch nie jemand zu ihr gesagt.

»Vielleicht kannst du ja Tierpflegerin werden?«

Pearl beißt auf ihre Ringe. Nickt. Tränen kommen ihr wieder hoch. Sie schluckt sie runter.

»Und was machst du jetzt mit der Taube?«

»Ich möchte, dass sie wieder Fliegen lernt.« Einen Moment ist Pearl, als würde sie selber alles von oben betrachten, Frau Wagner, den Schreibtisch, den Karton mit der Taube, sogar sich selbst. Sie werden immer kleiner und die Aussicht wird immer größer. Felder tauchen auf, Sniff und Askur laufen auf sie zu. Und am Kiosk steht Mama mit Kim und Fee. Mama winkt ihr zu.

Pearl lässt sich auf den Stuhl plumpsen. Ihre Beine sind plötzlich ganz weich.

»Möchtest du einen Kaffee?«, fragt Frau Wagner.

Was ist das Kinder- und Jugendwerk »Die Arche«?

Vielleicht hat der eine oder andere von euch schon von der Arche gehört oder sogar schon einmal einen Bericht darüber im Fernsehen gesehen? Dabei kann man den Eindruck bekommen, dass die Arche eine Kinder- und Jugendeinrichtung ist, wie es sie in vielen Städten gibt. Und vieles, was in den Archen stattfindet, bieten auch andere Organisationen an. Und doch unterscheiden sich die Archen auf den zweiten Blick in einem ganz wesentlichen Punkt von Häusern, wie ihr sie kennt.

Denn der überwiegende Teil der Kinder, die zu uns kommen, sind Jungen und Mädchen aus armen Familien, junge Menschen, die sehr schlechte Startbedingungen haben. In Deutschland leben 2,5 bis 3 Millionen Kinder und Jugendliche in Armut.

Doch was heißt es eigentlich, arm zu sein? Und wie geraten sie überhaupt in solche Situationen? Die Gründe dafür sind vielfältig:

Oft bekommen die Eltern dieser Jungen und Mädchen für ihre Arbeit nur sehr wenig Geld, sogenannte Niedriglöhne, manchmal nicht mehr als drei, vier oder fünf Euro in der Stunde. Zu wenig, um davon menschenwürdig leben zu können. Von rund sechshundert Euro oder nur wenig mehr im Monat wird eine Familie nicht satt, von vollwertigen gesunden Mahlzeiten ganz zu schweigen. Zwar bekommen diese Familien zusätzlich Geld von der Arbeitsagentur – für ein Leben, wie es die meisten von euch kennen und wie es für euch selbstverständlich ist, reicht das aber nicht. Davon kann man nicht ins Kino oder Essen gehen, in einen Sportverein, geschweige denn in Urlaub fahren.

Das allein ist für diese Kinder sehr schwer zu ertragen. Nicht selten werden sie deshalb auch noch gemobbt und ausgegrenzt. Kein Wunder, dass die Betroffenen oft ein dünnes Fell haben, deshalb manchmal auch aggressiv reagieren und schnell ausflippen.

Ein weiterer Grund, der zur Verschärfung der Situation beiträgt: Viele Jungen und Mädchen, die zu uns in die Archen kommen, müssen ohne Vater aufwachsen.

Natürlich erleben das auch Kinder aus anderen Familien und das ist ohne Frage für jeden Betroffenen eine sehr schwierige Situation. Diese Jungen und Mädchen trifft das aber meist insofern härter, als die Väter oft keinen Unterhalt zahlen. Viele nehmen sich auch keine Zeit für ihre Kinder oder haben schlimmstenfalls überhaupt kein Interesse an ihnen.

Stattdessen haben die Mütter immer wieder neue Lebenspartner, die für einige Wochen oder Monate den Ersatz-Papa spielen. Das Interesse dieser Männer an den Kindern ihrer neuen Partnerin ist fast immer sehr gering. Und wenn sie sich dann an den neuen Partner der Mutter gewöhnt haben, ist er auch schon wieder weg, nicht selten gibt es vor dem Auszug auch heftigen Streit. Und nur kurze Zeit später geht das Ganze von vorne los.

Mädchen und Jungen alleinerziehender Mütter, gerade in Großstädten, haben es in mehrfacher Hinsicht besonders schwer. Diese Mütter können sich keine teuren Wohnungen leisten, die Familien werden dadurch immer mehr an den Stadtrand gedrängt, wo Wohnraum noch einigermaßen erschwinglich ist. Doch das bringt auch Probleme mit sich: An den Stadträndern ist die Verkehrsanbindung meist nicht besonders gut – die Busse und Bahnen fahren hier weniger häufig. Und auch Arbeitsplätze gibt es dort nur wenige. Und wenn die Mütter schließlich einen Job am anderen Ende der Stadt bekommen, müssen sie manchmal schon mitten in der Nacht die Wohnung verlassen. Die Kinder sind dann auf sich allein gestellt. Oft kommen sie zu spät in die Schule, ohne ein ordentliches Frühstück zu sich genommen zu haben.

Viele Kinder müssen daher schon sehr früh für ihre jüngeren Geschwister sorgen und den kompletten Haushalt übernehmen, Dinge, für die eigentlich Eltern zuständig sein sollten.

In solchen Situationen positiv in die Zukunft zu blicken, ist schwer. Familien, die länger als ein Jahr von Hartz IV oder Sozialhilfe (sogenannten Transferleistungen) leben müssen, geben sich und ihre Kinder schneller auf. Normalerweise versuchen Eltern, die Armut vor ihren Kindern zu verbergen. Sie wollen nicht, dass die Kinder von den Problemen, die damit verbunden sind, etwas mitbekommen. Die Eltern, die wir in den Archen kennenlernen, schaffen das jedoch meist nicht. Sie können ihren Kindern kein positives Vorbild sein. Wir haben in der Arche die Erfahrung gemacht, dass besonders Menschen mit einem geringen Bildungsgrad schnell resignieren. Und Eltern, die sich aufgeben, schaffen es auch nicht mehr, sich zur Arbeit aufzuraffen, geschweige denn ihren Kindern ein liebevolles Zuhause zu geben. Ihr Selbstbewusstsein ist auf einer Skala von eins bis zehn bei null. »Das kann ich nicht«, ist ein Satz, den unsere Mitarbeiter in den Archen leider immer öfter von den Eltern hören. Und irgendwann auch von ihren Kindern. Denn die Kinder lernen das, was ihre Eltern ihnen vorleben.

Um das zu verhindern, ist eine gute Schulbildung – und das fängt mit dem Kitabesuch an – extrem wichtig. Am allerwichtigsten aber ist die Familie: ein liebevolles Zuhause, Eltern, die ihren Kindern Wertschätzung entgegenbringen und sie fördern. Deshalb versuchen wir immer auch, die ganze Familie der Kinder, die zu uns kommen, zu unterstützen.

Gute Bildung ist ein wichtiger Schlüssel zu einer Verbesserung der Situation dieser Kinder. Mit Abitur können sie den Beruf ergreifen, für den sie schon immer geschwärmt haben, sie können studieren. Mit einem Hauptschulabschluss reduzieren sich die Berufschancen um fast 80 Prozent. Ohne Schulabschluss wird es in Zukunft fast unmöglich sein, einen Job zu finden, von dem man leben kann. Die Jobs für Menschen ohne Abschluss werden entweder überflüssig oder mehr und mehr von Maschinen erledigt, die auf Dauer billiger sind. So fallen in den kommenden Jahren in Deutschland eine Million Jobs für gering qualifizierte Arbeitnehmer weg.

Einmal kam ein Junge, Max, zu uns in die Arche und teilte uns freudestrahlend mit, dass er Fußballer werden wolle und dass er dafür eh keinen Schulabschluss brauche. Wir mussten ihn enttäuschen: Jeder Bundesligaverein legt heute Wert auf eine gute Ausbildung seiner jungen Spieler. Es gibt Vereine, die sich von durchaus talentierten Nachwuchsspielern trennen, wenn die in der Schule scheitern. Denn nur wenige der jungen Fußballer erreichen das Niveau der Spitzenklasse und die meisten Nachwuchsspieler müssen ihr Geld später in einem ganz normalen Beruf verdienen. Die Vereine tragen daher eine große Verantwortung für ihre jugendlichen Spieler.

Wir haben manchmal Angst um die Zukunft einiger Kinder, die zu uns in die Arche kommen. Viele »lernen« zu Hause Hartz IV, so nennen unsere Pädagogen das.

Was das heißt?

In den Familien dieser Kinder läuft den ganzen Tag über der Fernseher – kein Klischee –, viele Kinder gehen nicht in die Kita, weil ihre Eltern das einfach nicht für notwendig halten. In der Schule sind die Kinder müde vom stundenlangen Fernsehen. Sie können sich nicht konzentrieren, sind nicht in der Lage, am Unterricht teilzunehmen. Die Folge: Sie lernen nicht richtig Lesen und Schreiben. Jeder fünfte Jugendliche ist heute ein funktionaler Analphabet, das heißt, diese Mädchen und Jungen können zwar ihren Namen schreiben und auch einzelne Wörter entziffern, aber sie sind nicht in der Lage, ein Buch oder auch nur einen Mietvertrag zu lesen. Unter diesen Voraussetzungen einen Ausbildungsplatz zu bekommen, ist ein sehr schwieriges Unterfangen.

Ganz besonders schwierig ist die Situation für Kinder aus Einwandererfamilien, die (zusammen mit ihren Eltern) die deutsche Sprache überhaupt erst einmal lernen müssen.

Wie können wir diesen Kindern helfen? Die Arche hat vor einigen Jahren zusammen mit einer befreundeten Organisation in Berlin eine Arche-Grundschule gegründet. 60 Prozent der Schüler dort kommen aus bildungsfernen Familien. In jeder Klasse mit maximal 21 Kindern arbeitet ein zusätzlicher Erzieher oder Sozialpädagoge, manchmal auch ein zweiter Lehrer. Dadurch haben auch die Kinder eine Chance, Lesen und Schreiben zu lernen, die von ihren Eltern keine Unterstützung erhalten.

Ein Junge, der schon seit vielen Jahren in die Arche kommt, sagte einmal zu einer unserer Mitarbeiterinnen: »Wenn ich groß bin, dann werde ich auch Hartz IV, wie Mama.« Dieser Junge, damals sechs Jahre alt, kennt es nicht anders. Er hat bis heute noch nie gesehen, dass jemand aus seiner Familie oder näheren Umgebung morgens zur Arbeit fährt und erst am Abend wieder nach Hause kommt. Er weiß nur, am Ende des Monats kommt Geld vom Staat auf das Konto seiner Mutter.

Dass es auch in Deutschland – einem eigentlich sehr reichen Land – immer mehr Kindern sehr schlecht geht, merkte schon früh ein Berliner Pastor, Bernd Siggelkow. Weil er etwas für diese Kinder tun wollte, gründete er 1995 zusammen mit seiner Frau und einigen Freunden einen Verein, die Arche.

Geboren wurde Bernd Siggelkow 1964 in St. Pauli in Hamburg. Erinnerungen an seine ersten Jahre dort hat er heute kaum noch. Ein Tag aus seiner Kindheit hat sich allerdings auf ewig in sein Gedächtnis eingebrannt, der bis heute schlimmste Tag seines Lebens: Bernd war allein zu Hause, sein Bruder und seine Oma, die damals auch bei ihnen lebte, waren nicht da. Seine Mutter hatte ihre Sachen gepackt und stand mit zwei Koffern vor ihm.

»Wo willst du hin?«, fragte Bernd ängstlich. Er konnte kaum atmen. Etwas Bedrohliches lag in der Luft. Seine Mutter antwortete sehr offen: »Ich verlasse euch, ich gehe weg!«

Bernd schossen Tränen in die Augen. Doch die Mutter ging einfach an ihm vorbei und zog die Tür hinter sich ins Schloss. Bernd blieb zurück – mutterseelenallein.

Diese Minuten der Einsamkeit brannten sich für immer in sein Gedächtnis. Bernd hatte seine Mutter verloren und wusste nicht einmal, warum.

Was er damals als äußerst grausam erlebte, sieht Bernd Siggelkow heute in einem anderen Licht. Seine Mutter war unglücklich und wollte aus- und aufbrechen zu etwas Besserem und Neuem.

Doch wie kam die Familie nun zurecht? Die kranke Oma hatte nicht mehr die Kraft, Bernd und seinem Bruder die Aufmerksamkeit zu schenken, die sie gebraucht hätten. Der Vater hatte mehrere Jobs und war so gut wie nie zu Hause.

Da die Oma zu dieser Zeit schon schwer krebskrank war, musste Bernd den Haushalt alleine organisieren. Fast immer ging er ohne ein Frühstück in die Schule, und nur manchmal, wenn es der Oma besser ging, gab es auch ein Mittagessen. Das Geld, das der Vater verdiente, ging fast komplett für die Schulden drauf, die er angehäuft hatte. Oft musste die Familie sogar hungern.

Trotz Armut, großer Verantwortung und Sorgen war Bernds Leben nicht hoffnungslos. In der Schule kam er ganz gut zurecht und er hatte viele Interessen. Einmal, er muss so um die elf Jahre alt gewesen sein, kam er an einer Kirche vorbei. Er war neugierig, was hinter diesen hohen Mauern vor sich ging. Er fragte seinen Vater, der mit der Kirche nicht viel am Hut hatte, ob er dort hingehen dürfe – er durfte. Bernd war fasziniert von seinem ersten Gottesdienst. Die Stimmung, das gemeinsame Singen, die Gemeinschaft, das kannte er von zu Hause nicht.

An der Heilsarmee, die in Hamburg sehr aktiv war und ist, fand Bernd schnell Gefallen. Sie wurde praktisch seine zweite Familie, hier fühlte er sich zu Hause. Hier lernte er, dass es sich lohnt, um jeden Menschen zu kämpfen – eine Erfahrung, die ihn damals sehr geprägt hat und sein Engagement für die Arche bis heute prägt. Einmal fragte ihn der Jugendleiter beim Tee ganz beiläufig: »Weißt du eigentlich, dass es einen gibt, der dich liebt?« Diese Frage kam für Bernd so unverhofft, dass sie ihn buchstäblich umhaute. Aber dann wurde ihm plötzlich klar, was er all die Jahre vermisst hatte: Liebe.

Dieser Moment veränderte sein Leben. Liebe, die Gewissheit geliebt zu werden, war das, was ihm bisher gefehlt hatte. Der Jugendleiter erzählte ihm von einem Gott, der die Menschen liebt. Diesen liebenden Gott wollte Bernd kennenlernen und erleben. Und so steckte er seinen ganzen Frust – und der war damals sehr groß – in sein erstes Gebet.

Später wurde Bernd Siggelkow Pastor. 1995 ging er von seiner Gemeinde im Süden der Republik nach Berlin in einen tristen Plattenbaubezirk. Dort sollte er sich auch um benachteiligte Jugendliche kümmern. Bernd Siggelkow organisierte Jugendtreffs und -partys für diejenigen, die den ganzen Tag draußen abhingen und keine Perspektive für sich sahen. Und je besser er die Lebensverhältnisse dieser jungen Menschen kennenlernte, desto klarer wurde ihm, dass er ihnen ein Alternativangebot zu ihrem tristen Alltag anbieten wollte. Die Idee einer Kinder- und Jugendarche war geboren.

Er führte Gespräche mit dem Berliner Stadtbezirk Hellersdorf und einigen Unternehmen, denn für einen solchen Plan braucht man Geld und ein Haus.

Nach harten Verhandlungen und unzähligen Gesprächen konnte noch 1995 die erste Arche eröffnen.

Rund 80 Kinder kamen vom ersten Tag an in die sogenannte »Mutterarche«. Inzwischen gibt es sehr viele Arche-Häuser in Deutschland, der Schweiz und sogar in Polen – dort eröffnete Arche-Botschafter Lukas Podolski im Frühsommer 2013 in Warschau die »Lukas-Podolski-Arche« – und es werden immer mehr. Rund 3000 Mädchen und Jungen kommen täglich in die verschiedenen Archen.

Heute setzt sich ein großes Team von weit über zweihundert Menschen für die Kinder in den Archen ein.

Wir können den Kindern und Jugendlichen in den Archen keine Familie ersetzen, aber wir können ihnen helfen, die Hürden in ihrem Leben zu meistern. Sie bekommen von uns ein gesundes Mittagessen, unsere Lehrer unterstützen sie bei den Schularbeiten und sie können sich ihre freie Zeit sinnvoll mit Spielen und Sport in der Arche vertreiben. Unsere Mitarbeiter und Mitarbeiterinnen hören zu, wenn sie uns von ihren Sorgen und Nöten erzählen und die Kinder erleben: Hier sind sie nicht allein. Einmal im Monat feiern wir ein großes Geburtstagsfest für alle, die in diesem Monat Geburtstag haben. An dem Tag stehen die Geburtstagskinder im Mittelpunkt und erhalten sogar ein kleines Geschenk. Warum wir das machen? Es gibt Eltern, die vergessen den Geburtstag ihrer Kinder. Wir kennen Kinder, die noch nie in ihrem Leben ein Geburtstagsgeschenk und eine Umarmung erhalten haben – etwas, das ihr Selbstwertgefühl und ihren Umgang mit anderen beeinflusst. Und das Schlimme ist: Diese Kinder werden als Erwachsene ähnlich handeln und ihre eigenen Kinder wiederum enttäuschen.

Die Geschichten aus diesem Buch erzählen echte Schicksale von Mädchen und Jungen, die manchmal schwer zu ertragen sind. Seit Gründung der Arche 1995 bis heute lernten wir Tausende von ihnen kennen: Kinder, die Träume haben, Mädchen und Jungen mit Hoffnungen, Wünschen und einer großen Sehnsucht nach einem »normalen« Leben. Das Leben und die Zukunft dieser jungen Menschen darf nicht vom Einkommen ihrer Eltern abhängen. Das ist unser Ziel und unser Ansporn.

Bernd Siggelkow
Gründer der Arche

Wolfgang Büscher
Pressesprecher der Arche

Vielen Dank an alle Mitarbeiter der Arche in Berlin-Hellersdorf, die mich sehr freundlich und offen im Haus herumgeführt und Kontakte zu Kindern und Jugendlichen hergestellt haben, sowie an Wolfgang Büscher, Pressesprecher der Arche, der mich bestens mit Filmmaterial und Hintergrundinformationen versorgte.

Ein ganz besonderes Dankeschön geht an Susanne Schneider, Beauftragte für Bildung und soziale Kompetenz, die sich viel Zeit für mich genommen hat und meine Recherchen mit viel Empathie begleitet hat; wir saßen stundenlang zusammen und haben über die Lebenssituationen einzelner Kinder gesprochen – und diskutiert.

Ebenfalls viel Unterstützung bekam ich von Samuel Kuttler, sozialpädagogischer Leiter im Jugendbereich, der mich nicht nur mit Stoff versorgte, sondern auch jede Geschichte auf Authentizität und »auf Herz und Umgangssprache« abgeklopft hat.

Wunderbar auch die Zusammenarbeit mit der Kontaktbereichsbeamtin in Hellersdorf, Anja Körner, die mich sogar noch nach ihren Nachtdiensten angerufen hat, um meine Fragen zu beantworten.

Beate Dölling

Beate Dölling, 1961 in Osnabrück geboren, ist Autorin zahlreicher Kinder- und Jugendromane, die mehrfach ausgezeichnet wurden. Außerdem schreibt sie für Deutschlandradio Kultur und gibt Schreibwerkstätten.
www.beatedoelling.com

Neue Bücher entdecken, in Leseproben stöbern, tolle Gewinne sichern und Wissenswertes erfahren in unseren Newslettern für Bücherfans. Jetzt anmelden unter
www.gabriel-verlag.de

Informationen über das Kinder- und Jugendwerk »Die Arche« und die Standorte in Deutschland und anderen Ländern findest du im Internet unter
www.kinderprojekt-arche.de

Dölling, Beate:
Du bist sowas von raus! – Echte Geschichten aus der Arche
ISBN 978 3 522 30354 5

Umschlaggestaltung: Henry's Lodge, Zürich
Innentypografie: Kadja Gericke
Schrift: Concorde, Blender, Base Nine
Satz: KCS GmbH, Buchholz/Hamburg
Reproduktion: HKS-Artmedia GmbH
Druck und Bindung: Friedrich Pustet, Regensburg

5 4 3 2 1°   13 14 15 16